RENOUVEAU DU DROIT SOCIAL, DROIT DU TRAVAIL ET DE LA SÉCURITÉ SOCIALE EN RÉPUBLIQUE DÉMOCRATIQUE DU CONGO

Glombert LOKO MANTUONO

RENOUVEAU DU DROIT SOCIAL, DROIT DU TRAVAIL ET DE LA SÉCURITÉ SOCIALE EN RÉPUBLIQUE DÉMOCRATIQUE DU CONGO

Préface du Pr Mwayila Tshiyembe

L'Harmattan

Déjà paru du même auteur

Glombert LOKO MANTUONO, *Gouvernance normative du régime général de la sécurité sociale en RDC*

Bilan analytique de 1908 à 2013, 2014.

Glombert LOKO MANTUONO, *Couverture sociale des maladies à caractère professionnel en République Démocratique du Congo, Plaidoyer pour la réforme de la sécurité sociale, 2016.*

Glombert LOKO MANTUONO, *Manuel de législation congolaise en matières économiques, 2021.*

Glombert LOKO MANTUONO, *Droit social, droit du travail et de la sécurité sociale en RDC, 2022.*

5-7, rue de l'École-Polytechnique ; 75005 Paris

www.editions-harmattan.fr

ISBN : 978-2-336-45814-4
EAN : 9782336458144

Préface

À travers la fresque trilogique - droit social - droit du travail, droit de la sécurité sociale, apparaît le visage souriant de professeur Glombert Loko Mantuono.

Marchant avec assurance dans l'auditoire, tel un funambule sur une corde raide, le professeur Glombert Loko Mantuono nous donne une leçon de choses sur la complexité et l'interdépendance de ces trois branches du droit, investissant le champ social.

Non seulement l'auteur confirme l'adage selon lequel les faits sociaux précèdent le droit, et qui plus est, le droit transforme les faits sociaux en normes juridiques, créant des droits et obligations.

Nul n'est besoin de rappeler que :

- le droit social, s'adresse aux acteurs privés dans le domaine du droit privé et veille au respect des droits fondamentaux dans le cadre de droit public;
- Le droit du travail touche seulement les relations individuelles et collectives des professionnels issus du secteur privé ;
- La sécurité sociale protège les prestations de retraite, de chômage, de maladies, d'invalidité, de vieillesse, de droit à des congés payés.

La soif du "renouveau", reflétant le titre de ce livre, s'inscrit en droite ligne de la "remise en question, base de la décolonisation mentale", au sens de Mabika Kalanda.

En effet, le professeur Glombert Loko Mantuono sait mieux que quiconque, que la recherche scientifique autant que l'enseignement universitaire, domaines dans lesquels il a investi son temps et son énergie, voici des années, sont des terres de mission, de conquête et de compétition.

Pour ce faire, il sait également que remettre l'ouvrage sur le métier, est la vertu cardinale d'un professeur des universités, digne de ce nom.

Il suffit pour s'en convaincre, de souligner que cet ouvrage est la quatrième publication sur la thématique éponyme, dans la collection géopolitique mondiale des éditions l'Harmattan (Paris).

Si bien qu'après avoir disséqué le régime juridique propre à chaque unité d'analyse, l'auteur a fait ressortir les applications, les effets et les particularités.

C'est à cette tâche d'élucidation que s'attèle le présent ouvrage, dans le but de mettre en exergue l'homme en situation sociale difficile d'une part - la société qui doit le prendre en charge à travers les mécanismes collectifs d'assistance publique; - le travailleur et son employeur; - le régime de sécurité sociale et les travailleurs assurés y compris leurs familles; - les relations entre différents partenaires sociaux, d'autre part.

L'enjeu pour chacune de ces branches du droit, consiste à établir les notions de base, leurs acceptions, leurs contenus, l'autonomie de chaque matière, son cadre juridique et institutionnel, son objet, bref son régime juridique.

Somme toute, le mot clef de ce "renouveau", est bel et bien la "gouvernance systémique triptyque", véritable tendon d'Achille de la croissance, de l'emploi et de la sécurité sociale, selon le professeur Glombert Loko Mantuono.

Fait à paris le 25 mars 2024

Mwayila Tshiyembe

Docteur d'Etat en droit

Docteur en sciences politiques

Directeur de l'Institut panafricain de géopolitique de Nancy (France)

Professeur ordinaire

Doyen Honoraire de la Faculté de Droit de l'Université de Kisangani en RDC

Avant-propos

Le présent ouvrage vient compléter et enrichir le précédent rédigé sous notre plume et qui avait pour intitulé, *Droit social, Droit du travail et de la sécurité sociale*, publiée en 2022.

Tout en privilégiant son caractère pédagogique et pratique à la disposition de tous les opérateurs de droit, qui sont sa destination cible, ce renouveau du droit social, droit du travail et de la sécurité sociale innove dans l'addition de nombre de considérations qui en font un véritable joyau, un bréviaire des juristes et de toute personne intéressée par des questions pertinentes qu'il traite.

Au plan spécifique, il est enrichi de la mise à niveau de nombre des matières et différents apports sur des aspects portant notamment sur certaines questions spéciales non abordées ou insuffisamment abordées ou encore simplement controversées. Il s'agit de :

1. Handicap et notions voisines en matière du travail.
2. Obligation de sécurité résultat - faute inexcusable et immunité civile de l'employeur en matière de sécurité sociale.
3. Prescription en matière du travail fondée sur la saisine judiciaire à partir du PV de non conciliation sur base de l'article 299 de la loi portant code de travail.
4. Détermination des sièges et ressorts territoriaux des services de l'Inspection générale du travail.

Au plan pratique, il explicite et décrypte de manière beaucoup plus pointilleuse :

1. La prescription en matière du travail fondée sur l'initiative de la saisine judiciaire sur base du PV de non conciliation au regard de l'article 299 de la loi portant code congolais de travail, quant à la recevabilité du litige individuel du travail dans la phase judiciaire.
2. Les notions rattachées au travailleur avec handicap ainsi qu'aux différentes applications et figures juridiques qui sont cristallisées en droit du travail congolais et qui comprennent les concepts suivants : Handicap, Handicap et aptitude au travail, Aptitude et capacité, Handicap et incapacité, Handicap et Infirmité, Handicap et invalidité. Tous ces aspects sont considérés par rapport à l'accès à l'emploi et au contrat de travail.
3. L'immunité civile de l'employeur en matière de sécurité sociale dans le cas de faute inexcusable issue de l'inobservation de l'obligation de

sécurité résultat, notions, fondement juridique, applications, principes, exception et approches jurisprudentielles.

4. Différentes autres articulations portant sur la hiérarchie des sources ou normes en matière du travail, l'actualisation de la liste des maladies professionnelles fixée par l'annexe au Décret n° 22/35 du 17/10/2022 déterminant la liste des maladies professionnelles, laquelle, avec ses 287 nouvelles maladies, est venu remplacer la liste fixée par l'ancienne annexe à l'ordonnance n°66-370 du 30 juin 1966 relative aux maladies professionnelles.

5. L'analyse de cas de rétractation par le travailleur de sa démission, la différente appréciation en droit de l'abandon de poste avec la désertion ou l'absentéisme.

6. Le régime juridique applicable en matière de retraite selon qu'il y a départ volontaire du travailleur ou mise à la retraite par l'Employeur et,

7. L'intégration en droit social des dispositions de la nouvelle ordonnance créant le FSRDC dans sa nouvelle philosophie.

Les aspects pratiques de cet ouvrage offrent aux lecteurs les opportunités de statuer sur les contentieux du travail, d'organiser les conditions de bénéfice des prestations sociales, d'éviter des erreurs aux entreprises, de critiquer les irrégularités touchant toutes ces matières voire de concevoir les pistes de recherches ultérieures grâce à une série des données techniques mises à disposition et qui fournissent des orientations multiples, susceptibles de développer leur vaste perception juridique afin de se façonner les jugements et de se forger de capacités de réflexion propres.

Le caractère évolutif de toutes les questions examinées dans cet ouvrage impose une actualisation constante issue des innovations législatives, réglementaires, jurisprudentielles et doctrinales appelées à les compléter.

La bibliographie qui s'y réfère n'est qu'indicative; elle est destinée à permettre aux lecteurs d'avoir de bases en vue des recherches sur les matières abordées.

L'auteur

Liste de principaux abréviations et sigles

AISS : Association internationale de sécurité sociale

Al : Alinéa

AM : Arrêté Ministériel

ANEP : Association Nationale des Entreprises Publiques,

Art. : Article

BCC : Banque Centrale du Congo

BIT : Bureau International du Travail

BO : Bulletin Officiel

CAB.MIN : Cabinet Ministériel

Cass. civ. : Cassation Civile

CC : Convention Collective

CCINT: Convention Collective Interprofessionnelle Nationale du Travail

CCLIII : Code Civil Livre III,

CDD : Contrat à Durée Déterminée

CDI : Centre de Développement Intégré

CDI : Contrat à Durée Indéterminée

CENAPHI : Centre pour handicapés et invalides

Cf. : Confère

CIMAS : Conférence internationale de la mutualité et des assurances sociales

CIPRES : Conférence Internationale de Prévoyance Sociale

CIT : Conférence Internationale du Travail

CNSS : Caisse Nationale de Sécurité Sociale

CNT : Conseil National du Travail

COPEMECO : la Confédération des Petites et Moyennes Entreprises du Congo

CPNPS : Conseil du Programme National d'Appui à la Protection Sociale

CPOLII : Code Pénal Ordinaire Livre II

CRDJ : Centre de Recherche et de Documentation Juridique

CT : Code de travail

D : Décret

D.I. : Dommages et Intérêts

DP : Direction du Programme

DUDH : Déclaration universelle des droits de l'homme

ECOSOC : Conseil économique et social des Nations Unies

FC : Franc Congolais

FEC : Fédération des Entreprises du Congo

FIKIN : Foire Internationale de Kinshasa

FNPSS : Fonds National de Promotion et de Service Social

FSRDC : Fonds Social de la République Démocratique du Congo

GST : Gouvernance Systémique Triptyque (de la sécurité sociale).

INPP : Institut National de Préparation Professionnelle

INSS : Institut National de Sécurité Sociale

IPR : Impôt professionnel sur les rémunérations

JORDC : Journal Officiel de la République Démocratique du Congo

METPS : Ministère de l'Emploi, Travail et de la Prévoyance Sociale,

MINETAT : Ministre d'État

MTEPS : Ministère de l'Emploi Travail et de la Prévoyance Sociale

OIT : Organisation Internationale du Travail

ONEM : Office National de l'Emploi

ONG : Organisation Non Gouvernementale

PENAZA : Peinture Nationale du Zaïre

PIDESC: Pacte international relatif aux droits économiques, sociaux et culturels

PME : Petites et Moyennes Entreprises

PNPS : programme national d'appui à la protection sociale

PTA : Personnes du troisième âge

PUIDC: Programmes d'Urgence Intégrés de Développement Communautaire

PV : Procès-Verbal

RDC : République Démocratique du Congo

RIPP : Rentes pour incapacité permanente partielle

RIPT : Rentes d'incapacité permanente totale

RJM : Rémunération Journalière Moyenne

RM : Rémunération Mensuelle

RMM : Rémunération Moyenne Mensuelle

SMIG : Salaire Minimum Interprofessionnel garanti

TPS : Travail et Prévoyance Sociale

Introduction

L'étude du Droit social, du Droit du travail et du Droit de la sécurité sociale, passe inéluctablement par l'examen minutieux des règles juridiques, mieux du régime juridique propre à chaque unité d'analyse pour en ressortir les applications, les effets et les particularités.

C'est à cette tâche que s'attèle le présent ouvrage qui décrypte trois volets distincts inhérents aux différents rapports entre:

1°/ l'homme en situation sociale difficile et la société qui doit le prendre en charge à travers les mécanismes collectifs d'assistance publique ;

2°/ le travailleur et son employeur et,

3°/ le régime de sécurité sociale et les travailleurs assurés y compris leurs familles (dès la survenance des aléas ayant nécessité au préalable une assurance sociale) ainsi que les relations entre différents partenaires sociaux.

Dans ce contexte, sont analysés avec des matières qui leur sont propres bien que complémentaires, le Droit social, le Droit du Travail et celui de la sécurité sociale, trois composantes du présent ouvrage.

Chacune de ces matières sera étudiée dans une partie qui s'y rapporte. Il y sera chaque fois question d'établir les notions de base, leurs acceptions et contenus, l'autonomie de chaque matière, son cadre juridique et institutionnel, son objet, son importance bref son régime juridique en passant par ses différentes applications et spécificités.

Cet ouvrage met en évidence les relations de complémentarité entre le droit du travail et le droit de la sécurité sociale, à travers la théorie intégrée de la **Gouvernance Systémique Triptyque (GST)** de la sécurité sociale, assise sur les sous-concepts ***« Croissance, Emploi et Sécurité sociale »***.

Il démontre de manière systémique différents effets illustrés du triptyque tant au niveau des acteurs de la sécurité sociale qu'à celui des concepts clés qui sous-tendent la théorie, afin de ressortir à chaque niveau les interactions positives sur le développement économique et social au service de l'homme, de l'économie, de l'entreprise, de la macroéconomie et du pays.

PREMIERE PARTIE:

DROIT SOCIAL

La présente partie est constituée de trois chapitres :

- **le premier est relatif aux *considérations liminaires*,**
- **le deuxième touche à l*a protection sociale en droit congolais* et,**
- **le troisième traite du *droit social congolais*.**

Chapitre un

Considérations liminaires

Au-delà de controverses doctrinales sur la notion du droit social, le présent chapitre entend ressortir les arguments qui lui confèrent une certaine originalité et qui militent en faveur de son autonomie pour prétendre réellement à sa vocation de branche de droit.

Section I : Discussions doctrinales sur la notion du Droit social

Plusieurs définitions *sont avancées* quand il s'agit de donner un contenu au « Droit Social ». La plupart d'entre-elles confère la même acception à cette notion. L'étude entend discuter ces différentes définitions qu'elle regroupe en deux tendances : la généraliste et la spécifique.

§1. Tendance généraliste du droit social

Cette tendance qui se ***veut bipolaire*** (Travail-Sécurité sociale), considère le droit social comme *un simple droit de regroupement.*

A. Georges KADIGE appartient à cette tendance et définit le Droit Social comme l'ensemble formé du Droit du Travail et du Droit de la Sécurité Sociale.[1]

B. Le LEXINTER pour sa part, précise que le droit social regroupe le droit du travail et le droit de la sécurité sociale, et que les *normes sociales* sont constituées par les *normes conventionnelles et les normes légales.*[2]

Il appert de cette vision que le droit social *régit les rapports du salarié avec l'employeur et ceux du salarié avec le régime de protection sociale* auquel il a droit.

Dans cette perspective, ce droit deviendrait extrêmement vaste, un droit carrefour dont l'existence trouverait son fondement dans le salariat, qui est à distinguer de la notion de "travailleur", car travailler ne donne pas d'office droit au bénéfice de la couverture sociale protectrice offerte par le législateur sauf lorsqu'il est rempli un certain nombre des conditions définies par la loi

---

[1] Georges KADIGE, *Les principes généraux en Droit Social*, http://www.cedroma.usj.edu.lb/pdf/dencom/kadige.pdf, site visité le 25 novembre 2014.

[2] LEXINTER, *DROIT SOCIAL,* http://www.lexinter.net/JF/dtsocialfr.htm, site visité le 25 novembre 2014.

sur la sécurité sociale caractérisée par le binôme « **Emploi-Assurance sociale** »

C. L'Internaute qui partage également la vision de la tendance généraliste, l'étend au droit de la mutuelle et considère que le droit social est un ensemble des normes qui régissent le droit du travail, le droit de la sécurité sociale et de *la mutuelle*.[3]

§2. Tendance spécifique au droit social

Net-iris se réfère aux relations tridimensionnelles pour donner une définition plus extensive et spécifique du droit social qu'il considère comme un droit qui aborde un ensemble de sujets liés à (aux) :

- la *vie sociale de l'entreprise et du travailleur,*
- la *relation entre les assurés et les organismes de protection sociale et familiale* (Sécurité sociale, Pôle emploi), mais aussi
- aides sociales et aux relations qu'entretiennent *l'État, les organisations syndicales et patronales* en leur qualité des **partenaires sociaux**.

Considéré sous cette optique, le droit social regrouperait à la fois le droit du travail, individuel et collectif, le droit de la protection sociale et les aides sociales.[4]

Mieux que la précédente, cette définition qui reprend l'aspect bipolaire dont elle va au-delà, relie le droit social à certains aspects qui ne sont traités ni par le droit du travail, ni par celui de la sécurité sociale, savoir les aides sociales comme une des variantes de la protection sociale.

§3. Approche d'une définition didactique du droit social

Le Droit social est un droit qui devrait englober toutes les formes de « protection sociale »[5] assurée et financée par l'État au moyen des fonds publics au regard de l'état de besoin des bénéficiaires de manière à ramener leurs ressources et revenus au minimum vital garanti par la collectivité.

Dans cette optique, ce droit consisterait en un éventail de programmes visant à combler certains besoins sociaux, des dispositifs destinés seulement aux couches les plus défavorisées, aux personnes plus vulnérables, plus

---

3. L'Internaute, *Droit social : définition du dictionnaire l'internaute, http// : www.linternaute.com/dictionnaire/fr/definition/droit-social,* site visité le 25 novembre 2014.
4. Net-iris, *Droit social : connaître et respecter les normes du travail, www.net-iris.fr/veille-juridique/droit-social,* site visité le 25 novembre 2014.
5. CIT, *Sécurité sociale pour la justice sociale et une mondialisation équitable*, rapport VI, 100^{ème}session, BIT, Genève, 2011, p. 9.

pauvres, aux indigents, aux exclus de la société, contre certains risques ou besoins (soins de santé, maladies, chômage...).

Section II : Classification traditionnelle du Droit de la protection sociale

Les garanties des risques sociaux peuvent être regroupées en trois catégories susceptibles de donner lieu à une ***division tripartite***, admise en droit allemand : *assurances sociales, systèmes non contributifs et assistance*[6] et dont la réalité est, dans le concret, également observée *en RDC* où la Protection Sociale *embrasse conventionnellement deux secteurs*, ***un secteur contributif*** qui englobe la notion de « sécurité sociale », et ***un secteur non contributif.***

§1. Les assurances sociales, expression du système contributif de la protection sociale

A. Notion et caractéristiques

Élément moteur du binôme « Emploi-Assurance » qui matérialise la sécurité sociale, les assurances sociales sont une garantie collective offerte par les bénéficiaires à travers les cotisations (la loi du grand nombre ou l'aspect actuariel).

Elles permettent une protection contre certains risques sociaux (par exemple, la maladie, l'invalidité) ; et sont caractérisées par des prestations en numéraires destinées à maintenir le niveau de vie des intéressés, prestations cependant octroyées sans préalable ni concrète vérification des besoins de ceux-ci, tout en leur conférant le droit d'en réclamer le bénéfice (des prestations).

B. Financement et Administration

Les assurances sociales sont financées par des versements collectifs préalables effectués par :

- les personnes appelées à bénéficier de la garantie (assurés) ou
- celles tenues d'effectuer de tels versements au titre de leur revenu (employeurs) ou de leur obligation d'entretien (pères de familiers, etc.).

L'administration des fonds est l'œuvre des organismes spéciaux ou des caisses de sécurité sociale, gérés en principe par les partenaires sociaux ou les

[6] Fromont Michel et Rieg Alfred, *Introduction au Droit Allemand, éd. CUJAS,* Paris, pp. 227-228.

privés qu'ils désignent, sous le contrôle de l'État qui reste responsable du régime.

§2. Les systèmes non contributifs de la protection sociale

A. Notion

Les systèmes non contributifs de la protection sociale consistent en une protection accordée par l'État et d'autres institutions de droit public contre les risques sociaux dont sont menacés les couches les plus défavorisées, les personnes plus vulnérables, plus pauvres, les indigents, les exclus de la société...

B. Financement et Administration

Le financement de ces systèmes est assuré par des fonds du budget général provenant de l'impôt ; les prestations visent soit le maintien du niveau de vie des bénéficiaires (pensions des Fonctionnaires, etc.), soit la réparation du dommage subi (indemnisation des victimes de guerre).

L'administration des fonds est assurée par les institutions ou organismes spécialisés établis à cet effet.

§3. L'assistance sociale

A. Notion de l'assistance sociale

L'assistance sociale est un système de protection qui vise la satisfaction par les Pouvoirs publics des besoins élémentaires de leur population lorsqu'il n'existe aucun autre procédé permettant d'y subvenir.[7] Elle est donc régie par le principe de subsidiarité.

Elle établit la solidarité entre les personnes pour lutter contre les différentes formes de pauvreté en leur assurant un revenu minimum attribué comme ressources mais sans cotisation préalable.

Exemple, l'assistance aux déplacés de guerre, aux victimes des catastrophes naturelles etc.

B. Financement et Administration

La couverture est assurée au moyen des fonds du budget général provenant de l'impôt ; les prestations sont fixées en principe à un montant

---

[7] Loko Mantuono G. a, Gouvernance normative du régime général de la sécurité sociale en RDC : Bilan analytique de 1908 à 2013, L'Harmattan, Paris, Novembre 2014.

correspondant au minimum vital ; leur octroi est subordonné à la vérification du caractère réel des besoins de l'intéressé.

L'administration des fonds incombe aux organismes spécialisés. (Home des vieillards, centre des handicapés, maisons de retraite, orphelinat etc.)

C. Motivations de l'Assistance sociale

L'Assistance sociale déclenche le mécanisme de péréquation ou de justice sociale qui permet d'apporter les aides nécessaires aux laissés pour compte, aux indigents et aux plus démunis afin de remédier à une situation de détresse avec pour effets de (d') :

- assurer la *promotion individuelle* ou *l'épanouissement personnel* sous forme d'aide à la formation, à la réinsertion sociale, à l'insertion dans la vie professionnelle pour enfants soldats démobilisés, enfants de la rue, handicapés mentaux et physiques, enfants abandonnés ;
- garantir *la promotion sociale* à travers la lutte contre la pauvreté sous forme d'allocation-logement, d'aide à la jeunesse, aux veuves, aux personnes de troisième âge.
- recourir à *l'aide sociale* qui garantit, en tant que Système de base, un minimum vital à toute personne.
- pourvoir à une sorte *de prévoyance* en termes d'aides pour faire face à des situations spéciales comme la maladie, la maternité et, des aides visant par exemple, les aides aux handicapés en vue de leur reclassement.

Au terme du développement qui précède, il paraît judicieux de bien cerner la notion de la protection sociale telle que conçue et appliquée en RDC.

Chapitre deux

Protection sociale en Droit congolais

Ce chapitre compte trois sections. La première est consacrée aux fixations conceptuelles, la deuxième au cadre institutionnel et juridique, et la troisième aux opportunités de la protection sociale en RDC.

Section I : Considérations conceptuelles

§1. Notions et formes de protection sociale

A. Définition[8]

La protection sociale est une notion générique qui fait référence au droit de la sécurité sociale considéré comme phénomène universel.

Elle doit être entendue comme un ensemble de *mécanismes de prévoyance collective* destiné à permettre aux individus et aux ménages de (d'):

1°/faire face financièrement aux besoins sociaux de base,

2°/*résoudre les inégalités de la vie et l'exclusion sociale*,

3°/faire face aux conséquences financières des risques sociaux, tels les situations susceptibles de compromettre la dignité, la survie et la sécurité économique des individus ou de leur famille, en provoquant une baisse de leur ressource ou un accroissement de leurs dépenses tout en leur

4°/ *assurant un minimum des conditions de vie décente permettant leur intégration dans la société.*

La Protection sociale comprend donc l'ensemble des interventions qui soutiennent les individus et les ménages dans leurs efforts à gérer les risques dans la double perspective 1°/ de réduire leur vulnérabilité et 2°/ d'asseoir l'équité sociale sur une base durablement solide.

---

[8] Articles 7.19 de la Loi n°16/009 du 15 juillet 2016 fixant les règles relatives au Régime Général de la sécurité sociale, *in Journal officiel de la RDC*, numéro spécial du 28 juillet 2016 ; et Articles 3 et 4 du Décret n° 05/176 du 24 novembre 2005 portant création du programme national d'appui à la protection sociale, en sigle « PNPS », *in Journal Officiel de la République Démocratique du Congo* du 5 décembre 2005, n° 23, col. 31.

B. Formes

La Protection Sociale prend la forme *d'un ensemble de dispositions politiques et de programmes, publics et privés*, qui visent à prévenir, réduire ou éliminer les sources et effets de la vulnérabilité et de la grande pauvreté.

Ces dispositions ou programmes organisent des transferts en espèces ou en nature (prestations) dont le but est à la fois de redistribuer la richesse et de protéger les ménages contre les risques qui peuvent les frapper et contre leurs conséquences.

§2. Concepts opérationnels du système non contributif de la protection sociale

La Protection Sociale du système non contributif englobe l'aide et l'action sociale dans leur triple dimension de promotion, de prévention et d'assistance.

A. Aide sociale

L'Aide sociale contient une *acception juridique* en ce qu'elle constitue les actes juridiques légaux ou règlementaires permettant de venir en aide aux personnes ou ménages en difficulté.

Elle s'articule généralement en prestations sociales soumises à des conditions de ressources en l'absence du minimum vital en termes du niveau de revenu du bénéficiaire. Ces prestations qui peuvent être fournies en nature ou en espèces, visent généralement à atténuer ou à réduire la pauvreté.[9]

Les dispositifs d'aide sociale, *généralement financée par l'impôt*, et dont l'ouverture des droits aux prestations n'est pas subordonnée à une contribution directe du bénéficiaire ou de son employeur, imposent aux bénéficiaires et/ou aux membres de leurs familles de participer à des programmes publics déterminés en matière de santé ou d'éducation notamment.

B. Action sociale

L'action sociale est *la mise en œuvre matérielle de l'aide sociale* telle que définie par les textes légaux et règlementaires ; elle désigne l'ensemble des actions privées ou publiques menées pour accorder effectivement une aide, en espèces ou en nature, aux personnes ou ménages en difficulté. *C'est donc l'acte matériel.*

---

[9] Articles 3 et 4 du Décret n° 05/176 du 24 novembre 2005, *op.cit.*

Elle englobe l'ensemble des prestations constituant une obligation mise par la Loi à charge de l'Etat qui, le cas échéant, peut la déléguer aux acteurs privés en vue de faire face aux besoins des populations vulnérables.[10]

Elle favorise la promotion, l'autonomie et la protection des personnes, la cohésion sociale, la solidarité nationale, la prévention des exclusions dont elle cherche à corriger les effets.[11]

C. Prévoyance sociale

C'est un système de protection sociale complémentaire à celui qui découle des régimes obligatoires, destiné à couvrir *les risques personnels* (Éducation, maternité, maladie, soins médicaux, chômage) afin de garantir un minimum social.

La prévoyance sociale ne s'intéresse pas aux risques réels qui concernent les *biens ou qui font référence à un revenu professionnel* dont la perte doit être reconstituée.

Ce sont donc les dispositifs collectifs d'assurances autres que les régimes obligatoires.

Section II : Cadre institutionnel et juridique de la protection sociale en RDC

§1. Politique de la protection sociale

A. De la compétence en matière d'élaboration de la politique de la protection sociale

La politique congolaise de protection sociale est élaborée par le Gouvernement de la république à travers ses différents ministères de *l'Emploi, travail et Prévoyance Sociale, des affaires sociales* et dans une certaine mesure à travers les ramifications des *ministères des anciens combattants et de la fonction publique* notamment.

Cette politique est censée garantir entre autres les indemnités journalières de maternité, les prestations d'assurance invalidité-vieillesse-décès, les prestations d'accidents du travail-maladies professionnelles ainsi que des prestations familiales.

---

[10] Article 8, projet de loi portant action sociale de juin 2015.
[11] Article 2, projet de loi, *Idem.*

B. Objet du programme national d'appui à la protection sociale

A travers le programme national d'appui à la protection sociale, le Gouvernement entend *mettre en place des stratégies pertinentes susceptibles de résoudre les problèmes inhérents aux insuffisances dans la couverture et la qualité des prestations sociales.*

Il en va de même de questions de gestion et d'insatisfaction des bénéficiaires, de la prise en charge des indigents et des diverses vulnérabilités telles la malnutrition, la scolarité des enfants, la prise en charge des personnes en situation difficile, des personnes du troisième âge (PTA), les soins médicaux et le logement nécessitant des solutions urgentes.

§2. Fondement juridique de la Protection sociale congolaise

A. La Constitution de la RDC (Articles 14 al2, 36, 48 et 49)

La Constitution de la RDC pose les grands principes de la protection sociale dans ses différentes dispositions tant sur les droits civils et politiques que sur les droits économiques, sociaux et culturels.

Il ressort de **l'article 14 alinéa 2** que « Les pouvoirs publics prennent, dans tous les domaines, notamment (...) **social,** toutes les mesures appropriées pour assurer le total épanouissement et la pleine participation de la femme au développement de la nation. »

La Constitution prévoit également **dans l'article 36 au chapitre 2** consacré aux droits économiques, sociaux et culturels, la garantie de l'État notamment sur la protection contre le chômage et une rémunération équitable et satisfaisante assurant au travailleur ainsi qu'à sa famille une existence conforme à la dignité humaine, *complétée par tous les autres moyens de protection sociale, notamment, la pension de retraite et la rente viagère.*[12]

Il en va de même **de l'article 48** où le droit à *certains services sociaux de base* tel le droit à un logement décent, le droit d'accès à l'eau potable et à l'énergie électrique demeurent aussi garantis.

La Constitution va jusqu'à prévoir **en son article 49** *le droit à des mesures spécifiques de protection en faveur de la personne du troisième âge et de la personne avec handicap*, en rapport avec leurs besoins physiques, intellectuels et moraux.

---

[12] Article 36 de la Constitution de la République Démocratique du Congo telle que modifiée par la Loi n°11/002 du 20/01/2011 portant révision de certains articles de la Constitution de la RDC du 18/02/2006, *in Journal officiel de la RDC*, n° spécial, 2011 du 05 février 2011.

B. Le Décret n° 05/176 du 24 novembre 2005 portant création du programme national d'appui à la protection sociale, en sigle « PNPS »

Ce Décret a institué sous la tutelle du Ministère du Travail et de la Prévoyance Sociale, le Programme National d'Appui à la Protection Sociale, en abrégé « P.N.P.S. » qui est un service technique et social doté de l'autonomie administrative et financière et qui *répond à la nécessité de mettre en œuvre une structure garantissant l'extension de la couverture actuelle de la protection sociale, à l'amélioration de la qualité des prestations sociales* (des soins), à la mise en place et la gestion d'un système de couverture universelle des soins de santé.[13]

Section III : Opportunités de la Protection sociale en RDC

§1. Finalités et objectifs

La Politique Nationale de Protection Sociale s'assigne un certain nombre de finalités et d'objectifs.

A. Finalités[14]

La Protection Sociale durablement efficace et efficiente entend répondre aux trois finalités fondamentales ci-après :

- Consolider un Etat qui démontre quotidiennement à travers ses dispositifs fonctionnels de Protection Sociale qu'il se préoccupe de tous les citoyens, permettant à chacun de se reconnaître au point d'unifier la Nation et de créer les conditions d'une paix durable et d'un bien-être généralisé.
- Inscrire des mécanismes de redistribution équitable de la richesse, notamment en allouant à chacun les moyens de mener une vie digne, enrichissante, contributive et utile à la collectivité.
- Transformer les mentalités, comportements et pratiques dans le sens du développement du souci de l'autre, de la solidarité, de la responsabilité et du bien commun.

---

[13] Article 5 Décret n° 05/176 du 24 novembre 2005 portant création du programme national d'appui à la protection sociale, en sigle « PNPS » *in JORDC n° 23 du 5 décembre 2005.*

[14] République Démocratique du Congo, *Politique Nationale de Protection Sociale, op.cit.*, Point 7.1. p.43.

B. Objectifs

L'objectif général de la protection sociale consiste à garantir à toutes les couches de la population une couverture sociale efficace et efficiente en réduisant la vulnérabilité face aux risques économiques et sociaux et en transformant le fonctionnement de la société congolaise qui produit ou entretient ces risques.

Pour ce faire, les efforts ne doivent pas seulement porter sur les conséquences ou phénomènes (vulnérabilité, pauvreté, exclusion, indigence, détresse,...) mais également sur les causes et les mécanismes qui les génèrent et qui les rendent si résilients en termes d'objectifs spécifiques.[15]

C. Redynamisation du secteur de la protection sociale et des interventions humanitaires en RDC [16]

Face à un énorme défi où l'ensemble de nos concitoyens se retrouvent dans la situation la plus alarmante de vulnérabilité, la Protection Sociale apparait comme une réponse appropriée aux efforts de croissance inclusive et de répartition équitable du revenu national.

Les efforts devront être fournis pour briser le cycle de l'extrême pauvreté, en réduisant les inégalités sociales, tout en renforçant des mesures effectives en rapport avec la solidarité nationale, l'amélioration notable du vécu quotidien des populations, la prévention, la protection et la promotion visant le relèvement social des groupes vulnérables et l'émergence d'une classe moyenne nationale.

Disposer ainsi d'une politique sociale rationnelle et effective devrait améliorer les conditions de vie des populations, qui sont accentuées par diverses contraintes et crises d'ordre systémique et idiosyncrasique (guerre, chômage, invalidité, maladie, crise économique, catastrophe naturelle, etc.)

La même Politique Sociale devrait également envisager des mesures préventives, protectrices et promotionnelles devant stimuler et maintenir l'équilibre du bien- être du capital humain, facteur incontournable à toute action de développement durable.

---

[15]République Démocratique du Congo, *Politique Nationale de Protection Sociale, op.cit.*, Point 7.2. p.43.

[16] Ibidem.

§2. Urgence de protection sociale en RDC : 4 motivations[17]

A. Recrudescence de la pauvreté

Dans les villes comme dans les campagnes congolaises, les situations d'indigence, temporaire ou chronique, se multiplient et s'intensifient, la vulnérabilité et à sa suite la pauvreté ne cesse de s'accroître, faisant que la majorité des Congolais vivent avec moins de un dollar américain par jour, montant considéré comme le seuil de pauvreté.

B. Croissance démographique

La *croissance démographique* soutenue se maintient à un rythme élevé (3%/an), du fait des transformations profondes qui affectent le fonctionnement des *communautés*, notamment l'urbanisation et l'accroissement rapide des concentrations de population urbaine.

C. Besoins primaires de base

L'éducation : la majorité des enfants n'ont pas accès à une *éducation* de qualité du fait de la déficience des infrastructures et de l'encadrement scolaire. Cela a pour conséquences : un taux élevé de déperdition scolaire et la non-scolarité d'une majorité d'enfants en âge scolaire.

L'alimentation de qualité des enfants en bas âge (de 0 à 5 ans) reste problématique dans l'ensemble du pays, y compris dans les grandes villes.

L'accès à la santé de la plupart des Congolais est médiocre autant que la qualité des services offerts, le coût des prestations dépasse régulièrement leurs capacités financières.

Quant aux *soins de maternité*, beaucoup de femmes accouchent à domicile.

La répartition des infrastructures et des compétences médicales dans l'espace national est source de grands déséquilibres.

Malgré le nombre élevé d'organisations engagées dans la lutte pour la protection sociale en RDC où cette forme d'aide et d'assistance sociale demeure, en général, l'apanage des organisations religieuses, caritatives et des ONG étrangères ou nationales selon le cas, ce domaine y reste un drame.

Les mutuelles de santé ont été initiées pour améliorer l'accès financier des populations aux soins de santé ; cependant, elles démontrent encore aujourd'hui de faibles taux d'adhésion et de pénétration dans leurs zones de couverture respectives.

---

[17] République Démocratique du Congo, Politique *Nationale de Protection Sociale, op.cit.*, pp.21-22.

D. Déséquilibre dans le partage des retombées de la croissance économique

Malgré la croissance économique enregistrée cette dernière décennie partant de 2007, le défi du partage de ses retombées et de la redistribution équitable des richesses produites restent un souci majeur.[18]

Conclusion

Il appert de tout ce qui précède que les besoins en matière de Protection Sociale sont grandissants en RDC du fait de la pauvreté prédominante, en dépit d'indiscutables progrès en matière d'infrastructures économiques et sociales.

Bref, le pays ne dispose pas aujourd'hui d'une politique nationale susceptible de fédérer tous les efforts entrepris dans le domaine de la Protection Sociale. Cet aspect soulève la question de l'existence d'un véritable « Droit Social Congolais »

[18] République Démocratique du Congo, Politique *Nationale de Protection Sociale, op.cit.*, p.22.

Chapitre trois

Droit social congolais

A travers les deux sections qui forment ce troisième chapitre, la première entend circonscrire le domaine du droit social et la seconde discuter l'autonomie dudit droit avant de présenter les structures de sa mise en œuvre.

Section I : Domaine du Droit social

§1. Considérations liminaires

A. Distinction entre Droit social et droits sociaux

Le droit social n'est pas à confondre avec les droits sociaux constitués d'un ensemble des titres reçus par un actionnaire lors de son apport en société. Il peut s'agir de parts sociales ou d'actions.[19]

Le droit social, par contre, s'articule en un ensemble des règles juridiques relatives aux dispositions politiques et programmes publics applicables aux relations entre l'homme en situation sociale difficile (les personnes plus vulnérables, plus pauvres, les indigents, les exclus de la société, les laissés pour compte et les plus démunis) et la société (communauté nationale) qui doit le prendre en charge à travers les mécanismes collectifs d'assistance publique.

Cette assistance, issue de la protection sociale du système non contributif, est assurée et financée par l'État ou d'autres institutions de droit public, au moyen des fonds du budget général provenant de l'impôt, afin de garantir aux créanciers de ce régime la protection contre les risques sociaux et de leur octroyer un minimum social pourvu par la collectivité.

Cette protection serait l'expression de la péréquation ou de la justice sociale qui favorise la cohésion et la solidarité nationale, et qui permet de prévenir, réduire ou éliminer les sources et les effets de la vulnérabilité et de la grande pauvreté en apportant les aides nécessaires en vue de remédier à la situation de détresse extrême et aux graves fractures sociales.

B. Genèse du Droit social congolais

Le chapitre précédent a présenté dans la section relative à l'opportunité du droit social congolais, les situations sociales qui imposent la formalisation

---

[19] L'Internaute, *op.cit.*

urgente du droit correspondant afin de les régir de manière beaucoup plus structurée en termes légaux et règlementaires.

Le droit social congolais serait en friche et donc gestatif. Ce constat ressort des quelques textes juridiques pris et de différentes structures créées pour sa mise en œuvre moins efficace.

Il suffit pour s'en convaincre de considérer les actions, l'assistance et les aides sociales qui devraient relever de la politique publique sociale, mais qui sont aujourd'hui, en majorité, du ressort des programmes associatifs, de confessions religieuses ou caritatives au demeurant non réglementés. En témoigne la prolifération des structures informelles d'assistance sociale.

§2. De la protection sociale informelle au Droit social informel en RDC

S'il est vrai que la protection sociale est l'ensemble de tous les mécanismes de prévoyance collective qui permettent aux individus ou aux ménages de faire face financièrement aux conséquences des risques sociaux, il convient de faire observer qu'en RDC :

- le système mutualiste souffre de l'absence d'organisations solides et ne peut actuellement pallier au manque de prise en compte des soins de santé par la sécurité sociale.
- l'action sociale se réalise souvent sous forme d'interventions ponctuelles du Ministère des affaires sociales en faveur des catégories sociales concernées : les personnes marginalisées, les enfants en situation difficile, les handicapés et des personnes du troisième âge.

Pour le surplus, il existe les régimes particuliers ou spéciaux applicables aux fonctionnaires, aux magistrats, aux parlementaires etc., régimes qui, bien que tributaires du budget de l'Etat, n'obéissent pas aux normes de la sécurité sociale et n'offrent aucune garantie que leur fonctionnement dépend réellement du budget de l'Etat au point que leurs prestations, quand elles ont lieu, ont plutôt tendance à prendre le caractère d'une assistance sociale.

§3. Objet du droit social

Le Droit social régit les matières touchant au système non contributif de la protection sociale dont les prestations sont accordées aux individus ou ménages ou encore personnes momentanément en situation difficile, vulnérables, indigents, sans préalables conditions de cotisation, de ressources ou de revenus, et cela dans le but *de réduire la pauvreté, de lutter contre la vulnérabilité en leur accordant un minimum social et vital en termes de péréquation sociale.*

Cette détermination du champ d'application du droit social permet d'opérer *le distinguo* avec les domaines d'intervention du droit du travail et de celui de la sécurité sociale qui conservent chacun son autonomie.

Section II : Discussion sur l'autonomie du Droit social en RDC

§1. Autonomie du droit social congolais

En RDC, le droit social se trouve dans la phase de gestation ; c'est un droit qui se cherche et qui n'est pas formellement une discipline juridique unitaire, autonome ni codifiée, ayant ses sources propres, puisqu'il n'y a ni code social, ni contenu homogène, ni techniques communes.

Cela est d'autant plus vrai qu'il existe nombre de législations et règlementations éparses, abordant différemment les questions inhérentes à la protection sociale dont certaines font l'objet d'analyse dans la loi portant Code du travail et d'autres dans la législation sur la sécurité sociale qui intervient largement en faveur du régime général.

Il convient d'uniformiser ces différents textes juridiques en faveur de l'avènement d'un véritable droit social congolais en récupérant les matières qui sont traitées dans telle ou telle autre discipline. Cela est d'autant plus impérieux que le droit du travail et celui de la sécurité sociale possèdent chacun :

- *ses sources particulières respectivement* la loi portant code du travail, la loi portant code de la sécurité sociale ;

- *ses structures originales* : les entreprises et le syndicat pour le droit du travail, la Caisse pour la sécurité sociale ;

- *ses techniques*, notamment la grève qui est spéciale au droit du travail et,

- *son contentieux* qui est différent dans chacune de ces deux disciplines.

Le Droit social congolais se doit impérativement de revendiquer son autonomie du fait des réalités évidentes qui expliquent sa raison d'être et de l'urgence de son avènement au titre de réponses juridiques, ce qui lui donne un contenu et un objet propres constitués d'un champs d'application matériel et personnel spécifique au point de disposer de ses propres méthodes et techniques d'approche, de sa procédure, de son régime juridique, de ses propres structures et organismes de sa mise en œuvre.

Cela permettrait de garantir à toute personne et à toute situation qui répondrait aux critères préalablement définis par des dispositions légales ou règlementaires (gage de l'impersonnalité, de l'abstraction et de la généralité), la distribution équitable de la protection attendue afin de lutter contre la tendance à la discrimination et à la subjectivité.

§2. Caractères et importance du droit social congolais

Le droit social joue également le rôle de garant des droits de l'ordre public. Ici, la notion d'ordre public exprime un état social basé sur la sécurité publique, la paix et la sûreté. Il s'agit de droits auxquels personne ne peut déroger, car faisant partie des droits fondamentaux de l'Homme.[20]

A. Caractères du droit social

Il est un droit concret, droit évolutif, droit humain et un droit mixte.

En sa qualité de droit concret, il définit clairement ses sujets car, contrairement au droit civil qui s'applique de manière générale et impersonnelle, le droit social s'applique sur une catégorie spécifique de personnes (Des parias de la Société, des vulnérables, PTA, enfants abandonnés, de la rue, les personnes en situation précaire, à savoir les travailleurs handicapés ou les personnes vulnérables …)

Au titre de droit évolutif, il connaît des mutations dans son champs d'application personnel et objectif telles que renseignées par la doctrine qui déteint sur les règles et privilèges octroyés à ses bénéficiaires.

En tant que droit humain, il vise la protection de la vie des parias de la Société, des vulnérables, PTA, enfants abandonnés, de la rue, les personnes en situation précaire, à savoir les travailleurs handicapés ou les personnes vulnérables …

Il doit son caractère mixte tant à ses destinataires qui sont des citoyens ou particuliers suivant une mise en œuvre qui respecte les règles de droit civil, qu'à ses interventions au profit de ces derniers où il recourt au trésor public pour leur garantir la protection des droits humains fondamentaux en fondant ses moyens d'action sur le principe de l'autorité de l'État suivant les règles de droit public.

B. Importance du droit social

Facteur de cohésion et de paix sociale, élément moteur de lutte contre l'exclusion sociale, le droit social renforce la solidarité nationale à travers son volet de redistribution équitable de revenu public généré par les impôts.

Il est également un facteur d'inversion du cycle de la pauvreté extrême, de réduction de la sévérité de la vulnérabilité, des fractures sociales et de la précarité par le renforcement des mécanismes de solidarité nationale, en vue

---

[20] Justifit.fr, Droit social : « tout ce que vous devez savoir en 5 points », in https://www.justifit.fr › b › guides › droit-social, 4 mars 2021.

de l'amélioration notable du vécu quotidien des populations grâce à la répartition équitable du revenu national tiré de la croissance inclusive.

§3. Structures et organismes de mise en œuvre du droit social en RDC

Trois structures ont été créées en RDC en vue d'assurer la protection sociale aux demandeurs ; il s'agit du :

- Fonds Social de la République Démocratique du Congo, en sigle « FSRDC »,
- Programme National d'appui à la Protection Sociale, en sigle « PNPS » et
- Fonds National de Promotion et de Service Social, en sigle « FNPSS ».

A. Fonds Social de la République Démocratique du Congo, en sigle « FSRDC »

1. Base et nature juridique

Le Fonds Social de la République Démocratique du Congo « FSRDC » créé Etablissement public à caractère social doté de la personnalité juridique, jouissant de l'autonomie financière par le Décret n° 009/2002 du 05 février 2002 tel que modifié et complété par celui référencé n° 05/063 du 22 juillet 2005 a été dissout par l'Ordonnance n° 23/048 du 27 avril 2023.

A cette occasion, la gouvernance de son statut juridique inadaptée à l'évolution du cadre juridique régissant les établissements publics tels que réformés le 7 juillet 2008 a été reconsidérée eu-égard aussi à l'inadéquation de l'exercice de l'autorité de tutelle.

Subséquemment à cette dissolution, il a été pris l'Ordonnance n°23/049 du 28 avril 2023 portant création, organisation et fonctionnement du fonds social de la République Démocratique du Congo, « FSRDC » en sigle. Elle en fait un Organisme public placé sous l'autorité du Président de la République qui lui donne des orientations et devant qui il est comptable de son action.

Cette réforme a été motivée par le souci de :

- requalification organique et fonctionnelle des missions autrefois dévolues au Fonds Social, Etablissement public dissout, et à la Cellule d'Appui au Programme d'Urgence et Intégré de Développement Communautaire pour ainsi répondre au besoin de transformation et d'adaptation de l'action sociale et économique des pouvoirs publics en faveur de la reconstruction nationale d'une part,

- création d'un organisme unique, fruit de la fusion et de la coordination des missions dévolues aux deux structures précitées afin de mieux canaliser l'action institutionnelle pour en garantir les impératifs opérationnels et d'efficacité d'autre part.

2. *Mission du FSRDC*[21]

Le Fonds a pour mission de participer à l'effort de reconstruction du pays et de coordonner les programmes d'Urgence Intégrés de Développement Communautaire (PUIDC) en contribuant notamment à :

- l'amélioration des conditions de vie de la population congolaise et de son accès aux services sociaux moyennant la réhabilitation et la reconstruction des infrastructures économiques et sociales communautaires ;

- la création des revenus et des emplois dans les milieux ruraux et urbains par l'exécution ou l'implantation des micro-projets générateurs des revenus pour alléger la pauvreté et promouvoir le développement économique et social de la République Démocratique du Congo.

A cet effet, le Fonds a pour tâches notamment de (d') :

- améliorer les services sociaux des communautés défavorisées à travers le pays, en l'occurrence les groupes de population vulnérables tels que les femmes, les jeunes, les déplacés et les reclassés, les soldats démobilisés, les victimes de la guerre d'agression handicapés, veuves et orphelins ;

- contribuer à réhabiliter et à reconstruire les infrastructures économiques et sociales dans les milieux ruraux et urbains et améliorer l'accès des communautés locales aux services de base tels que l'éducation, l'eau potable, les soins médicaux ;

- créer des emplois pour la mise en œuvre des travaux publics à haute intensité de main-d'œuvre ;

- trouver des solutions aux problèmes de pauvreté en développant des stratégies, politiques et autres projets conséquents avec les communautés de base(…)

- accompagner le développement des entités territoriales décentralisées dans leurs communautés de base ;

- identifier des axes prioritaires et des approches innovantes d'intervention visant à atteindre les objectifs de développement durable, plus particulièrement, l'amélioration des conditions de vie des populations tout en

[21] Article 4 de l'Ordonnance n°23/049 du 28 avril 2023 portant création, organisation et fonctionnement du fonds social de la République Démocratique du Congo, «FSRDC» en sigle, inédit.

se focalisant sur la création d'emplois et d'opportunités d'insertion socio-professionnelle durable surtout pour les jeunes et les femmes ;

- Apporter des solutions aux problèmes de pauvreté en développant des stratégies, des politiques et divers mécanismes de soutien (financements, prêt, subventions, soutien matériel et logistique, assistance technique, etc.) à même de renforcer la résilience socio-économique des communautés de base, des autorités locales et des organisations de la société civile ;

- Mobiliser et sensibiliser les communautés locales à s'approprier des programmes et projets de reconstruction ainsi que de développement socio-économique réalisés par le Fonds ;

- Concevoir et mettre en œuvre des plans et stratégies de communication sur les actions liées au développement socioéconomique et à la reconstruction ;

B. Du « Programme National d'appui à la Protection Sociale », en sigle « PNPS »

Le service technique institué par le Décret n° 05/176 du 24 novembre 2005 portant création du programme national d'appui à la protection sociale, en sigle « PNPS » a mis en place deux structures que sont le Conseil du Programme National d'Appui à la Protection Sociale (CPNPS) et la Direction du Programme (DP).[22]

1/ Le Conseil du Programme National d'Appui à la Protection sociale a notamment pour missions de :

- concevoir et proposer au Gouvernement la Politique Nationale en matière de Protection Sociale ;
- mobiliser des ressources locales et externes en faveur de la protection sociale ;
- édicter et harmoniser les procédures de gestion des ressources affectées au Programme National d'Appui à la Protection Sociale ;
- assurer le suivi et l'évaluation des activités de protection sociale.[23]

2/ La Direction du Programme d'Appui à la Protection Sociale a pour missions de (d') :

- coordonner et superviser les activités du Programme ;
- appliquer les décisions du CPNPS et en assurer l'exécution ;

[22] Article 6 du Décret n° 05/176 du 24 novembre 2005, *op.cit.*
[23] Article 7 idem.

- proposer la création des conseils techniques et d'agréation ;

- élaborer des Plans d'actions ainsi que des chronogrammes détaillés des activités des projets.[24]

C. Le Décret n° 13/007 du 23 Janvier 2013 fixant les Statuts du Fonds National de Promotion et de Service Social, en sigle « FNPSS »

1. Statut juridique

Le Fonds National de Promotion et de Service Social (FNPSS), régi par le Décret n°13/007 du 23 Janvier 2013, est un Etablissement Public à caractère technique, financier, social et humanitaire, doté de la personnalité juridique et jouissant d'une autonomie administrative et financière.

2. Opérationnalité du décret n°13/007 du 23 janvier 2013 fixant les Statuts du FNPSS et de son plan stratégique et financier 2012-2016 [25]

Le Décret ainsi que le plan stratégique et financier susmentionnés constituent les deux outils indispensables adoptés par le Gouvernement comme cadre de référence et d'action de la Protection Sociale et des Interventions Humanitaires. Ils sont confiés au Ministère des Affaires Sociales, Action Humanitaire et Solidarité Nationale en vue d'assurer le rôle régalien de coordination de l'action sociale et humanitaire en République Démocratique du Congo.

3. Contenu de l'axe et plan stratégique

Le Plan Stratégique contient au moins 81 projets sociaux et humanitaires à réaliser dans toutes les Provinces du pays et qui sont autour de cinq axes stratégiques à savoir, la redynamisation du FNPSS, la prévention de la vulnérabilité, la protection des vulnérables, la promotion des personnes nécessiteuses et défavorisées et la mobilisation des ressources.

4. Objet social et missions

Le Fonds a pour objet d'appuyer l'action sociale et humanitaire du Gouvernement et de servir d'une banque sociale.

A ce titre, il assure la mobilisation et la gestion des financements destinés à l'action sociale et humanitaire de l'Etat et garantit le relèvement social des groupes vulnérables et des personnes nécessiteuses ainsi que leur accès aux services sociaux de base.

En vue de réaliser son objet social, le FNPSS a pour missions de (d') :

---

[24] Article 10 du Décret n° 05/176 du 24 novembre 2005, *op.cit.*

[25] *In JORDC n°5 du 1er mars 2013.*

- Appuyer l'action sociale et humanitaire du Gouvernement dans le cadre de la politique sociale et humanitaire telle que définie par le Ministère des Affaires Sociales, Action Humanitaire et Solidarité Nationale ;
- Jouer le rôle d'interface pour l'appui aux structures de prise en charge du Ministère de tutelle et des partenaires et intervenants sociaux et humanitaires ;
- Organiser la plateforme de l'aide sociale et humanitaire ;
- Prendre en charge des opérations de lancement des projets de relèvement social ;
- Mobiliser des fonds nécessaires à la réalisation des actions à caractère social et humanitaire ;
- Gérer la caisse de solidarité nationale ;
- Participer aux actions de promotion sociale ;
- Octroyer de l'aide sous forme de dons en matériels ou en espèce et des prêts gardant un caractère exceptionnel ;
- Servir de banque sociale de proximité pour la promotion et la protection des personnes nécessiteuses et défavorisées ;
- Emettre des avis techniques sur les projets à caractère social et humanitaire ;
- Servir d'organe consultatif pour les questions relatives aux facilités administratives,
- Fiscales et douanières au profit des partenaires et intervenants sociaux et humanitaires ;
- Tenir la gestion de l'Observatoire de la Vulnérabilité Sociale et de la banque de données des partenaires et des intervenants dans le domaine social et humanitaire.

5. Financement

Les ressources du FONDS sont constituées notamment de (de la) :

- dotation budgétaire ;
- subvention de l'Etat ;
- Droits et frais perçus en contre partie des services rendus ;
- Dons, legs, libéralités, avances ou emprunts divers ;
- Contribution de bailleurs de fonds ;

- Fruits de placements ;
- Sommes prélevées sur les bénéfices des loteries et des jeux du hasard autorisés par la loi ;
- Sommes collectées exceptionnellement par élan de solidarité nationale ;
- Financements destinés au volet social des investisseurs publics et privés suivant l'article 8 du Décret n°13/007 du 23 janvier 2013 et de l'Arrêté Ministériel n°204/ CAB.MIN/AFF.SAH.SN/2013 du 22/10/2013 portant modalités de participation des investisseurs publics et privés au financement de l'action sociale et humanitaire en République Démocratique du Congo ;

6. Fonctionnement

Le FNPSS est appelé à exercer ses activités tant au niveau central, provincial, local qu'à l'étranger à travers les agences provinciales et les Bureaux nécessaires à la gestion sur le plan local ainsi que des représentations à l'étranger.

7. Opérationnalisation du droit social congolais

L'opérationnalisation du droit social congolais s'est notamment matérialisée au cours du second semestre de l'année 2023 à travers trois programmes de gratuité institués par le Gouvernement de la République dans différents domaines de l'enseignement, de maternité et de la santé.

a/ Domaine de maternité

le programme de la gratuité des accouchements lancé à Kinshasa le 5 septembre 2023 par le Chef de l'Etat et destiné à s'étendre progressivement sur l'ensemble de la RDC, s'inscrit dans le cadre de la mise en œuvre de la couverture sanitaire universelle, dans celui de la lutte contre la mortalité maternelle et néonatale » et contre la barrière financière que certaines femmes enceintes ne pouvaient franchir faute de moyens, au point de recourir aux accouchements à domicile s'exposant ainsi aux risques pour elles-mêmes et pour leurs bébés avec à la clé de nombreux cas de décès maternels ».[26]

L'objectif fondamental de ce programme est de garantir des soins et des services de santé de qualité et gratuits à toutes les femmes enceintes, à celles qui ont accouché et aux nouveau-nés pendant leur premier mois de vie.[27]

---

[26] UNFPA RDC, Lancement de la gratuité des accouchements en RDC, https://drc.unfpa.org/fr/news/lancement-de-la-gratuit%C3%A9-des-accouchements-en-rdc , 27 septembre 2023

[27] radiookapi.net: Kinshasa : Félix Tshisekedi lance la gratuité de la maternité et des soins des nouveau-nés

Cette gratuité s'étend aux consultations prénatales et post-natales, à l'échographie obstétricale, aux accouchements simples et par césarienne, aux soins du nouveau-né, à la vaccination, aux services de planification familiale et à l'accès aux médicaments essentiels.

Dans ce cadre, au moins 320 centres de santé et 50 hôpitaux généraux de référence ont été mobilisés.

b/ Domaine de l'enseignement primaire public

La Gratuité de l'enseignement primaire public a été instituée par le Chef de l'Etat le 14 novembre 2023.

Sa mise en œuvre dans les écoles publiques et certaines écoles conventionnées initiée en 2019, conformément à l'article 43 de la constitution congolaise, garantit la gratuité et l'obligation de l'enseignement de base, englobant également les écoles consulaires hors du territoire national que ce soit en Tanzanie, en Angola ou ailleurs.

Ce programme vise à garantir à tous l'accès à l'éducation, suppléant ainsi à l'impuissance financière persistante des familles à payer pour l'éducation de leurs enfants en âge d'être scolarisés.[28]

Il en appert que la gratuité devient un indicateur de recul du taux de déperdition scolaire, de l'écart entre la scolarité des filles et celle des garçons, ainsi que du taux d'analphabétisme.

c/ Domaine de la couverture sanitaire universelle (CSU)

Le programme de la couverture sanitaire universelle veut que tout citoyen, riche ou pauvre, puisse avoir accès ou recours aux services et soins de santé dont il a besoin, où et quand il en a besoin, sans être exposé à des difficultés financières.

La phase d'implémentation de la mise en œuvre dudit système en RDC, est prioritairement conçue en faveur des agents publics de l'Etat, des militaires, des policiers et d'autres couches défavorisées considérées par le Gouvernement comme gagnepetits, en vue de renforcer l'autorité de l'Etat et la solidarité nationale », tel qu'il ressort du Conseil des ministres du 8 mars 2024.[29]

Cela est en cours de concrétisation à travers la Convention devant être conclue entre la RDC et Activa Assurances RDC puis avec Activa-vie RDC couvrant l'assurance maladie, l'invalidité permanente, le décès et diverses prestations.

---

[28] Ministère de l'EPST, https://minepst.gouv.cd › la-mise-en-oeuvre-de-la-gratuité de l'enseignement primaire ...

[29]Deskeco - 11 mar 2024 09:57, dans actualités

Cette convention permettra d'une part, au gouvernement d'améliorer considérablement les conditions socio-médicales des militaires, policiers et leurs dépendants et d'autre part, de procéder à la modernisation des établissements hospitaliers des forces de défense et de sécurité.[30]

Compte tenu de son essence appartenant au système contributif, le Gouvernement de la RDC qui a intégré la phase initiale dudit programme dans le système non contributif, prévoit sa migration vers le contributif, assorti des perspectives d'extension dans son objet (le paquet de services et soins de base du système de la CSU) et dans sa sphère de couverture territoriale (26 provinces de la RDC).

[30] Clément MUAMBA, RDC : vers la mise en œuvre de l'assurance en faveur des militaires, policiers et leurs dépendants, https://www.addtoany.com/share#url=https%3A%2F%2Factualite.cd%2F2023%2F11%2F12%2Frdc-vers-la-mise-en-oeuvre-de-lassurance-en-faveur-des-militaires-policiers-et leurs&title=RDC, consulté le 10 mars 2024.

DEUXIEME PARTIE :

LE DROIT DU TRAVAIL

INTRODUCTION

Alors qu'elle se limite à reconnaitre en ses articles 2 et 7a que le travail est pour chacun un droit et un devoir, une obligation pour tous ceux qui n'en sont pas empêchés par l'âge ou l'inaptitude constatée par un médecin,[31] la loi portant Code du Travail n'en donne aucune définition tandis qu'il explique ce qu'il faut entendre par « Travailleur ».[32]

En Droit, le vocable « Travail » a une acception bien précise qui le différencie de toute autre activité de type : exercice physique, activité de la ménagère, loisirs, bénévolat, assainissement décidé par les autorités de la municipale ou activités civiques etc.

Partant de la définition tirée de la notion juridique du travailleur (cf. art.7a de la loi portant Code du travail), le travail représente :

- *Toute activité professionnelle réalisée dans le cadre d'une subordination hiérarchique et*
- *Ayant une valeur marchande consacrée par*
- *La contrepartie d'une rémunération ou d'un gain au point de conférer*
- *Au travailleur ou à la société une valeur d'usage et d'échange sur le marché.*

Il n'est pas non plus à confondre avec l'emploi qui est défini dans la loi portant Code du travail (article 201) *comme toute activité non illicite pouvant procurer à un individu les revenus nécessaires pour satisfaire à ses besoins essentiels.*[33]

Cette définition légale est aussi malheureuse car elle ne rend pas évidente la différence devant exister entre les deux vocables « Emploi » et « Travail ».

En réalité, le mot **« emploi »** fait référence à l'assiette ou au profil d'une activité rétribuée, c'est donc la description d'un poste touchant une activité rémunérée au sein d'une entreprise ou d'une administration. Exemple : Conseil juridique, Dessinateur industriel, Comptable, Financier, Chimiste etc.

---

[31] Article 2 de la loi n°015/2002 du 16 octobre 2002 portant Code du Travail, *in JO de la RDC*, numéro spécial du 25 octobre 2002.
[32] Article 7a, *Idem.*
[33] Article 201, Idem.

Tandis que le « **Travail** » désigne l'exercice rémunéré d'une activité professionnelle organisée et coordonnée en vue de la production notamment des biens ou des services utiles à la personne ou à la collectivité.

Il matérialise l'occupation effective d'un poste dont la description ou le profil a été préalablement fixé au regard de exigences et spécificités dudit poste.

Cinq aspects méritent fixation dans cet exorde : ***la définition et l'objet du droit du travail (I), ses sources (II), les caractères de son autonomie (III), le champ d'application de la loi n°015/2002 du 16 octobre 2002 portant Code du Travail telle que modifiée à ce jour (IV) et ses concepts usuels (V).***

I. Définition et objet du droit du travail

A. Définition

Le droit du travail doit être considéré comme l'ensemble des règles juridiques (de natures légale, réglementaire, jurisprudentielle et conventionnelle) applicables aux relations individuelles et collectives régissant les rapports entre employeurs privés, publics ou assimilés et ceux qui travaillent sous leur autorité à l'occasion du travail, les travailleurs.

Cette définition est exclusive des travailleurs indépendants, travaillant pour leur propre compte tels les architectes, médecins, avocats, défenseurs judiciaires, chasseurs, pêcheurs, artistes, les écrivains lorsqu'ils œuvrent chacun dans son propre cabinet, tout comme les commerçants.

Cependant, ils pourront se placer sous l'emprise du droit du travail s'ils sont liés avec d'autres personnes en qualité soit de travailleur subordonné ou en qualité d'employeur.

B. But et objet de Droit du travail

Il appert de ce qui découle de sa définition que le droit du travail *a pour fondamental objet* de régir les rapports individuels ou collectifs qui se créent entre les employeurs et les salariés et ce, dans le double but de protéger la partie la plus faible, le travailleur salarié d'une part, et d'assurer le progrès social d'autre part.

Ce droit contient également :

1°/ un train de mesures de protection au bénéfice des plus faibles encore et de catégories défavorisées : les enfants ou ceux dont la force physique peut être mal adaptée à certains types de travaux, les femmes, les personnes vivant avec handicap etc.

2°/ et des normes appropriées en matière de santé et sécurité au travail en vue d'assurer une protection optimale du travailleur contre toutes les formes de nuisances dans l'environnement du travail.

II. Sources du droit du travail

L'élaboration des règles de droit du travail relèvent des sources aussi bien internationales qu'internes. Il convient de faire observer une originalité en la matière faisant qu'à côté de l'accord de volontés et des règles édictées par les pouvoirs publics, il existe un corps de normes, élaborées par les intéressés eux-mêmes et qui constituent pour ce droit les sources professionnelles.

A. Sources internationales

Les sources internationales sont à la base de la création du droit international du travail qui découle des traités ou conventions du travail, lesquels sont conclus entre deux ou plusieurs Etats en revêtant soit un caractère bilatéral ou multilatéral selon le cas.

C'est le cas des traités multilatéraux ou conventions internationales du travail conclues dans le cadre de l'Organisation Internationale du Travail (OIT). Il en va de même des recommandations élaborées par l'Organisation Internationale du Travail.

A.1. Place de ces Conventions et traités internationaux en droit interne congolais

L'on note en RDC une forte densité des Conventions ou Traités internationaux auxquels l'article 215 de la Constitution congolaise en vigueur attribue une autorité supérieure à celle des lois *dès leur publication*, pour p*eu qu'ils aient été régulièrement conclus, sous réserve de. leur application réciproque par l'autre partie.*[34]

Les conventions internationales sont reparties en conventions fondamentales, en celles de gouvernance et en conventions techniques comme le renseigne l'annexe établie à cet effet dans le présent ouvrage.

En ratifiant les traités internationaux, les Etats s'engagent à prendre des mesures nationales et adapter des lois compatibles (mécanismes de mise en œuvre) avec les obligations découlant des traités ou conventions qui doivent être *universels* c'est-à-dire ratifiables par un plus grand nombre d'Etats et adoptés aux conditions nationales flexibles et viables.

A.2. Les Normes internationales du travail[35]

Les normes internationales du travail sont des instruments juridiques élaborés par les mandants (gouvernements, employeurs et travailleurs) de l'OIT visant à établir les principes et droits fondamentaux au travail et à régir d'autres domaines du monde du travail.

---

[34] La Constitution de la République Démocratique du Congo, *op.cit.*

[35] Association Adéquations, l'Organisation Internationale du Travail, Extrait mis en ligne en 2008 http://www.adequations.org/spip.php?article563, site visité le 16 mars 2015.

Les conventions internationales du travail ne sont pas élaborées comme les traités diplomatiques habituels. Il n'y a pas *de négociation* entre les représentants des Etats, mais des traités « sui generis » *élaborés et adoptés par une assemblée*, « la Conférence Générale du Travail » qui est de structure tripartite, en ce sens qu'elle est composée de représentants du gouvernement, des travailleurs et des employeurs (4-2-2) par Etat membre.

En matière des normes internationales du travail, l'on distingue *les normes formelles de normes moins formelles* qu'il sied d'analyser.

2. 1. Normes formelles

Les normes formelles sont celles prévues dans l'ordonnancement juridique de la Constitution de l'OIT. Elles comprennent les conventions et recommandations suivies des résolutions et conclusions de cette Institution.

Les conventions sont des traités internationaux sujets à ratification par ses Etats Membres.

Les protocoles internationaux sont sujets à ratification. Ils n'ont pas d'existence autonome mais sont rattachés aux traités principaux.

Les recommandations ne sont pas obligatoires si elles traitent de mêmes sujets que les conventions qu'elles complètent en proposant des directives pour l'élaboration de politiques nationales. Elles peuvent :

- Traiter d'un aspect du sujet qui n'est pas couvert par la Convention dont elle étend par exemple le champ d'application (« *rationae materiae ou rationae personae* »).
- Proposer un niveau de protection plus élevé que celui de la Convention.
- Contenir des propositions pour guider les mandants de l'OIT dans la mise en œuvre de la convention qu'ils accompagnent.

La force obligatoire des recommandations de l'OIT s'apprécie à travers les trois sortes de recommandations qui existent en matière du travail :

- ***les recommandations simples*** qui sont des simples propositions dénuées de toute force obligatoire;

- ***les recommandations contrôlées*** qui exigent des États de motiver auprès de l'OIT le refus de les observer;

- ***les recommandations de résultat*** qui rendent obligatoires le but à atteindre tout en laissant aux États la liberté du choix des moyens.

Les résolutions et conclusions[36] sont adoptées par la Conférence Internationale du Travail (CIT) et par différents organes de l'OIT, tels que, les comités techniques d'experts, les conférences régionales et les réunions techniques pour répondre à des situations et besoins spécifiques.

Les Résolutions sont donc des décisions obligatoires, des traités ; elles peuvent approuver un traité soumis à la ratification des États.

Il convient de noter que l'ensemble de ces règles, ***conventions et recommandations*** constitue le **« Code International du Travail** » publié par le Bureau International du Travail qui présente de manière méthodique et systématique les normes internationales du travail.

2. 2. Normes moins formelles[37]

Ce sont des normes qui, *bien que ne faisant pas partie du système formel et normatif international du travail de l'OIT, sont destinées à produire un effet normatif* dans le but de détailler ou de développer les normes internationales du travail à des fins d'assistance technique et pratiques dans des domaines parfois très techniques.

Dans ce registre, il y a lieu de citer les codes de conduite, les directives et les déclarations qui sont des documents fréquents dans le secteur maritime ou celui de la sécurité et de la santé au travail, mais moins formels que les conventions et les recommandations.

2. 3. Système de contrôle de l'OIT

Les mécanismes de contrôle prévus par plusieurs dispositions de la Constitution de l'OIT visent à garantir l'application des normes internationales du travail.

Ces mécanismes veulent, selon l'article 19 de la Constitution de l'OIT, que les Etats Membres rendent, à intervalles réguliers, un rapport sur les conventions et les recommandations non-ratifiées et indiquent l'effet donné ou qui compte être donné à ces instruments.

Pour sa part, l'article 22 veut que des rapports doivent être régulièrement soumis par les Etats Membres qui ont ratifié des Conventions de l'OIT.[38]

A.3. Les traités bilatéraux

Ces traités de travail ont une sphère d'application limitée aux Etats signataires. Ils sont qualifiés de fermés, en ce sens que les Etats non signataires ne peuvent pas y adhérer sans l'agrément des parties contractantes.

---

[36] Association Adéquations, l'Organisation Internationale du Travail, *op.cit.*

[37] *Ibidem.*

[38] *Idem*

Ils ont, en général, pour objet de déterminer le statut des travailleurs ressortissant d'un Etat signataire et installés sur le territoire d'un autre Etat. La plupart consacrent une égalité complète de traitement entre les ressortissants salariés des deux Etats.

B. Les sources étatiques

Les sources étatiques sont d'une part, les lois constitutionnelles et d'autre part, les lois ordinaires, les règlements, la jurisprudence, les conventions collectives et enfin la doctrine.

B.1. La Constitution[39]

La Constitution congolaise en vigueur contient nombre de règles-principes applicables aux rapports de travail et qui énoncent des principes généraux en laissant au Législateur Ordinaire les soins de régir les matières dans leurs aspects techniques et au Gouvernement de prendre des mesures d'application par voie règlementaire.

C'est le cas des articles 16, et 36 à 39 ci-dessous :

Article 16

La personne humaine est sacrée. (…) Nul ne peut être tenu en esclavage ni dans une condition analogue. Nul ne peut être soumis à un traitement cruel, inhumain ou dégradant. Nul ne peut être astreint à un travail forcé ou obligatoire.

Article 36

Le travail est un droit et un devoir sacrés pour chaque Congolais. L'Etat garantit le droit au travail, la protection contre le chômage et une rémunération équitable et satisfaisante assurant au travailleur ainsi qu'à sa famille une existence conforme à la dignité humaine, complétée par tous les autres moyens de protection sociale, notamment, la pension de retraite et la rente viagère.

Nul ne peut être lésé dans son travail en raison de ses origines, de son sexe, de ses opinions, de ses croyances ou de ses conditions socio-économiques.

Tout Congolais a le droit et le devoir de contribuer par son travail à la construction et la prospérité nationales.

Article 37

L'Etat garantit la liberté d'association. Les pouvoirs publics collaborent avec les associations qui contribuent au développement social, économique, intellectuel, moral et spirituel des populations et à l'éducation des citoyennes et des citoyens.

---

[39] La Constitution de la République Démocratique du Congo, *op.cit.*

Article 38

La liberté syndicale est reconnue et garantie. Tous les Congolais ont le droit de fonder des syndicats ou de s'y affilier librement, dans les conditions fixées par la loi.

Article 39

Le droit de grève est reconnu et garanti. Il s'exerce dans les conditions fixées par la loi qui peut en interdire ou en limiter l'exercice dans les domaines de la défense nationale et de la sécurité ou pour toute activité ou tout service public d'intérêt vital pour la nation.

B.2. La loi ordinaire

La Constitution congolaise en vigueur dispose en son article 122 litera 14 que *la loi fixe les règles concernant le droit du travail et de la sécurité sociale, elle détermine les principes fondamentaux concernant le pluralisme syndical et le droit de grève* (article 123 literas 7 et 8).

Cet article 122 précise clairement que les matières du travail relèvent principalement du domaine de la loi, raison pour laquelle elles sont actuellement régies par la Loi n° 015-2002 du 16 octobre 2002 portant code du travail telle que complétée et modifiée par la loi n°16/010 du 15 juillet 2016.[40]

Toutefois, la Constitution reconnait au Gouvernement, la possibilité d'intervenir dans le domaine de la loi par *voie d'ordonnances-lois*, pour des *matières déterminées et pendant un délai limité, après autorisation demandée à l'Assemblée nationale ou le Sénat en vue de l'exécution urgente de son programme d'action.* Ces ordonnances-lois délibérées en Conseil des ministres et ratifiées par le Parlement dans les limites fixées par la loi d'habilitation, ne peuvent être modifiées que par la loi.[41]

C'est à ce niveau qu'intervient le Chef de l'Etat qui préside le Conseil des ministres et agit par voie d'ordonnance, de sorte qu'en intervenant dans le domaine de la loi, il prend les Ordonnances-loi dans les termes de la Constitution.[42]

Il appert de ce qui précède que la norme législative régissant les matières du travail est constituée de la Loi ordinaire et des actes équipollents ayant force de loi.

---

[40] JORDC, Numéro spécial du 29 juillet 2016.
[41] Article 129 de la Constitution de la RDC, *op.cit.*
[42] Article 79, *Idem.*

B.3. Les règlements

L'article 128 de la Constitution constitue le fondement juridique des actes règlementaires lorsqu'il précise que « *les matières autres que celles qui sont du domaine de la loi ont un caractère réglementaire. Les textes à caractère de loi intervenus en ces matières peuvent être modifiés par décret si la Cour constitutionnelle, à la demande du Gouvernement, a déclaré qu'ils ont un caractère réglementaire en vertu de l'alinéa précédent.* »

Le Ministère du Travail et de la Prévoyance Sociale participe au pouvoir règlementaire du Premier Ministre par délégation, en prenant des arrêtés pour assurer l'exécution de la loi en matière de l'emploi, du travail, de la prévoyance et de la sécurité sociale.

B.4. La jurisprudence

La jurisprudence ou *science du droit appliquée*, est l'ensemble des décisions judiciaires constantes rendues par les Cours et Tribunaux sur une question spécifique en matière du travail au cours d'une période donnée.

MATA PANZU considère que la jurisprudence est un ensemble des solutions apportées par les décisions de justice en matière du travail *dans l'application du droit,* notamment dans *l'interprétation de la loi* quand elle est obscure ou même *dans la création du droit* quand il faut compléter la loi ou suppléer une règle qui fait défaut.[43]

Elle joue un rôle prépondérant dans la réforme législative soit en entérinant la pratique judiciaire ou en veillant à trancher une querelle juridique en substituant à une disposition légale ambigüe ou contradictoire, une autre règle de droit plus appropriée.[44]

B.5. La doctrine

L'ensemble des écrits savants sur différentes questions du travail, venant compléter ou interpréter d'une certaine manière la loi ou les aspects insuffisamment traités par les textes.

C. Les sources professionnelles

Les sources professionnelles sont l'œuvre des acteurs de relations professionnelles qui s'organisent pour énoncer eux-mêmes les règles qu'ils s'engagent à observer dans leurs rapports contractuels. Elles représentent donc le droit élaboré par les professionnels eux-mêmes.

Dans ce cadre, l'on peut citer la convention collective, la coutume et les usages ainsi que le règlement d'entreprise.

---

[43] F. Mata Panzu, *Lexique du droit du travail congolais*, éd. KAZI, Kinshasa 2010, p.64.
[44] Luwenyema Lule, *Précis de droit du travail zaïrois*, éd. LULE, Kinshasa, 1987, p.39 §5.

C.1. La convention collective

La convention collective est un accord écrit relatif aux conditions et aux relations de travail conclu entre, d'une part un ou plusieurs employeurs, une ou plusieurs organisations professionnelles d'employeurs et, d'autre part, une ou plusieurs organisations professionnelles de travailleurs.[45]

L'aspect opérationnel de la convention collective *réside dans l'avantage qu'elle offre d'aller au-delà de ce que prévoit la loi en vue d'améliorer le minimum social légalement garanti.*

A ce titre, la convention collective exerce les trois fonctions suivantes :

- Dans son rôle ***« secundum legem »,*** elle conduit à l'élaboration d'un corps de règles qui complètent *la loi ;*

- Dans sa fonction ***« praeter legem », elle en vient à*** créer le droit pour régir les matières non expressément prévues par la loi ;

- Dans sa dimension ***« contra legem », elle*** modifie positivement les dispositions supplétives de la loi pour autant que ces modifications soient plus favorables aux travailleurs et conformes à l'ordre public.

C.2. Les usages et coutume

L'usage se définit comme *la pratique effective suivie de manière régulière* dans un milieu social déterminé, faite de certaines conduites dans la profession ou dans un ressort donné. *Il est objectif.*

Il n'est pas à confondre avec la coutume qui requiert, en plus de l'élément objectif reconnu à l'usage, *l'élément subjectif c'est-à-dire la conviction de chacun que l'usage ancien et répété est juridiquement obligatoire.* La coutume est donc une règle non écrite *adoptée par tout le monde du travail,* alors que les usages sont des règles non écrites *adoptées par une profession donnée et dans un milieu précis.*[46]

Le législateur renvoie fréquemment aux usages et coutumes suivis dans la profession ou la région. C'est le cas de renvois prévus dans les articles 20, 36 et 43 de la Loi portant code de travail :

Article 20, al. 1er : « le contrat d'apprentissage est établi en tenant compte *des usages et coutumes de la profession* ».

Article 36, §2 : « La date d'entrée en vigueur et la durée du contrat, la nature et l'objet des prestations du travailleur, le ou les lieux où elles doivent s'accomplir, la rémunération, les avantages complémentaires, les frais remboursables et toutes autres conditions sont déterminées par le contrat, dans

[45] Article 272 de la loi n°015/2002 du 16 octobre 2002 portant Code du Travail, *op.cit.*
[46] Luwenyema Lule, *op.cit.*, p.42, §§3-4.

le cadre des dispositions légales et sous réserve de l'observation des conventions collectives, des règlements d'entreprises et des *usages locaux.* »

Article 43, §2 : « La durée de l'essai ne peut être supérieure au délai nécessaire pour mettre à l'épreuve le personnel engagé, compte tenu de la technique et *des usages de la profession.* »

Les usages sont donc très utiles avec grande importance formelle dans les matières non traitées par la loi à raison de son caractère *praeter legem.*

C.3. Le règlement d'entreprise

C'est l'expression du pouvoir règlementaire discrétionnaire et unilatéral du chef d'entreprise, de tout établissement public ou privé, même d'enseignement ou de bienfaisance.

Il est pris, après avis de la délégation syndicale et de l'Inspecteur du travail du ressort, en vue d'énoncer essentiellement les règles relatives à l'organisation technique du travail, à la discipline, aux prescriptions concernant l'hygiène et la sécurité nécessaires à la bonne marche de l'entreprise, de l'établissement ou du service et aux modalités de paiement des rémunérations.[47]

D. Hiérarchie des sources ou des normes entre elles

En matière du travail, la hiérarchie des sources confondues entre-elles est régie par le principe selon lequel la source plus favorable est celle qui prime, peu importe sa position dans la hiérarchie, plus basse soit-elle.

Exemple : la règle plus favorable aux travailleurs contenue dans le contrat de travail prime sur la convention collective sectorielle, qui prime sur la convention collective interprofessionnelle, qui prime sur le code du travail, dès lors qu'elle est, à chaque niveau, plus favorable qu'au niveau qui lui est supérieure…. Sauf exception !

III. Caractères du droit du travail (8)

Le droit du travail est un droit impératif, autonome, expansif, diversifié, protectionniste, spécifique, lié à l'économie et droit règlementaire.

A. Droit impératif

Ce caractère découle de la nature de la plupart de ses normes qui sont *d'ordre public* assorties des sanctions diverses et sécurisées par le droit pénal spécial du travail.

[47] Article 157 de la loi n°015/2002 du 16 octobre 2002 portant Code du Travail, *op.cit.*

C'est ce qui explique le concept d'ordre public social, qui interdit, dans les conventions, les clauses moins favorables aux salariés que celles prévues par la loi, tout en autorisant les dérogations plus avantageuses pour ces derniers.

Par le caractère d'ordre public de ses normes, le droit du travail ne laisse pratiquement à la liberté contractuelle que très peu de marge pour s'exprimer.

B. Droit autonome et original

L'autonomie du Droit du Travail, sa spécificité, sa tendance très nette affirme son indépendance, spécialement par rapport au Droit Civil, bien que toutes les branches du Droit font partie d'un même système de civilisation et obéissent aux mêmes principes fondamentaux dans l'ordre éthique et dans l'ordre logique.[48] Sept aspects assoient cette autonomie.

Elle a ses propres *sources*, *son champ d'application spécifique, sa procédure* (saisine préalable de l'inspection du travail avant la saisine judiciaire), *son régime juridique en matières de prescription, de la faute* etc., *sa police* : l'inspection du travail chargée du contrôle de l'application du droit du travail, *sa justice* : les tribunaux du travail, juges naturels des conflits du travail, des représentants élus, les délégués du personnel, des forces électorales, les syndicats. Il a aussi *la sanction très originale* de son droit disciplinaire : la "mise à pied".

C. Droit spécial

Le droit du travail déborde le domaine du droit privé par la présence d'une abondante réglementation sur l'aspect institutionnel et pénal.

L'efficacité de son application est tributaire du droit pénal spécial du travail consacré à la répression des infractions et de ses différentes prescriptions, faisant qu'il devient exorbitant du droit public.

Il appert de ce qui précède que le droit du travail, bien qu'empruntant au droit privé et au droit public en vertu du fait qu'aucun droit n'est parfaitement étanche, *il transcende* de ces droits en présentant des traits qui se relèvent ni de l'un, ni de l'autre. Il est donc un droit spécial, possédant un ensemble de caractères originaux par lesquels il s'individualise[49].

D. Droit expansif

1°/ Par rapport à son champ d'application

Il s'étend à toutes les activités et professions industrielles, commerciales, libérales, des ONG, tant dans le secteur privé que public, les services publics de l'Etat, avec pour domaine de prédilection l'industrie et le commerce pour

---

[48] Georges Kadige, *op.cit.*

[49] Luwenyema Lule, *op.cit*, p. 14

autant qu'il y a recours à l'utilisation des services d'un ou de plusieurs travailleurs en vertu du contrat de travail.

2°/ Par rapport à son influence sur les autres branches du droit (privé et public)

Le droit du travail en appelle à la collectivisation du droit : le droit commercial (avec les comités d'entreprises) ; le droit administratif (avec le syndicalisme et l'institution de la grève) et le droit de la sécurité sociale (avec la protection de la santé au travail et de l'environnement du travail).

E. Droit diversifié

1°/ Par rapport aux *différentes catégories professionnelles qu'il régit*: ouvriers et employés, agents de cadre et maîtrise, agents de commandement, la condition individuelle des catégories spécifiques de salariés : femmes, enfants, apprentis, étrangers, délégués du personnel ;

2°/ Par rapport aux différentes *professions qu'il régit* : agricoles, commerciales, libérales, les gens de mer, les aviateurs, les mineurs…

3°/ Par rapport *à la mise en œuvre de certains principes juridiques relevant du droit civil :*

Le droit du travail applique le principe général de la *charge de la preuve lorsqu'il oblige* l'employeur à apporter la preuve qu'il a payé le salaire sans demander à l'employé de prouver qu'il n'a pas reçu son salaire.

Il respecte le principe de *la liberté contractuelle* lorsqu'il interdit à l'employeur de modifier unilatéralement la nature du travail, la rémunération, le lieu du travail, l'horaire du travail.

F. Droit Protectionniste

Il est protectionniste des travailleurs subordonnés au pouvoir normatif de l'employeur dans le cadre du lien que constitue la relation de travail.

G. Droit spécifique

Il est *régi par un certain nombre des principes fondamentaux* beaucoup plus spécifiques que les autres branches peuvent lui emprunter mais dont il est en fait la source et le fondement tel que les principes de la liberté du travail, du libre choix du travail, de la liberté syndicale, de la négociation collective, de l'égalité, de la suffisance (qui fonde le salaire minimum et les prestations de la Sécurité Sociale). [50]

Droit à la négociation collective en vue de la conclusion d'accords d'entreprise, principe fondamental du Droit du Travail que le Ministre ne peut interdire par voie réglementaire dans le cadre de ses pouvoirs de tutelle.

---

[50] Georges Kadige, *op.cit*, p.4.

Le principe d'égalité qui interdit à l'employeur de faire des discriminations entre les salariés et lui interdit aussi tout arbitraire, tout favoritisme.

Ainsi au nom de ce principe général, un employeur ne saurait accorder à une catégorie de salariés des avantages qu'il refuserait sans justification suffisante et convaincante à une autre catégorie.

Le principe des droits acquis contient ***deux volets*** :

- le premier consistant à interdire à un employeur de revenir sur des avantages qu'il a consentis à ses salariés durant une période suffisante pour leur constituer des droits acquis,

- et le second malheureusement est le moins connu ou méconnu, consiste à empêcher que l'employeur ne puisse refuser d'accorder à des salariés qui viendraient à se trouver dans une situation particulière, notamment de licenciement, les mêmes avantages que ceux accordés précédemment à d'autres salariés qui se trouvaient dans la même situation.[51]

H. Droit lié à l'économie

Toutes les questions traitées par le droit du travail en rapport avec l'amélioration des conditions du travailleur, gravitent pour la plupart autour des charges sociales quantifiables comprenant, outre les salaires, tout ce que l'emploi coûte à l'entreprise (soins médicaux, logement, transport, congés, économat, hygiène et salubrité sur les lieux de travail, mutation, etc.), grevant ainsi le prix de revient de la main-d'œuvre et des produits.

L'impact économique sur le Droit du travail apparaît inévitablement dans l'opposition d'intérêts entre l'employeur, qui lui, cherche à augmenter la production et à en minimiser le coût de manière à assurer la prospérité de l'entreprise et à accroître sa valeur ajoutée d'une part, et les travailleurs qui réclament toujours de nouveaux avantages salariaux et ceux tendant à l'amélioration des conditions de travail d'autre part, opposition d'intérêts qui conduit le plus souvent aux revendications et conflits collectifs de travail.

Par ailleurs, il sied de noter que le droit du travail, bien que motivé par le souci majeur de consacrer tout ce qui est socialement souhaitable, il ne se limite à réaliser que ce qui est économiquement possible.

I. Droit règlementaire

Il va de soi que le droit du travail soit considéré comme un droit règlementaire, d'autant plus que l'autorité administrative, généralement le Ministre du Travail et de la Prévoyance Sociale, est appelée à intervenir plus fréquemment dans les questions du travail du fait que la loi souvent limitée aux grandes lignes, n'embrasse pas toute la matière ; ainsi, les actes

---

[51] Georges Kadige, *op.cit,* p.4.

règlementaires en viennent à régir concrètement le secteur du travail en tenant compte des normes clés énoncées par la loi.

En effet, l'acte règlementaire assure l'efficacité dans l'exécution de la loi du travail en intervenant plus rapidement que ne l'aurait fait le législateur.

IV. Limitation du champ d'application du droit du travail

La loi portant Code du travail ne s'applique aux marins et bateliers de navigation intérieure que dans le silence des règlements particuliers qui les concernent ou lorsque ces règlements et ceux régis par les statuts particuliers s'y réfèrent expressément.

Sont également exclus de ce champ d'application :

- les magistrats ; juges consulaires de Tribunaux de commerce et les juges assesseurs des Tribunaux du travail ; les agents de carrière des Services publics de l'État régis par le statut général ; les agents et fonctionnaires de carrière des Services publics de l'État régis par des statuts particuliers ;
- les éléments des Forces armées congolaises, de la police nationale congolaise et du Service national.

V. Famille du travailleur comprend :

- le conjoint ;
- les enfants tels que définis par la loi portant Code de la famille en vigueur ;
- les enfants que le travailleur a adoptés ;
- les enfants dont le travailleur a la tutelle ou la paternité juridique ;
- les enfants pour lesquels il est débiteur d'aliments conformément aux dispositions de la loi portant Code de la famille en vigueur.

VI. Trois systèmes de prise en charge des enfants :

Un enfant entre en ligne de compte s'il est célibataire et

- jusqu'à sa majorité en règle générale ;
- jusqu'à l'âge de 25 ans révolus, s'il étudie dans un établissement de plein exercice ;
- sans limite d'âge, lorsqu'il est incapable d'exercer une activité lucrative en raison de son état physique ou mental et que le travailleur l'entretient.

N'entre pas en ligne de compte, l'enfant mineur engagé dans les liens d'un contrat de travail ou d'apprentissage qui lui donne droit à une rémunération normale.

TITRE I : LES RAPPORTS DU TRAVAIL

Ce titre est consacré au contrat de travail **(Chapitre I**), au salaire **(Chapitre II)**, aux conditions générales d'exécution du contrat de travail **(Chapitre III**) et aux différentes modalités l'affectant (**Chapitre IV**).

Chapitre un :

Le Contrat de travail

Ce chapitre est subdivisé en deux sections portant respectivement sur la formation du contrat (I) et sur son exécution (II).

Section I : Formation du Contrat de travail

§1 Notion

A. Définition

L'article 7 c) de la Loi portant Code du travail congolais entend par contrat de travail « toute convention, écrite ou verbale, par laquelle une personne, le travailleur, s'engage à fournir à une autre personne, l'employeur, un travail manuel ou autre sous la direction et l'autorité directe ou indirecte de celui-ci et moyennant rémunération ».

C'est donc une convention par laquelle un travailleur s'engage à fournir un certain travail à un employeur moyennant une rémunération, en se plaçant sous l'autorité de celui-ci.

B. Les caractéristiques du contrat de travail

Le contrat de travail est à *titre onéreux, à exécution successive, synallagmatique*, avec un *lien de subordination et caractérisé par l'intuitu personae*.

- Il est à **titre onéreux** dans la mesure où il y a deux prestations, celle du travailleur et sa contrepartie qu'est la prestation de l'employeur en l'occurrence le salaire.
- Il est caractérisé par le lien **de subordination** qui est un facteur déterminant. Il se matérialise par le pouvoir de direction, de discipline et l'autorité du chef d'entreprise sur le salarié, par l'exercice d'un contrôle de l'employeur sur les modalités de réalisation de la prestation de travail, la fourniture des moyens nécessaires à la réalisation de cette prestation et par le travail au sein d'un service organisé lorsque l'employé détermine seul les conditions d'exercice du travail.

  Ces éléments marquent la différence avec les indépendants sauf en cas de subordination juridique qui opère après requalification de la relation du travail par le juge, le transfert du travail indépendant au régime juridique protecteur du contrat de travail tel que cela sera examiné au paragraphe 3 de la présente section, point 4 consacré à la sous-traitance.[52]

- La prestation du travailleur, quelle que soit la durée du contrat dont elle est issue reste à **exécution successive** c'est-à-dire qu'elle s'étend sur toute cette durée.
- Ce contrat **est synallagmatique** en ce qu'il lie deux parties aux obligations réciproques.
- Il est ***intuitu personae***, en ce qu'il est conclu en considération de la personne de sorte que seule la personne qui l'a signé est autorisé à l'exécuter et elle ne peut se substituer une autre.

Il convient de noter que le caractère ***intuitu personae*** n'opère qu'à l'égard du travailleur et non de l'Employeur qui peut se substituer selon les termes de la Loi.

C. Le contrat de travail et les notions voisines

Le contrat de travail diffère du contrat d'entreprise, de mandat, du contrat de société et des professions libérales.

1. Le contrat d'entreprise

Le contrat d'entreprise est conclu par une personne exerçant en toute indépendance une activité professionnelle (Architecte, Tailleur, Peintre etc.), appelée entrepreneur, qui conserve sa liberté dans l'exécution de son travail et assume les risques économiques de son activité.

L'entrepreneur s'engage à exécuter un ouvrage ou une tâche déterminé pour un prix convenu de sorte qu'il n'est dirigé ni commandé par le maître de l'ouvrage qui lui passe la commande comme le ferait un employeur à ses travailleurs salariés quand bien même il peut recevoir simplement de lui les ordres sur l'orientation générale de l'ouvrage et le but à atteindre.

2. Le mandat

Le mandat diffère du contrat de travail en ce que le mandataire accomplit les actes juridiques au nom et pour le compte du mandant (article 526 du livre 3 du code civil congolais) alors que le travailleur accomplit une prestation intellectuelle ou des actes matériels.

En outre, le mandat est révocable « ad nutum » tandis que le contrat de travail ne peut être résilié que pour des motifs valables liés à l'aptitude au travail ou à la conduite du travailleur ou encore fondés sur les motifs

---

[52] Anne Le Nouvel, Le contrat de travail : définition, le Cnam, pp. 5-7.

économiques ou d'organisation de l'entreprise conformément à la procédure organisée par la loi.

Enfin, le mandataire n'est pas, dans l'accomplissement de ses actes juridiques, soumis au mandant de la même manière que le ferait le travailleur à l'égard de son employeur.

3. Le contrat de société

Les sociétés commerciales sont régies par le principe de l'égalité entre associés est évidemment incompatible avec la notion de subordination. Si l'associé participe aux bénéfices et aux pertes de la société, le salarié pour sa part, peut participer aux bénéfices sans jamais supporter les pertes; il conserve le droit à sa rémunération qu'il y ait pertes ou pas.

Même l'associé qui fait apport en industrie est sur un pied d'égalité avec les autres associés et n'a pas d'ordre à recevoir d'eux car il ne se place pas sous leur autorité.

4. Les professions libérales

Concernant les professions libérales, le lien de subordination plaçant le médecin, le dentiste ou la sage-femme sous l'autorité de l'institution sociale publique, ne saurait concerner *le domaine technique et normal de la thérapeutique, dont le praticien demeure seul juge conformément aux principes déontologiques,* mais il s'applique à la dépendance « administrative » dans le cadre de l'organisation ou du service.

D. Quelques dispositions générales régissant le contrat de travail

Les contrats de travail sont passés librement, sous réserve des dispositions légales en la matière. Il peut mentionner des conditions plus favorables au travailleur.[53]

Ils ne peuvent déroger aux dispositions d'ordre public définies par la législation et la réglementation en vigueur. Toute clause contractuelle accordant au travailleur des avantages inférieurs à ceux prescrits par la Loi portant Code du travail est nulle de plein droit.[54]

L'exécution du contrat de travail est subordonnée à la constatation de l'aptitude au travail du travailleur par un certificat médical délivré par un médecin du travail ou, à défaut, par tout autre médecin. En l'absence de celui-ci, un certificat provisoire est délivré par un infirmier, sous réserve de soumettre le travailleur à un examen médical dans les trois mois qui suivent le début des prestations de travail. Une personne médicalement inapte au

[53] Article 36 de la loi n°015/2002 du 16 octobre 2002 portant Code du Travail, *op.cit.*
[54] Article 37 *Idem.*

travail auquel elle est destinée ou affectée ne peut être engagée ni maintenue en service.[55]

§2. Les conditions de validité du contrat de travail

Il existe les conditions tant de fond que de forme, assorties de la nullité comme sanction.

A. Les conditions de fond

L'article 8 du code civil livre III énumère les quatre conditions de la validité d'une convention, savoir :

- le consentement de la partie qui s'oblige ;
- la capacité de contracter ;
- un objet certain qui forme la matière de l'engagement ;
- une cause licite dans l'obligation.

Dans le cadre des présents enseignements, ce sont les trois premières conditions qui vont recevoir analyse.

1. Le consentement

Elément fondamental dans la formation du contrat de travail, le consentement doit être personnel, exempt de tout vice et définitif.

a) Consentement personnel du salarié

Etant donné que le consentement doit nécessairement être donné par la personne appelée à jouer le rôle de salarié en vue de l'exécution de la prestation du travail, le contrat de travail ne peut se former qu'entre un employeur et une personne physique qui doit obligatoirement donner son consentement.

Bien que l'article 36 de la Loi portant Code du travail souligne que les contrats de travail sont passés librement, la pratique du contrat d'adhésion dans un contexte de chômage chronique place le travailleur devant la délicate alternative soit d'accepter les conditions imposées par l'employeur et signer le contrat ou de les refuser et ne pas conclure.

Toutefois, en signant tel contrat sans qu'il y soit contraint par force ou violence, le travailleur donne librement son consentement même si son choix est fort limité.

---

[55] Article 38 de la loi n°015/2002 du 16 octobre 2002 portant Code du Travail, *op.cit.*

b) Consentement exempt de vices : erreur, dol et violence

L'article 9 du D. du 30 juillet 1888 des contrats et des obligations conventionnelles tel que modifié et complété à ce jour[56] relève qu'il n'y a point de consentement valable s'il n'a été *donné que par erreur*, ou s'il a été *extorqué par violence* ou *surpris par le dol.*

L'erreur de l'employeur consiste en une conception inexacte de la réalité, lorsqu'elle porte sur la substance même de la chose qui en est l'objet tels les éléments essentiels du contrat dont les parties ou l'une d'elles ont fait dépendre leur consentement.

Il convient de relever que *seule l'erreur substantielle* est une cause de nullité du contrat.[57] Il s'agit à titre exemplaire, en matière du travail, de l'erreur qui porte sur la personne du travailleur (à raison de *l'intuitu personae*) ou sur sa qualification professionnelle.

Le dol, toute manœuvre malicieuse conduisant l'une des parties à déterminer l'autre à contracter, vicie le consentement et devient une cause de nullité du contrat, lorsqu'il est déterminant c'est-à-dire lorsque les choses sont telles que sans cette manœuvre, l'autre partie n'aurait pas contracté; c'est le cas d'un jeune homme qui trompe sur son âge réel se faisant passer pour un majeur alors qu'il est mineur. *Ce dol « déterminant »* du salarié qui vicie le consentement de l'employeur ne se présume pas, il doit être prouvé.

La violence qui vicie consentement en matière de contrat du travail se doit d'être *impressionnante*, c'est-à-dire de nature à faire impression sur une personne raisonnable, au point de lui inspirer la crainte d'exposer sa personne ou sa fortune à un mal considérable et présent. A cet égard, l'âge, le sexe et la condition des personnes sont pris en considération.

C'est le cas des avances immorales faites à une femme ou une fille dans un état de nécessité pour obtenir un poste de travail.

c) Consentement définitif

La conclusion du contrat de travail est souvent précédée d'une offre émanant de l'employeur, offre qui ne serait valable au point de le lier que si elle est complète, précise, adressée à une personne dénommée et visant notamment la nature de l'emploi et le salaire y afférent, sinon il ne s'agirait que de simples pourparlers ou d'une pollicitation.

L'employeur est libre de refuser un candidat remplissant les conditions exigées, qui se présente à la suite d'une insertion d'offre d'emploi par

---

[56] B.O., p.109 *in Kalongo Mbikayi, Code civil et commercial congolais, CRDJ, Kinshasa 1997, p.284.*

[57] Article 10 du Décret du 30 juillet 1888 tel que modifié et complété à ce jour, *in Kalongo Mbikayi, Code Civil et Commercial Congolais, CRDJ, Kinshasa 1997.*

affichage ou dans la presse, sans avoir de motifs à lui donner, sauf preuve d'une discrimination illicite, en raison notamment de l'appartenance syndicale, du sexe, de la race.

d) Clauses d'essai dans le contrat de travail

Au lieu de s'engager immédiatement et de manière définitive, les parties, dit l'article 43 de la Loi portant Code de travail, peuvent conclure un contrat avec clause d'essai probatoire qui doit être constatée par écrit et dont la durée ne peut être supérieure au délai nécessaire pour mettre à l'épreuve le personnel engagé, compte tenu de la technique et des usages de la profession.

En l'absence d'une clause pareille dans un contrat de travail, on déduit qu'il s'agit d'un engagement définitif ; c'est pour dire que « l'engagement à l'essai ne se présume pas ». Le contrat du travail assorti d'une clause d'essai est donc conclu sous conditions suspensive ou résolutoire selon que l'essai est ou n'est pas concluant.

Dans tous les cas, la durée de l'essai ne peut dépasser un mois pour le travailleur manœuvre sans spécialité ni six mois pour les autres travailleurs, sinon cette durée est réduite de plein droit à un mois ou à six mois, selon le cas. La prolongation des services au-delà de cette durée maximale entraîne automatiquement la confirmation du contrat de travail.

L'intérêt de cette clause est évident dans la mesure où elle permet :

- à l'employeur de porter un jugement mieux éclairé sur la compétence et l'aptitude professionnelle du salarié à tenir l'emploi et,
- au travailleur de s'assurer que la tâche confiée lui convient.

Si l'essai se révèle satisfaisant de part et d'autre, le contrat revêtira un caractère définitif ; sinon, chaque partie reprendra sa liberté sans formalité particulière et sans qu'aucune responsabilité ne puisse être encourue. Cependant, l'essai peut être renouvelé sans que la nouvelle durée additionnée à la précédente, ne dépasse la durée maximale légale correspondant à la catégorie professionnelle concernée.

En ce qui concerne la rupture du contrat de travail avec clause d'essai, l'article 71 du Code de travail souligne que chacune des parties peut, pour un motif valable lié à l'aptitude ou à la conduite de l'autre, mettre fin au contrat moyennant un préavis de trois jours ouvrables prenant cours le lendemain de la notification.

Toutefois, pendant les trois premiers jours d'essai, le contrat peut être résilié sans préavis, avec ou sans faute lourde du salarié, la totalité de la rémunération étant due pour toute journée commencée.

L'employeur est seul juge de la question de savoir si l'employé a fait preuve de qualités nécessaires pendant la durée de l'épreuve à laquelle il a consenti à se soumettre, et il n'est pas obligé d'indiquer un motif de licenciement.

Il bénéficie d'un pouvoir d'appréciation discrétionnaire, et le salarié ne pourrait obtenir des dommages-intérêts pour rupture abusive qu'en apportant la preuve formelle que son employeur a « agi par malveillance à son égard ou avec une légèreté blâmable » ; il devrait prouver que la rupture a été faite dans l'intention de nuire et que sa qualification professionnelle n'était pas en cause.

Par contre, la maladie pendant la période d'essai est une simple cause de suspension, entraînant la prolongation de la période d'essai.

2. La capacité de conclure un contrat de travail

Le droit commun énonce aux articles 23 et 24 du CC livre III, les principes que « toute personne peut contracter, si elle n'est pas déclarée incapable par la loi », que l'état et la capacité des personnes, ainsi que leurs rapports de famille, sont régis par les lois de la nation à laquelle elles appartiennent.

L'article 6 §1 de la Loi portant Code de travail dispose : « La capacité d'une personne d'engager ses services est régie par la loi du pays auquel elle appartient, ou à défaut de nationalité connue, par la loi congolaise. »

Il convient de relever, au regard de ces principes, que *l'incapacité est toujours légale.*

L'article 215 de la Loi portant Code de la famille dispose : Sont incapables aux termes de la loi :

1. les mineurs ;
2. les majeurs aliénés interdits ;
3. les majeurs faibles d'esprit, prodigues, affaiblis par l'âge ou infirmes placés sous curatelle.[58]

a) Les mineurs

Au sens de l'article 6 alinéa 2 de la loi n° 16/010 du 15 juillet 2016 modifiant et complétant la Loi n°15-2002 du 16 octobre 2002 portant Code du travail, la capacité de de contracter est fixée à dix-huit ans sous réserve des dispositions suivantes :

- Une personne âgée de quinze ans ne peut être engagée ou maintenue en service, même comme apprentie, que moyennant dérogation

[58] Cf. le développement des pages 113-114 du présent ouvrage.

expresse du Président du Tribunal de paix, après avis psycho-médical d'un expert et de l'Inspecteur du travail.

- Le Président du Tribunal de paix est saisi à la requête des parents ou de toute personne exerçant l'autorité parentale ou tutélaire sur l'enfant, par l'Inspecteur du travail ou toute personne intéressée ;
- Toutefois, l'opposition de l'Inspecteur du travail et de l'autorité parentale ou tutélaire à la dérogation prévue au primo peut-être levée par le Président du Tribunal de paix lorsque les circonstances ou l'équité le justifient.
- Une personne âgée de 16 à moins de 18 ans ne peut être engagée ou maintenue en service que pour l'exécution des travaux légers et salubres prévus par un arrêté du Ministre ayant le travail et la prévoyance sociale dans ses attributions.

b) La femme mariée

Le contenu de l'article 215 de la Loi portant Code congolais de la famille susmentionnée renseigne que la femme mariée n'est pas incapables.

L'article 448 de la loi n° 16/008 du 15 juillet 2016 modifiant et complétant la loi n°87-010 du 1er aout 1987 portant code de la famille dispose :

« Les époux doivent s'accorder pour tous les actes juridiques dans lesquels ils s'obligent à une prestation qu'ils doivent effectuer. »

En parlant des époux, cette disposition consacre la parité et veut que leur accord intervienne sur les questions des compétences, les matières, l'objet et la cause des actes juridiques dans lesquels ils s'obligent à une prestation qu'ils doivent effectuer.

En cas de désaccord persistant, soutient l'article 449, le conjoint lésé saisit le Tribunal de paix. Toutefois, précise l'article 451, l'accord du conjoint n'est pas nécessaire dans les cas suivants :

- pour ester en justice contre l'autre ;
- pour disposer à cause de mort ;
- si l'un des conjoints est absent pendant douze mois.

L'article 452 renchérit que la nullité fondée sur le défaut d'accord ne peut être évoquée que par l'un des conjoints ou leurs héritiers.

c) Les étrangers

Il convient de faire observer que les étrangers ne sont pas frappés d'incapacité mais d'accès limité au travail en RDC et ce, dans le souci de protéger la main d'œuvre nationale contre la concurrence étrangère. C'est ainsi que le droit du travail prévoit des dispositions particulières régissant les étrangers désireux de prester leurs services en RD Congo.

La proportion des étrangers susceptibles d'être engagés dans une entreprise par rapport à l'effectif global des travailleurs dans cette entreprise est déterminée par l'Arrêté ministériel n° 12/CAB.MIN/ITPS/112/2005 du 26/10/2005 fixant les pourcentages maxima des travailleurs étrangers au sein des entreprises ci-dessous.[59]

POURCENTAGES MAXIMA DES TRAVAILLEURS ETRANGERS

Branche d'activités	Catégories I à V de la classification générale des emplois	Agents de maîtrise et cadres de collaboration	Cadres de direction
Agriculture	%	2,5 %	2 %
Industries extractives	%	2,5 %	2 %
Industries manufacturières	%	2,5 %	2 %
Bâtiments et travaux publics	%	2,5 %	2 %
Électricité, eau et services sanitaires	%	2,5 %	2 %
Commerce	%	2 %	2 %
Banque, assurances et affaires immobilières	%	2 %	2 %
Transports	%	2 %	2 %
Services	%	2 %	2 %
Nouvelles Technologies de Communication de l'information	%	2 %	2 %

[59] *JO de la RDC*, n° 23 du 5 décembre 2005, col. 51.

Les dispositions particulières qui s'appliquent aux étrangers désireux de prester leurs services en RD Congo consistent notamment pour eux, d'être titulaires d'une carte de travail ; à cet effet, l'obligation est faite à tout employeur qui souhaite utiliser les services d'un expatrié, d'obtenir au préalable l'accord du Ministre du travail et de la prévoyance sociale.

Cette disposition ne s'applique cependant pas au personnel étranger revêtu du statut diplomatique, ni au personnel relevant de la coopération signée entre Etats.

Il est institué trois modèles des cartes de travail pour étrangers :

- *La carte ordinaire A, de couleur rose,* valable pour deux ans maximum, permet d'occuper l'emploi pour lequel elle est délivrée ; elle peut être renouvelée.
- *La carte ordinaire modèle B, de couleur verte*, permet d'occuper l'emploi pour lequel elle est délivrée ; elle est non renouvelable.
- *La carte ordinaire modèle C, de couleur bleue*, valable pour une année, elle est délivrée aux agents de comptoirs des matières précieuses ; elle peut être renouvelée.[60]

Signalons que la Circulaire n°005/CAB/MIN/ETPS/MKH/JPS/2022 du 24 août 2022 a fixé la procédure d'acquisition de la nouvelle carte biométrique de travail pour étranger.

En principe, les entreprises sont appelées à déposer toutes leurs offres d'emploi auprès de l'Office National de l'Emploi (ONEM), du Ministère du Travail et de la Prévoyance Sociale qui se charge, en tant que « Bourse du travail », de réguler le marché de l'emploi : en enregistrant les demandes de main-d'œuvre des employeurs et en transmettant à ces derniers les demandes d'emploi des travailleurs.

C'est seulement lorsqu'aucun congolais demandeur d'emploi enregistré à la Banque des données ne répond pas au profil sollicité par l'employeur, que ce dernier est autorisé à présenter une demande d'engagement d'un expatrié auprès de la Commission Nationale d'Emploi des Étrangers.

La protection de la main-d'œuvre nationale s'étend en droit congolais à la publication par l'Arrêté Départemental n° 86/001 du 31 mars 1986 de la liste des emplois interdits aux étrangers.[61]

---

[60] Arrête interministériel n°032 du 10 mars 1994 tel que modifié et complété par arrêté interministériel n°55 du 11 mai 1994, arrêté interministériel n°013/95 du 31/01/1995 arrêté interministériel n°00116 et n°023 du 19 avril 2010 : fixation de la taxe sur la carte du travail des étrangers.

[61] *JO de la RDC*, n° 7 du 1er Avril 1987, p.36.

Sur *le plan fiscal,* cette protection a motivé l'institution, à charge exclusive de l'employeur, par l'ordonnance-loi n° 69-007 du 10 février 1969, de l'impôt exceptionnel sur les rémunérations versées aux expatriés, avec pour finalité de favoriser l'embauche de la main d'œuvre nationale en décourageant celle des étrangers.

On retient donc ***trois dimensions de la protection de la main d'œuvre nationale*** en l'occurrence, l'exigence de la carte de travail pour étranger, la liste des emplois interdits aux étrangers et la fiscalisation exceptionnelle sur la rémunération à charge des employeurs utilisant le personnel étranger.

Faisons observer que par la lettre du Secrétariat Général à la Primature référencée N°RDC/GC/PM/1077/2010 du 10/11/2010 relative au traitement de ressortissants des pays limitrophes et des réfugiés en matière de travail, il est précisé que les ressortissants des pays limitrophes dont le séjour est régulier en RDC subissent, en matière de travail relevant de la classification générale des emplois, du même traitement que les nationaux.

Ce même traitement est réservé aux réfugiés conformément à la Loi n°021/2002 du 16/10/2002 portant statut des réfugiés en RDC[62], spécialement en ses articles 27,28 et 32.

3. L'objet du contrat de travail

Il consiste dans l'accomplissement de la prestation du travail moyennant une rémunération ; il n'appelle pas de développement particulier. Par ailleurs, cette question fera l'objet d'un autre chapitre. Il en est de même de la cause.

B. Les conditions de forme

Hormis le cas d'engagement au jour le jour, dit l'article 44 de la Loi portant Code de travail, le contrat de travail doit être constaté par écrit et rédigé dans la forme qu'il convient aux parties d'adopter pour autant qu'il comporte les énonciations visées à l'article 212.

À défaut d'écrit, le contrat est présumé, jusqu'à preuve du contraire, avoir été conclu pour une durée indéterminée.

1. Le contrat écrit

L'article 212 reprend les énonciations suivantes que doit contenir au minimum le contrat du travail (*instrumentum)* :

- les identités civiles de l'employeur et du travailleur, lieu et date de naissance ;
- situation familiale, sexe, nationalité du travailleur ;

---

[62] Loi n°021/2002 du 16/10/2002 portant statut des réfugiés en RDC in JORDC, numéro spécial, 1er novembre 2002.

- la nature des prestations à fournir par le travailleur, l'aptitude au travail dument constatée par un médecin ;
- le montant de la rémunération et des autres avantages convenus ;
- le ou les lieux d'exécution ; le lieu et la date de conclusion du contrat ainsi que la mention de l'aptitude physique ; la date d'entrée en vigueur ;
- la durée de l'engagement, du préavis de licenciement
- le numéro d'immatriculation de l'employeur à la CNSS ainsi que le numéro d'affiliation du salarié à la CNSS.

2. Le contrat verbal

En cas d'engagement au jour le jour, l'écrit n'est pas imposé par le législateur. L'intérêt de l'écrit est de favoriser le travailleur et d'encourager la stabilité de l'emploi à travers la primauté du contrat de travail à durée indéterminée.

En cas d'engagement verbal, soutient l'article 49, le travailleur peut, même si la forme écrite est requise, établir par toutes voies de droit, l'existence et la teneur du contrat, ainsi que toutes modifications ultérieures. Ainsi, la preuve peut être faite par aveu, serment, voir le bulletin de paie ; les juges de fond ayant un large pouvoir d'appréciation.

3. Les formalités administratives

Le contrat de travail doit être visé par l'Office National de l'Emploi du ressort dans un délai maximum de 15 jours de sa signature.[63]

Le défaut pour l'employeur d'accomplir cette formalité donne droit au travailleur de résilier le contrat de travail à tout moment, sans préavis et avec dommages-intérêts s'il y a lieu.

Le contrat de travail que l'Office National de l'Emploi a refusé de viser prend fin de plein droit[64].

C. La sanction des conditions de formation du contrat de travail

Lorsque l'une des conditions de validité du contrat de travail fait défaut, par exemple, l'absence de consentement, une cause immorale, ou un objet illicite, *le contrat est frappé de nullité.*

---

[63] AM n°062/CAB/PVPM/ETPS/2011du 22/07/2011 fixant la forme, la preuve et le visa du contrat de travail.

[64] Article 47 de la loi n°015/2002 du 16 octobre 2002 portant Code du Travail, *op.cit.*

§3. Les parties au contrat de travail

Le contrat du travail engendre les obligations pour les parties que sont l'employeur et le travailleur.

A. L'employeur

1. Notion

C'est toute personne physique ou morale, de droit public ou privé, qui utilise les services d'un ou de plusieurs travailleurs en vertu d'un contrat de travail.

Il n'a pas besoin de diplôme, de compétence économique, sociale ou technique quelconque ; l'essentiel pour lui est de réunir de capitaux nécessaires afin d'être à mesure notamment de payer les salaires aux travailleurs dont il entend utiliser les services.

La notion d'employeur est très large, elle englobe tous les sujets de droits et obligations, tels le propriétaire d'entreprise commerciale, industrielle, agricole, individu, association sans but lucratif, le service public personnalisé, le particulier, les PME, il suffit qu'il y ait un contrat de travail qui unit les parties.

2. Modalités affectant la situation juridique de l'Employeur

➢ ***Cas de substitution ou de transfert d'employeur***

Lorsqu'il y a substitution d'employeur, *notamment* par cession, succession, fusion, transformation de fonds, mise en société, tous les contrats de travail en cours au jour de la substitution subsistent entre le nouvel employeur et le personnel.

Sauf cas de force majeure, la cessation de l'activité de l'entreprise ou de l'établissement ne dispense pas l'employeur de respecter les règles prévues en matière de résiliation des contrats. La faillite et la liquidation judiciaire ne sont pas considérées comme des cas de force majeure.[65]

Le libellé de l'article 80 susmentionné révèle, par une énumération énonciative traduite par l'adverbe « notamment », que la modification dans la situation juridique de l'employeur concerne tout changement intervenu dans la propriété ou la jouissance de l'entreprise.[(1)]

L'article 81 rend nulle la clause stipulant que le travailleur s'oblige à passer en cours de contrat au service d'un autre employeur. Cette clause est néanmoins valable si elle désigne l'employeur ou les employeurs au service

---

[65] Article 80 de la loi n°015/2002 du 16 octobre 2002 portant Code du Travail, *op.cit.*

[(1)] Ce fut le cas en 1973 avec les mesures de zaïrianisation. Cfr. Lukombe Nghenda ; in Zaïrianisation, radicalisation, rétrocession en République du Zaïre, PUZ, p.223.

desquels le travailleur pourra être transféré ou si le transfert est prévu en faveur de personnes auxquelles le premier employeur céderait, en tout ou en partie, l'entreprise dans laquelle le travailleur prestait ses services.

Cette disposition de l'article 80 de la Loi portant Code de travail n'applique pas le principe de droit civil de l'effet relatif des conventions énoncé par l'article 63 du Code Civil Livre III, qui dispose que les conventions n'ont d'effet qu'entre les parties contractantes ; elles ne nuisent point au tiers, et ne lui profitent que dans le cas prévu par l'article 21 alors que logiquement le nouvel acquéreur d'une entreprise serait tiers au regard des contrats de travail en cours avec le personnel.

Cela met en évidence le caractère exceptionnel et spécial du droit de travail, voilà pourquoi précise l'article 81 *in fine* qu'en cas de transfert, le nouvel employeur est subrogé au précédent employeur.

En effet, la *ratio legis* de ces dispositions est de *garantir aux travailleurs la stabilité de l'emploi.*

➢ ***Conséquences de l'article 80 alinéa 1er***

Quel que soit l'évènement qui entraîne un changement d'employeur, les contrats de travail conclus par le premier employeur (entrepreneur initial) sont automatiquement transférés sur la tête de celui qui lui succède.

Le caractère impératif de cette règle a pour effet, d'après la jurisprudence, d'empêcher l'employeur originaire de licencier son personnel préalablement à la cession. Chaque travailleur et le nouvel exploitant sont en outre automatiquement liés par un contrat qui, en dépit de la modification, ne fait qu'un avec la convention originaire.

3. La sous-entreprise[66]

Le sous-entrepreneur est la personne physique ou morale qui passe avec un entrepreneur un contrat écrit ou verbal pour l'exécution d'un certain travail ou la fourniture de certains services moyennant un prix forfaitaire. Il engage lui-même la main-d'œuvre nécessaire.

Quand les travaux sont exécutés dans un lieu autre que les ateliers, magasins ou chantiers de l'entrepreneur, ce dernier est, en cas d'insolvabilité du sous-entrepreneur, responsable du paiement des salaires dus aux travailleurs. Le travailleur lésé aura, dans ces cas, une action directe contre l'entrepreneur.

Voilà pourquoi le sous-entrepreneur est tenu d'indiquer sa qualité, le nom et l'adresse de l'entrepreneur, par voie d'affiche apposée de façon permanente dans chacun des ateliers, magasins ou chantiers utilisés.

[66] Articles 82-84 de la loi n°015/2002 du 16 octobre 2002 portant Code du Travail, *op.cit.*

L'entrepreneur doit tenir à jour la liste des sous-entrepreneurs avec lesquels il a passé contrat.

4. La sous-traitance

La sous-traitance est une réalité expansionniste et tentaculaire issue de nouvelles formes d'organisations du travail, inhérentes à la mondialisation et aux situations pathologiques créées par la crise.

Cette innovation permet de faire face à l'internationalisation des marchés, en réagissant rapidement aux variations d'obligations, sans augmenter de manière permanente les charges financières, mais non sans conséquence sur le sort du travailleur, le plus souvent victime du dumping social.

La sous-traitance est donc une délégation à titre onéreux de charge et responsabilité inhérentes à la production et aux prestations diverses.

Du point de vue de la Loi n° 17/001 du 08 février 2017 fixant les règles applicables à la sous-traitance dans le secteur privé, la sous-traitance est un contrat d'entreprise, consensuel, onéreux et écrit. Il est prouvé par toute voie de droit.[67]

Le litera 9 de l'article 3 de la même loi précise que la sous-traitance est une activité ou opération effectuée par une entreprise dite sous-traitante, pour le compte d'une entreprise dite entreprise principale et qui concourt à la réalisation de l'activité principale de cette entreprise, ou à l'exécution d'une ou de plusieurs prestations d'un contrat de l'entreprise principale.

Par sous–traitant ou entreprise sous-traitante le litera 8 de l'article 3 de la même loi renseigne que c'est une personne physique ou morale dont l'activité, à titre habituel, temporaire ou occasionnel, est liée, par un contrat ou une convention, à la réalisation de l'activité principale ou à l'exécution d'un contrat d'une entreprise principale.

La sous-traitance porte sur les activités connexes, annexes ou sur une partie de l'activité principale.[68]

Elle peut prendre l'une des formes suivantes :[69]

- *sous-traitance de capacité ou conjoncturelle* : opération par laquelle l'entreprise principale fait appel temporairement à une autre société pour la réalisation d'une tâche ou la fabrication d'un produit qu'elle peut exécuter elle-même afin de faire face à des commandes supplémentaires ;

---

[67] Article 4 de la loi n° 17/001 du 08 février 2017 fixant les règles applicables à la sous-traitance dans le secteur privé.

[68] Idem, article 2.

[69] Idem, article 3, litera10, 11 et 12.

- *sous-traitance de spécialité* : opération par laquelle l'entreprise principale recourt aux services d'une société spécialisée pour l'exécution d'une tâche requérant des équipements ou des compétences spécifiques dont elle ne dispose pas, aux fins de la réalisation de l'activité principale ;
- *sous-traitance de marché :* opération par laquelle une entreprise principale titulaire d'un marché recourt à une autre entreprise pour l'exécution de certaines obligations du contrat ou du marché.

Il ne faut pas confondre contrat de travail et relations de sous-traitance car une entreprise peut avoir des relations de travail avec des personnes, sans qu'il y ait de contrat de travail : c'est notamment le cas de contrats de sous-traitance, de contrats avec des artisans et de contrats avec des travailleurs indépendants.[70]

Il sied de noter qu'en cas de fausse sous-traitance, c'est-à-dire celle qui ne remplit pas les critères de la véritable sous-traitance, le salarié d'un sous-traitant, ou un artisan ou encore un travailleur indépendant peut se retrouver dans les faits sous la subordination juridique de l'entreprise sous-traitée ou cliente. Dans ces conditions, la relation peut alors être requalifiée en contrat du travail entre celle-ci et le salarié du sous-traitant ou l'artisan et le travailleur indépendant. Mais seul le juge peut alors procéder à une telle requalification.[71]

Par fausse sous-traitance on entend une convention ayant pour objet exclusif la fourniture de la main d'œuvre moyennant rémunération sans transmission d'un savoir-faire ou mise en œuvre d'une technicité qui relève de la spécificité propre du sous-traitant et lorsque les salariés de ce dernier travaille dans les conditions matérielles qui les assimilent à ceux du donneur d'ordres, c'est au regard de ces critères que le juge peut requalifier en établissant la subordination juridique.[72]

B. Travailleur :

1. Notion

Aux termes de l'article 7, 1° de la loi portant Code de travail, le travailleur est *toute personne physique* en âge de contracter, quels que soient son sexe, son état civil et sa nationalité, qui s'est engagée à mettre son activité professionnelle, moyennant rémunération, sous la direction et l'autorité d'une personne physique ou morale, publique ou privée, dans les liens d'un contrat de travail. Pour la détermination de la qualité de travailleur, il ne sera tenu compte ni du statut juridique de l'employeur ni de celui de l'employé.

---

[70] Anne Le Nouvel, Le contrat de travail : définition, le Cnam, p. 5.
[71] Idem, p. 6.
[72]Idem, p.7.

Il ressort de cette définition qu'une personne morale ne saurait jamais être prise pour un travailleur, et que c'est le critère de lien de subordination qui permet à la fois de vérifier qu'il y a bien contrat de travail et quelle est la personne subordonnée.

2. Catégories

En RDC, il ressort de l'article 90 al.1 de la loi portant Code de travail *trois groupes* de travailleurs salariés auxquels s'ajoute un quatrième : les travailleurs occupant des emplois définis dans la classification générale des emplois ; les agents de maîtrise, les cadres de collaboration et le personnel de direction.

a) Les classifiés

Les travailleurs relevant de la classification générale des emplois sont répartis en cinq catégories qui sont manœuvre ordinaire et lourd, manœuvre spécialisé, travailleur semi-qualifié, travailleur qualifié, travailleur hautement qualifié. Tous ces travailleurs se regroupent dans ce que la pratique dénomme personnel d'exécution.

- *Le manœuvre ordinaire* est le travailleur qui exécute des *travaux très simples*, ne nécessitant ni *connaissances particulières, ni adaptation spéciale*. (I)
- *Le manœuvre spécialisé* est le travailleur qui exécute *des travaux simples*, ne nécessitant aucune connaissance particulière, et n'exigeant qu'une *mise au courant sommaire et une adaptation rapide.* (II)
- *Le travailleur semi-qualifié* est le travailleur affecté à des travaux qui exigent une *connaissance partielle du métier*. (III)
- *Le travailleur qualifié* est le travailleur affecté à des travaux qui nécessitent la *connaissance générale du métier*. (IV)
- *Le travailleur hautement qualifié* est celui affecté à des travaux qui supposent la *connaissance générale et approfondie du métier*. (V)

b) Les agents de maitrise

Communément appelés « personnel de collaboration », les agents de maîtrise sont des travailleurs occupant des emplois d'un niveau supérieur à celui des travailleurs hautement qualifiés et autre que ceux de cadres et du personnel de direction.[73]

---

[73] Article 3 de l'Arrêté Ministériel n°70/0015 du 11 août 1970.

c) **Les agents de cadre de collaboration**

Les agents de cadre de collaboration constituent la catégorie de travailleurs exerçant une fonction de collaboration au service de l'employeur dans le cadre du commandement.

Bien que selon l'article 90 alinéa 2 de la Loi portant Code du travail, ils n'ont pas le pouvoir de prendre à titre autonome des décisions de nature à influencer considérablement la marche de l'entreprise, ils peuvent par assimilation et avec autorisation de l'Employeur intervenir par des décisions d'une certaine importance.

d) **Le personnel de direction**

Le personnel de direction constitue la catégorie de travailleurs exerçant une fonction de commandement et de direction au service de l'employeur. Ils ont le pouvoir de prendre à titre autonome des décisions de nature à influencer considérablement la marche de l'entreprise.

C'est le plus souvent le cas de directeurs, chef de filiales, de succursales ou de départements, fondé de pouvoirs, le chef du personnel à qui l'employeur a donné pouvoir d'engager et de licencier le personnel, de prononcer les sanctions disciplinaires et de procéder aux mutations au sein de l'entreprise.

Section II : Exécution du Contrat de travail

Le contrat du travail étant à exécution successive, les parties demeurent soumises à des obligations réciproques ou propres déterminées par la loi. La présente section entend examiner la durée du contrat **(§1)**, les obligations de l'employeur **(§2)** et celles du travailleur **(§3)**.

§1. Durée du contrat de travail

L'article 39 de la loi portant Code de travail dispose : « Tout contrat de travail est à durée déterminée ou à durée indéterminée » ; il en appert qu'il existe en droit congolais du travail deux types de contrat de natures distinctes, l'un à durée déterminée **(A)** et l'autre à durée indéterminée **(B)**.

A. Contrat de travail à durée déterminée

Le contrat à durée déterminée est celui conclu soit pour un temps déterminé, soit pour un ouvrage déterminé, soit pour le remplacement d'un travailleur temporairement indisponible.[74]

Il ne peut excéder deux ans. Si le travailleur est marié et séparé de sa famille ou s'il est veuf, séparé de corps ou divorcé et séparé de ses enfants dont il doit assumer la garde, cette durée ne peut excéder un an.

---

[74] Article 40 de la loi n°015/2002 du 16 octobre 2002 portant Code du Travail, *op.cit.*

Aucun travailleur ne peut conclure avec le même employeur ou avec la même entreprise plus de deux contrats à durée déterminée ni renouveler plus d'une fois un contrat à durée déterminée, sauf dans le cas d'exécution des travaux saisonniers, d'ouvrages bien définis et autres travaux déterminés par arrêté du Ministre ayant le travail et la prévoyance sociale dans ses attributions, pris après avis du Conseil national du travail.[75]

Les travaux saisonniers, les ouvrages bien définis et autres travaux pour lesquels la Loi autorise le renouvellement plus d'une fois d'un contrat à durée déterminée sont fixés par les articles 2 et 3 de l'arrêté du 22 juillet 2011.[76] Cette exception s'applique tout travailleur congolais ou étranger en séjour régulier, engagé spécialement pour l'exécution des travaux suivants:

1) Travaux saisonniers tels que:

- la cueillette et le ramassage;

- les activités champêtres;

- le sarclage et l'arrosage des plantes;

- la pêche ;

- Ies activités d'un rotationnaire œuvrant dans les entreprises relevant du secteur minier, des hydrocarbures et hôteliers.

2) Travaux exécutés pour la réalisation d'ouvrages tels que:

- la construction des ponts, des routes, des voies ferrées, des chaussées, des hôpitaux, des pistes d'aviation ou autres travaux à délai.

3) Travaux exécutés dans le cadre d'un programme ou projet à durée déterminée.

4) Travaux à exécuter dans le cadre des activités humanitaires.

5) Travaux à exécuter à temps partiel et provisoire en complément des heures de travail d'un salarié incapable pour une raison ou une autre d'œuvrer à plein temps.

6) Travaux à exécuter provisoirement dans l'attente d'un' titulaire déjà recruté.

7) Travaux à exécuter en cas d'accroissement provisoire d'activité.

Pour tous ces travaux, renchérit l'article 3 dudit arrêté, les Entreprises ou Etablissements concernés ont l'obligation d'en informer la Direction

[75] Article 41 de la loi n°015/2002 du 16 octobre 2002 portant Code du Travail, *op.cit.*

[76] Arrêté ministériel n° 063/CAB/PVPM/ETPS/2011 du 22 juillet 2011 fixant les modalités de renouvellement des contrats de travail à durée déterminée.

provinciale de l'Office National de l'Emploi et de l'Inspection du Travail du ressort dans les quinze jours du renouvellement.

B. Contrat de travail à durée indéterminée[77]

C'est le contrat pour lequel il n'y a pas limitation de durée fixée par les parties et qui se rapporte à *un emploi permanent* dans l'entreprise ou l'établissement.

Sont réputés conclus à durée indéterminée :

- Tout contrat relatif à un emploi permanent conclu pour une durée déterminée (Art. 42 §§ 1 et 2) ou la continuation de service au-delà de la durée maximale du contrat à durée déterminée. (Art. 41§3).

- Le nouvel engagement au jour le jour conclu, avant l'expiration des deux mois du premier terme dont l'exécution est limitée à vingt-deux journées de travail. (Art. 40§2).

- Tout contrat de travail constaté par écrit ne mentionnant pas expressément qu'il a été conclu pour une durée déterminée soit pour un ouvrage déterminé, soit pour le remplacement d'un travailleur temporairement indisponible, ou qui n'indique pas dans ce dernier cas, les motifs et les conditions particulières du remplacement. (Art. 41§3).

- A défaut d'écrit c'est-à-dire en cas de contrat verbal, celui-ci est présumé, jusqu'à preuve du contraire, avoir été conclu pour une durée indéterminée. (Art. 44§2).

- Il convient de faire observer aussi que la prolongation des services au-delà de la durée maximale de l'essai entraîne automatiquement la confirmation du contrat de travail à durée indéterminée si tel était le type de contrat retenu par les parties sinon ce serait la confirmation du contrat de travail à durée déterminée si c'est la forme voulue par ces dernières. (Art. 43§4).

C. Cas particulier d'engagement journalier

La loi autorise particulièrement l'engagement au jour le jour pour autant que la prestation ne dépasse pas vingt-deux journées de travail sur une période de deux mois.[78]

§2. Les obligations de l'employeur

L'employeur a des obligations tant contractuelles **(A)** qu'administratives **(B)** dans le cadre de l'exécution du contrat de travail.

---

[77] Article 42 de la loi n°015/2002 du 16 octobre 2002 portant Code du Travail, *op.cit.*

[78] Idem, article 40 §2.

A. Obligations contractuelles de l'employeur

L'employeur est assujetti à quatre principales obligations en l'occurrence, garantir les conditions générales convenables et décentes d'exécution du contrat **(1)**, transporter le personnel **(2)**, le soigner **(3)** et payer la rémunération et ses accessoires **(4)**.

Compte tenu de l'importance de la dernière obligation, elle sera largement développée au chapitre III du présent ouvrage.

1. Garantir les conditions générales convenables et décentes d'exécution du contrat

Trois obligations subséquentes sont tirées de la garantie des conditions convenables et décentes d'exécution du contrat de travail : fournir le travail convenu, diriger le travailleur, exercer sur lui le pouvoir disciplinaire.

a/ Fournir le travail convenu

La loi fait obligation à l'employeur de fournir au travailleur l'emploi convenu et ce, dans les conditions, au temps et au lieu convenus ; il est responsable de l'exécution du contrat de travail passé par toute personne agissant en son nom.[79]

Cela signifie que l'employeur doit fournir le travail dont les prestations correspondent aux qualifications professionnelles (compétences professionnelles précises) de travailleur telles que prévues dans le contrat individuel du travail conclu entre les deux parties et lui procurer les moyens normaux pour le faire.

Il s'agit ici d'une obligation de faire qui se résout en dommage-intérêt ; par conséquent, le travailleur ne peut donc le contraindre à l'exécuter

b/ Diriger le travailleur

L'employeur doit diriger le travailleur et veiller à l'accomplissement du travail par ce dernier dans les conditions convenables, tant au point de vue de sa sécurité que de sa santé et de sa dignité.

Il doit accorder au travailleur, désigné juge assesseur du tribunal du travail, la dignité et le temps nécessaire pour l'accomplissement de sa mission. Ce temps est considéré et rémunéré comme temps de travail.

Il doit tenir, à la disposition des représentants des travailleurs au sens de l'article 255, un exemplaire de la loi portant Code de travail pour consultation.

Il doit traiter le travailleur avec humanité en évitant de lui imposer les travaux au-dessus de ses forces et doit se comporter honnêtement avec lui, ne

---

[79] Article 55 de la loi n°015/2002 du 16 octobre 2002 portant Code du Travail, *op.cit.*

pas l'espionner par les enregistrements secrets au sujet des propos tenus par lui en son lieu de travail.

c/ Exercer le pouvoir disciplinaire

Dans le cadre de l'exécution du contrat de travail, le travailleur est passible de l'une des sanctions disciplinaires ci-après qui peuvent lui être infligées :

- la réprimande ; – le blâme ;
- la mise à pied dans les limites et conditions fixées au point 5 de l'article 57 de la loi portant Code de travail ;
- le licenciement avec préavis ou sans préavis dans les cas et conditions fixés aux articles 72 et 74 de la loi portant Code de travail.[80]

La sanction disciplinaire sera prise en tenant compte notamment de la gravité, de la répétition de la faute commise ou de l'intention de nuire qui l'a inspirée.

2. Transporter les travailleurs

L'employeur supporte la charge résultant du transport des travailleurs de leur résidence à leurs lieux de travail et vice versa. La distance minimale pour assurer cette obligation est fixée à 3 km considérés comme le trajet que le travailleur doit normalement effectuer en suivant le chemin le plus court.[81]

Pour ce faire, il peut adopter une des solutions suivantes[82] :

- L'employeur peut assurer le transport des travailleurs au moyen de véhicules conçus ou aménagés pour le transport des personnes dans des meilleures conditions et exclusivement réservés à cet usage.
- Dans les localités où existent des moyens de transport en commun publics ou privés, l'employeur peut se libérer de son obligation en remboursant au travailleur les frais résultant de l'usage de ces moyens de transport en commun en lui payant une indemnité de transport compte tenu du nombre de courses pratiquées.

L'indemnité journalière doit être égale au coût de billet pratiqué localement avec un maximum de quatre courses de taxi pour les cadres et quatre courses de bus pour les autres membres du personnel.

Dans tous les cas, la réalité et la nécessité du transport alloué à l'employé doivent être démontrées.

---

80 Article 54 de la loi n°015/2002 du 16 octobre 2002 portant Code du Travail, *op.cit.*

81 Idem, article 56.

82 Articles 2-6 de l'Arrêté ministériel n° 12/CAB.MIN/TPS/115/2005 du 26 octobre 2005 fixant les modalités d'exécution par l'employeur de l'obligation d'assurer le transport des travailleurs, *in J.O de la RDC*, n° 23 du 5 décembre 2005.

- Dans la Ville de Kinshasa et dans toutes les provinces, l'employeur pourra payer une indemnité égale au taux fixé par l'autorité urbaine ou provinciale.

- Lorsque le travailleur utilise un moyen de transport personnel, l'employeur peut lui accorder une indemnité kilométrique qui sera fixée de commun accord entre les parties sans toutefois qu'elle puisse être inférieure à l'indemnité qui aurait été payée compte tenu de nombre des courses s'il devait prendre le transport en commun.

- L'employeur remplit ses obligations s'il met à la disposition du travailleur un moyen de transport individuel et supporte les frais d'entretien de ce moyen de transport.

3. Soigner le travailleur et famille

a/ Principe général

L'article 177 de la loi portant Code de travail impose à toute entreprise ou établissement d'assurer un service médical à ses travailleurs.

b/ Cas particuliers de prestation médicale

Quatre hypothèses générant chacune des obligations particulières dans le chef de l'employeur sont à considérer :

➢ *En cas de maladie, d'accident, de grossesse ou d'accouchement, et même en cas de suspension du contrat pour une cause de force majeure.* (Art. 178§1)

L'employeur est tenu de fournir au travailleur et à sa famille, jusqu'à la fin du contrat :

- les soins médicaux, dentaires, chirurgicaux, les frais pharmaceutiques et d'hospitalisation ;

- les frais de déplacement nécessaires, lorsque le travailleur ou sa famille est dans l'incapacité physique de se déplacer ;

- les lunettes, appareils d'orthopédie et de prothèse, prothèse dentaire exceptée, suivant prescription médicale et tarifs établis par le Ministre ayant la santé publique dans ses attributions.

➢ *En cas de rapatriement du travailleur par le fait du contrat ou de la loi aux frais de l'employeur* (Art. 178§2).

L'Employeur a l'obligation de continuer à soigner son ex travailleur jusqu'au jour où l'état de santé du celui-ci permet son retour. Ce retour est décidé par l'employeur sur avis du médecin.

En cas de contestation, le travailleur peut introduire un recours devant une commission médicale dont la composition est fixée par le Gouverneur de province, suivant formes et modalités déterminées par arrêté du Ministre ayant le travail et la prévoyance sociale dans ses attributions, pris après avis du Conseil national du travail.

- *En cas de résiliation du contrat à durée indéterminée par l'employeur en dehors de faute lourde commise par le travailleur mais avec dispense pour celui-ci de prester le préavis* (Art. 178§3)

Lorsque l'employeur a pris l'initiative de dispenser le travailleur de prester son préavis, il est tenu de lui fournir les soins de santé jusqu'à la date à laquelle le contrat aurait normalement pris fin si les délais de préavis avaient été respectés.

L'employeur est toutefois dégagé de toute obligation dès le moment où le travailleur est engagé chez un autre employeur, ou exerce une activité lucrative substantielle.

4. *En cas de maladie ou d'accident réputés maladie professionnelle ou accident du travail aux termes de la réglementation de la Sécurité sociale* (Art. 179).

Les obligations précédentes de l'employeur sont limitées à la période non couverte par les prestations de la Caisse nationale de la sécurité sociale.

c/ Les exceptions aux obligations de soigner les travailleurs

L'employeur ne prend pas en charge les soins : (Art. 180)

- si la maladie ou l'accident ou l'aggravation d'une maladie ou d'un accident antérieur résulte d'un risque spécial, selon les articles 107 et 108,

- ou si le bénéficiaire se soustrait sans motif valable, soit à un traitement médical, même préventif, soit à des règles d'hygiène préventives, soit à un contrôle médical proposé par l'employeur,

- ou enfin en cas de fausse déclaration ou de dissimulation de la part des intéressés[83].

Enfin, l'article 182 souligne qu'en cas d'accident ou de maladie pouvant engager la responsabilité d'un tiers, l'exercice d'une action contre le tiers ne dispense pas l'employeur d'exécuter ses obligations.

[83] Article 180 de la loi n°015/2002 du 16 octobre 2002 portant Code du Travail, *op.cit.*

B. Obligations administratives de l'employeur

L'employeur est assujetti à trois types d'obligations déclaratives, à savoir : la déclaration *d'ouverture ou de fermeture d'établissement, déclaration d'embauchage et du départ d'un travailleur, la déclaration annuelle de la situation de la main-d'œuvre.*

1. Obligation de déclaration d'ouverture ou de fermeture d'établissement

Toute personne physique ou morale, publique ou privée, qui se propose d'exercer une activité quelconque, permanente ou saisonnière, nécessitant l'emploi de travailleurs, est tenue d'en faire la déclaration à l'inspection du travail et à l'Office national de l'emploi dans *la quinzaine* qui précède l'ouverture de l'entreprise ou de l'établissement.[84]

Il en va de même en cas de cessation définitive ou temporaire d'activité, de changement d'activité principale, de changement de statut juridique de l'entreprise ou de transfert d'emplacement.

2. Déclaration de mouvement des travailleurs

À l'occasion de tout engagement ou départ du personnel, l'employeur doit faire dans les *quinze jours*, une déclaration adressée à l'inspection du travail et à l'Office national de l'emploi, quelle qu'en soit la cause en mentionnant notamment la date du départ de l'entreprise.[85]

3. Déclaration annuelle du bilan social de l'entreprise et de la situation de la main-d'œuvre

Une fois l'an au moins, tout chef d'entreprise ou d'établissement doit faire parvenir à l'inspection du travail et à l'Office national de l'emploi, une déclaration de la situation de la main-d'œuvre nationale et étrangère qu'il emploie. En outre, il est tenu de fournir chaque année le bilan social de l'entreprise ou de l'établissement.

§3. Les obligations du travailleur

Le travailleur est soumis à plusieurs obligations relatives notamment à l'exécution personnelle, l'exécution consciencieuse et loyale, au respect de la clause de non concurrence et à la restitution des objets lui remis.

A. Exécution personnelle

Le travailleur a l'obligation d'exécuter personnellement son travail, dans les conditions, au temps et au lieu convenus. Pour ce faire, il doit agir conformément aux ordres qui lui sont donnés par l'employeur ou son préposé,

---

[84] Article 216 de la loi n°015/2002 du 16 octobre 2002 portant Code du Travail, *op.cit*
[85] Idem, article 217.

en vue de l'exécution du contrat. Il doit respecter les règlements établis pour l'établissement, l'atelier ou le lieu dans lequel il doit exécuter son travail.[86] Il ressort de cette obligation les trois implications suivantes :

- Elle est la conséquence du principe énoncé par l'article 135 du CCL III aux termes duquel, l'obligation de faire ne peut être acquittée par un tiers contre le gré du créancier, lorsque ce dernier a intérêt qu'elle soit remplie par le débiteur lui-même.

- Le travailleur ne peut, dans l'exécution du contrat, se substituer un tiers ou se faire aider par lui sans le consentement de son employeur sinon il commettrait une faute lourde.

- En cas d'inexécution du contrat par le travailleur, l'employeur ne devra pas recourir à l'exécution forcée mais à la résiliation du contrat assortie des dommages-intérêts en vertu de l'article 40 CCL III.

Contrairement à l'obligation qui pèse sur le salarié d'exécuter le travail personnellement sans pouvoir se faire remplacer, l'obligation de l'employeur est transmise à ses héritiers après sa mort, et à ses successeurs en cas de fusion, transformation de fonds ou mise en société (art. 80, alinéa 1er du code du travail).

B. Exécution consciencieuse

Le travailleur doit s'abstenir de tout ce qui pourrait nuire soit à sa propre sécurité soit à celle de ses compagnons ou des tiers. Il doit respecter les convenances et les bonnes mœurs pendant l'exécution du contrat et traiter avec équité les travailleurs placés sous ses ordres.[87]

Il doit apporter à l'exécution du travail tous les soins d'un bon père de famille. Un chauffeur par exemple doit vérifier le niveau de l'huile moteur chaque matin avant de démarrer le véhicule.

Il doit donc respecter toutes les consignes de sécurité et de salubrité dans les lieux de travail, accepter tout contrôle médical imposé par l'employeur. Il doit éviter toute immoralité dans les lieux du travail telles la prostitution, la médisance, l'ivresse.

C. Obligation de restituer ce qui lui a été confié en vertu du contrat

Le travailleur a l'obligation de restituer en bon état à l'employeur les marchandises, produits, espèces, et d'une façon générale, tout ce qui lui a été confié. Cependant, il n'est tenu pour responsable ni des détériorations, ni de

---

[86] Article 50 de la loi n°015/2002 du 16 octobre 2002 portant Code du Travail, *op.cit*

[87] Idem, article 51.

l'usure dues à l'usage normal de la chose, ni de la perte fortuite.[88] C'est le cas de l'outillage, de l'argent pour le caissier, le véhicule pour le chauffeur etc.

D. Exécution loyale

Il doit garder les secrets de fabrication ou d'affaires de l'entreprise et s'abstenir de se livrer ou de collaborer à tout acte de concurrence déloyale, même après expiration du contrat.[89] Il s'agit ici d'une discrétion absolue dans les affaires de services pour toutes données à caractère confidentiel.

Sur *le plan répressif*, l'article 298 du CPOLII punit celui qui aura frauduleusement divulgué ou communiqué à un concurrent ou à un tiers des secrets de fabrication ou d'affaires de son employeur, ou se livrera ou coopérera à tout acte de concurrence déloyale.

La loyauté implique aussi que le travailleur doit réserver exclusivement à son employeur le monopole de son activité et ne peut travailler au profit d'une autre personne soit directement ou indirectement par le biais d'un tiers.

L'obligation de loyauté s'étend à l'hypothèse de détournement de la main d'œuvre régi par l'article 97 du CPOLII ; détournement qui s'articule en abus d'usage des travailleurs ou au fait pour un préposé d'utiliser à son profit ou au profit d'un tiers, sans l'accord de l'employeur, les travailleurs placés sous ses ordres pour exécuter un travail déterminé.

C'est le cas pour un conducteur des travaux d'utiliser une partie des ouvriers dans son chantier pendant les heures de service.

E. Respect de la clause de non concurrence

Il s'agit ici de la clause de loyauté interdisant au travailleur après la fin du contrat, d'exploiter une entreprise personnelle, de s'associer en vue de l'exploitation d'une entreprise ou de s'engager chez d'autres employeurs.

Le respect de cette clause par le travailleur est assujetti aux conditions de validité que :

- le contrat ait été résilié à la suite d'une faute lourde du travailleur ou lorsque celui-ci y a mis fin sans qu'il y ait faute lourde de l'employeur,
- le travailleur ait de la clientèle ou des secrets d'affaires de son employeur une connaissance telle qu'il puisse lui nuire gravement,
- l'interdiction se rapporte aux activités que le travailleur exerçait chez l'employeur,

[88] Article 52, al. 1et 2 de la loi n°015/2002 du 16 octobre 2002 portant Code du Travail, *op.cit*
[89] Idem, article 52 al.3.

- la durée de l'interdiction ne dépasse pas un an à compter de la fin du contrat.

La clause de non concurrence peut prévoir une peine conventionnelle à la charge du travailleur qui viole l'interdiction. À la demande de celui-ci, le tribunal compétent ramènera à un montant équitable l'amende conventionnelle excessive. (Art. 53)

Chapitre deux :

Le Salaire

Le salariat est une relation économique et sociale entre un travailleur et un employeur, où le travailleur vend sa force de travail dans le cadre d'un contrat de travail formel ou informel. En échange de son salaire, les produits du travail réalisés par l'employé demeurent la propriété de l'employeur.[90]

La toupie définit le salariat à travers trois acceptions ; dans le premier sens, elle le considère comme la condition du salarié, personne liée à une autre par un contrat de travail ; dans le deuxième sens, le salariat désigne l'ensemble des salariés, par opposition au patronat ou aux professions indépendantes, alors que selon la troisième acception, le salariat est considéré comme un mode d'organisation du travail basé sur la rémunération de celui qui loue sa force de travail. Les autres sont essentiellement les travailleurs indépendants (exploitants agricoles, artisans, commerçants, professions libérales)[91]

En effet, le salarié est une personne physique qui est en contrat du travail avec son employeur, qui peut être une personne physique ou morale, contrat qui veut qu'en échange du travail effectué, il reçoive une rémunération, mensuelle en général avec pour corollaire le financement simultané de sa protection sociale du système contributif.

Le présent chapitre compte trois sections : la première est relative à la détermination du salaire, la deuxième porte sur le paiement de celui-ci et la troisième touche aux atteintes légales au salaire.

Section I : Détermination du salaire

§1. Principe de salaire et dimensions juridiques du SMIG

A. Principe en matière salariale

L'article 86 pose le principe selon lequel, à conditions égales de travail, de qualification professionnelle et de rendement, le salaire est égal pour tous les travailleurs, quels que soient leur origine, leur sexe et leur âge.

---

[90] Contributeurs Wikipédia, Le salariat, in https://fr.wikipedia.org/wiki/Salariat, site consulté le 24/08/2021.

[91] La Toupie, Toupictionnaire : le salariat, in https://www.toupie.org/Dictionnaire/Salariat.htm, site visité le 17/05/2021.

Le salaire de base est la rémunération stable que l'employeur doit verser au salarié en contrepartie du travail fourni. Cette rémunération est fixée d'avance, au moins dans sa nature et dans son mode de calcul.

Ainsi, étant juridiquement la contrepartie du travail accompli par le travailleur (ouvrier ou employé), le salaire est l'élément essentiel du contrat de travail, contrat à titre onéreux, caractère du fait duquel, aucun salaire n'est dû en cas d'absence, en dehors des cas prévus par la législation ou la réglementation et sauf accord entre parties intéressées.

B. Du Salaire Minimum Interprofessionnel Garanti (SMIG)

1. Notion

Le SMIG est le salaire minimum fixé par les pouvoirs publics et en deçà duquel aucun travailleur ne peut être rémunéré sous peine de sanctions ; il doit tenir compte du panier de la ménagère, c'est-à-dire, la moyenne des dépenses dont la valeur correspond à un salaire susceptible d'assurer au travailleur un minimum vital qui lui permette de subvenir à ses besoins essentiels et à ceux des membres de sa famille, compte tenu du niveau des prix sur le marché.

La notion du SMIG évoque l'idée des besoins essentiels du travailleur, c'est-à-dire, les nécessités liées aux commodités de la vie dont la satisfaction permet les conditions d'existence et de travail conformes à la dignité humaine. Elle tient compte de l'indice des prix, de la mesure des variations au cours du temps du niveau général des prix des biens et services, utilisés ou payés par la population de référence pour sa consommation.[92]

Avec effet au 1er janvier 2018, le nouveau SMIG est passé de 1680 FC à 7075 selon les secteurs.

---

[92] Loko Mantuono G b, *Gouvernance de la sécurité sociale et réduction de la pauvreté en République Démocratique du Congo. - Analyse de la gestion du régime général de l'INSS de 2007-2011*, thèse de Doctorat en Droit Economique et Social, FD, UNIKIS, 2012-2013, p. 270.

BAREME DU SMIG APPLICABLE A PARTIR DU 1er JANVIER 2018			
		(1)	(2)
CLASSIFICATION	**Tension Légale**	**Taux Journalier**	**Base mensuelle**
I1	100	7 075,00	183 950,00
I2	116	8 207,00	213 382,00
II	133	9 409,75	244 653,50
III1	154	10 895,50	283 283,00
III2	178	12 593,50	327 431,00
III3	206	14 574,50	378 937,00
IV1	237	16 767,75	435 961,50
IV2	274	19 385,50	504 023,00
V	317	22 427,75	583 121,50
MAITRISES			
M1	366	25 894,50	673 257,00
M2	422	29 856,50	776 269,00
M3	488	34 526,00	897 676,00
M4	564	39 903,00	1 037 478,00
CADRES DE COLLABORATION			
C1	651	46 058,25	1 197 514,50
C2	752	53 204,00	1 383 304,00
C3	868	61 411,00	1 596 686,00
C4	1 000	70 750,00	1 839 500,00

- (1) Taux journalier basé sur 8 heures de travail

- (2) Base mensuelle calculée sur 26 jours de travail

Il est chaque fois fixé en Francs congolais dans un contexte inflationniste quasi-permanent, sans mécanisme effectif de réajustement automatique et laissé au gré des employeurs qui, en négociant avec les représentations des travailleurs, arrivent soit à l'indexation soit à des révisions salariales qui les élèvent sans uniformité, alors qu'il doit subir des ajustements automatiques et périodiques en considération *des critères sociaux et économiques.*

Les critères sociaux se rapportent aux besoins essentiels du travailleur (l'alimentation et l'habillement), au coût de la vie et à ses fluctuations, au niveau général de salaires, aux prestations de la sécurité sociale et au niveau de vie comparé à celui d'autres groupes sociaux.

Tandis que les critères économiques se réfèrent à la situation économique générale, à la capacité de paiement des employeurs, à la productivité, à la classification des emplois, à l'indice des prix et à l'érosion monétaire.[93]

2. Nature juridique

Il ressort de l'article 91 du code du travail l'institution en République démocratique du Congo d'une zone unique du salaire minimum interprofessionnel garanti.

Ce SMIG *qui a un caractère règlementaire,* est l'œuvre du Président de la République, prise sur proposition du Ministre ayant le travail et la prévoyance sociale dans ses attributions, après avis du Conseil national du travail[94].

3. Modes de fixation du SMIG

Les SMIG sont fixés compte tenu d'une tension salariale selon une échelle barémique unique dont les conditions et les modalités de fixation et d'application sont déterminées par arrêté du Ministre ayant le travail et la prévoyance sociale dans ses attributions, pris après avis du Conseil national du travail.[95]

Le salaire minimum interprofessionnel de la première catégorie professionnelle est fixé en fonction des besoins essentiels d'une famille du travailleur comprenant le père, la mère et les enfants à charge dont le nombre est déterminé par le décret prévu à l'article 96.[96]

4. Contenu juridique de la rémunération

Sans définir ce qu'il faut entendre par salaire, l'article 7 h) du code de travail entend par rémunération la somme représentative de l'ensemble des gains susceptibles d'être évalués en espèces et fixés par accord ou par les dispositions légales et réglementaires qui sont dus en vertu d'un contrat de travail, par un employeur à un travailleur.

§2. Éléments de la rémunération

A. Énumération énonciative

Elle comprend notamment :

---

[93] Loko Mantuono G b, *op.cit.*, p.271
[94] Article 87 de la loi n°015/2002 du 16 octobre 2002 portant Code du Travail, *op.cit.*
[95] Article 94, *Idem.*
[96] Article 95, *Idem.*

- le salaire ou traitement ; les commissions ; l'indemnité de vie chère ; les primes ;
- la participation aux bénéfices ;
- les sommes versées à titre de gratification ou de mois complémentaires ;
- les sommes versées pour prestations supplémentaires ; la valeur des avantages en nature ; l'allocation de congé ou l'indemnité compensatoire de congé ;
- les sommes payées par l'employeur pendant l'incapacité de travail et pendant la période précédant et suivant l'accouchement.

B. Éléments non inclusifs

Ne sont pas éléments de la rémunération :

- les soins de santé ; l'indemnité de logement ou le logement en nature ;
- les allocations familiales légales ; l'indemnité de transport ;
- les frais de voyage ainsi que les avantages accordés exclusivement en vue de faciliter au travailleur l'accomplissement de ses fonctions.

C. Sortes de rémunération

Les articles 86 et 89 permettent de distinguer trois sortes de rémunération du travail :

- la rémunération d'un travail à la tâche ou aux pièces qui doit être calculée de telle sorte qu'elle procure au travailleur, de capacité moyenne et travaillant normalement, un salaire au moins égal à celui du travailleur rémunéré au temps et effectuant un travail analogue ;
- la rémunération à l'heure, à la journée, à la semaine ;
- la rémunération au mois.

Cette classification nous permet de retenir ***le salaire au temps*** qui est celui effectué par un salarié sans qu'il soit fait référence à une production quantitative déterminée. C'est le mode de rémunération le plus répandu et aussi le plus simple, parce qu'il offre au travailleur l'avantage de la sécurité sur le plan psychologique et sur le plan financier ; ***le salaire au rendement*** qui est un mode de rémunération dans lequel la rémunération varie en fonction de la quantité de production réalisée, par un individu ou une équipe, dans un temps donné ; et ***le salaire mensuel*** qui est une variante du salaire au temps et qui offre plus de sécurité psychologique et financière au travailleur.

D. Mode de fixation de la rémunération

La rémunération est fixée par des contrats individuels conclus librement entre travailleurs et employeurs ou par voie de conventions collectives doit être stipulée en monnaie ayant cours légal en République démocratique du Congo.[97]

La loi rend nulle de plein droit toute clause de contrat individuel ou de convention collective fixant des rémunérations inférieures aux SMIG déterminés conformément à l'article 87.

À défaut de preuve d'une rémunération convenue, l'employeur doit la rémunération déterminée par les conventions collectives ou, à défaut, ou dans leur silence, par le décret prévu à l'article 87 de la loi, ou par les usages du lieu où le contrat doit être exécuté, compte tenu notamment de la nature du travail, de la qualification professionnelle et de l'ancienneté du travailleur dans l'entreprise.

E. Faits générateurs de la rémunération

La rémunération est due selon l'article 93 CT :

- *pour le temps où le travailleur* a effectivement fourni ses services ;
- lorsque le travailleur a été mis dans l'impossibilité de travailler du fait de l'employeur ;
- ainsi que pour les jours fériés légaux, hormis le cas de lockout déclenché conformément aux dispositions légales.

Le droit aux commissions sur ventes est acquis dès l'instant où les commandes sont exécutées par l'employeur.

Section II : Le paiement de salaire

§1. Mode de paiement du salaire

A. Le principe

A raison du caractère alimentaire du salaire, la loi impose que le paiement de la rémunération soit effectué en espèces et en monnaies ayant cours légal en RDC, sous déduction éventuelle de la contre-valeur des avantages dus et remis en nature (art.89 et 98).

Par monnaie ayant cours légal il faut entendre celle qui, ayant une valeur de change, est légalement autorisée à circuler librement dans le pays.

---

[97] Articles 88 et 89 de la loi n°015/2002 du 16 octobre 2002 portant Code du Travail, *op.cit.*

Par conséquent, n'est pas monnaie ayant cours légal, celle démonétisée comme les nouveaux zaïres, celle dont la circulation en RDC est interdite ou encore celle qui n'est pas cotée par la BCC. [98]

Le paiement du salaire par chèque ou virement bancaire n'est pas incompatible avec l'exigence du paiement en espèces pour peu que le compte du salarié soit immédiatement crédité et que ce dernier soit à même d'en disposer effectivement.

Ce paiement doit avoir lieu pendant les heures de travail, au temps et au lieu convenus mais jamais dans un débit de boissons ni dans un magasin de vente, sauf pour les travailleurs employés dans ces établissements. La même loi interdit à l'employeur de restreindre de quelque manière que ce soit la liberté du travailleur de disposer de sa rémunération à son gré.[99]

L'article 101 du code de travail interdit le paiement de tout ou partie de la rémunération en nature, sauf pour le logement et la nourriture lorsque le travailleur ne peut se les procurer par ses propres moyens (art. 138 et 139 du code du travail).

Enfin, tous les avantages en nature font partie intégrante du salaire, et leur suppression décidée par l'employeur en cours d'exécution du contrat, ouvre droit à une indemnité compensatrice au profit du salarié. Par ailleurs, la valeur doit entrer en ligne de compte pour le calcul de l'indemnité compensatoire de préavis et de l'indemnité de licenciement.

B. Périodicité du paiement de salaire

1. Salaire mensuel

Le paiement de la rémunération doit être effectué à des intervalles réguliers n'excédant pas un mois et doit intervenir au plus tard dans les six jours suivant la période à laquelle il se rapporte. Les commissions acquises au cours d'un trimestre peuvent être payées dans les trois mois suivant la fin du trimestre. Les participations aux bénéfices réalisés durant un exercice doivent être payées dans les neuf mois qui suivent cet exercice.[100]

2. Paiement du décompte final

La loi veut qu'en cas de cessation définitive des services effectifs par un travailleur, toute somme lui restant due en exécution d'un contrat de travail, lui soit payée, et, le cas échéant, à ses ayants-droit, au plus tard dans les deux jours ouvrables qui suivent la date de la cessation des services.[101]

---

[98] Vital Ilunga Kasongo, Code du travail modifié, complété et annoté, éd. Nouveaux Elans, Kinshasa 2019, p.98.

[99] Article 98 de la loi n°015/2002 du 16 octobre 2002 portant Code du Travail, *op.cit.*

[100] Articles 99, idem.

[101] Article 100, idem

Il convient de faire observer que le principe de la périodicité du salaire est ***d'ordre public***, assorti de la sanction pénale d'amende prévue à l'article 321 du code du travail, avec possibilité pour l'employeur d'engager sa responsabilité civile, et pour le salarié de lui réclamer des dommages intérêts moratoires.

En plus, le non-paiement justifie le recours du salarié à l'exception d'inexécution, c'est-à-dire à la suspension du contrat de travail, ou même à la rupture dont l'employeur encourra la responsabilité.

C. Preuve de paiement de salaire

Au moment du paiement et selon les modalités fixées par arrêté du Ministre ayant le travail et la prévoyance sociale dans ses attributions, l'employeur est tenu de remettre au travailleur un décompte écrit de la rémunération payée ou un bulletin de paie.

Faute pour lui de le faire, ses allégations concernant le décompte des paiements effectués sont rejetées à moins qu'il ne prouve qu'il ne lui a pas été possible de remettre le décompte par la faute du travailleur ou qu'il n'y ait preuve écrite, commencement de preuve par écrit ou aveu du travailleur.[102]

Cependant, l'acceptation sans protestation ni réserve, par le travailleur, d'un décompte de la rémunération payée, l'apposition de sa signature ainsi que la mention pour solde de tout compte sur le décompte de la rémunération, ou de toute mention équivalente souscrite par lui, ne peut valoir renonciation de sa part à tout ou partie des droits qu'il tient des dispositions légales, réglementaires ou contractuelles. Elle ne peut valoir non plus compte arrêté et réglé au sens de l'article 317 du présent Code.[103]

§2. Paiement de salaire en cas de maladie ou d'accident

A. Pendant la période d'incapacité due aux risques non professionnels

La loi confère le droit au régime de deux tiers de la rémunération en espèces et de la totalité des allocations familiales au travailleur dans l'incapacité de fournir ses services par suite de maladie ou d'accident, et ce, *pendant toute la durée de la suspension du contrat due à cette incapacité.*

Le droit aux avantages contractuels en nature subsiste pendant l'incapacité de travail, à moins que le travailleur n'en demande la contre-valeur en espèces. Le logement ne peut, toutefois, être remplacé par sa contre-valeur. Le calcul de la rémunération pendant ce temps est effectué dans les conditions fixées à l'article 66.[104]

---

[102] Article 103 de la loi n°015/2002 du 16 octobre 2002 portant Code du Travail, *op.cit.*
[103] Article 104, Idem.
[104] Article 105, Idem .

B. En cas d'incapacité due aux risques professionnels

Le régime du bénéfice de deux tiers de la rémunération en espèce et de la totalité des allocations familiales est limité aux *six premiers mois de la suspension* du contrat en cas de maladie ou accident respectivement réputés professionnelle ou du travail aux termes de la législation sur la sécurité sociale.

L'employeur est autorisé à déduire mensuellement les sommes versées au travailleur des cotisations dues à la Caisse nationale de sécurité sociale, en introduisant les pièces justificatives qui doivent être acceptées après vérification par cette Caisse.

Pendant la même période, le droit aux avantages en nature subsiste à moins que le travailleur n'en demande la contre-valeur en espèce. Le logement ne peut, toutefois, être remplacé par sa contre-valeur.[105]

C. En cas d'incapacité due au risque spécial

La loi précise qu'aucune somme ni avantage n'est dû s'il est établi que la maladie ou l'accident ou l'aggravation d'une maladie ou d'un accident antérieur résulte d'un risque spécial auquel le travailleur s'est volontairement exposé en ayant conscience du danger encouru, ou si le travailleur, sans motif valable, néglige d'utiliser les services médicaux ou de réadaptation qui sont à sa disposition, ou n'observe pas les règles prescrites pour la vérification de l'existence du dommage ou pour la conduite des bénéficiaires de prestations.[106]

Il y a risque spécial, lorsque la maladie ou l'accident, ou l'aggravation d'une maladie ou d'un accident antérieur résulte de la (d'une, de l', des, de) :

- infraction commise par le travailleur et ayant entraîné sa condamnation définitive ;

- pratique d'un sport dangereux, d'un exercice violent pratiqué au cours ou en vue d'une compétition ou d'une exhibition, sauf lorsque ceux-ci sont organisés par l'employeur ;

- excès de boisson ou de drogue ;

- faute intentionnelle de l'intéressé ;

- travaux effectués pour compte d'un tiers ;

- faits de guerre, de troubles ou d'émeutes, sauf si la maladie ou l'accident, conformément à la définition qui en est donnée par la

---

[105] Article 106 de la loi n°015/2002 du 16 octobre 2002 portant Code du Travail, *op.cit.*
[106] Article 107 Idem.

réglementation sur la sécurité sociale, survient par le fait ou à l'occasion du travail.[107]

§3. Privilèges et garanties de la créance de salaire

A. Protection contre les voies d'exécution

L'article 109 du code de travail dispose que les sommes dues aux employeurs ne peuvent être frappées de saisie-arrêt ni d'opposition au préjudice des travailleurs auxquels les salaires sont dus.

B. Super privilège de la créance salariale en cas de situation juridique difficile pour le commerçant

La loi prévoit qu'en cas de faillite ou de liquidation judiciaire d'une entreprise ou d'un établissement, les travailleurs ont rang de créanciers privilégiés sur tous les autres créanciers y compris le trésor public, nonobstant toute disposition contraire à la législation antérieure, pour les salaires qui leur sont dus au titre des services fournis antérieurement à la faillite ou à la liquidation. Ce privilège s'exerce sur les biens meubles et immeubles de l'employeur. Les salaires doivent être payés intégralement, avant que les autres créanciers ne revendiquent leur quote-part, aussitôt que les fonds nécessaires se trouvent réunis.[108]

Section III : Atteintes légales au salaire

La loi prévoit d'une part les retenues et réductions sur salaire et organise d'autre part les régimes de saisie et des cessions de salaires en vue de garantir un minimum de survie au travailleur au regard du caractère alimentaire de salaire.

§1. Retenues et réductions sur salaire

A. Principe

La loi rend nulle toute stipulation attribuant à l'employeur le droit d'infliger des amendes et des réductions de rémunérations à titre de dommages intérêts.[109]

B. Les atteintes légalement autorisées

Cependant, la même loi autorise certaines retenues qu'elle énumère limitativement en en organisant le régime pour certaines d'entre elles. Il s'agit de :

---

[107] Article 108 de la loi n°015/2002 du 16 octobre 2002 portant Code du Travail, *op.cit.*
[108] Article 110, *Idem.*
[109] Articles 111 et 112 §1, Idem.

a) retenues fiscales : Impôt professionnel sur les rémunérations (IPR) ;

b) cotisation due à la Caisse nationale de sécurité sociale ;

c) retenues à titre d'avances ; cotisations syndicales ;

d) retenues à titre d'indemnités compensatoires en cas de violation par le travailleur de l'obligation qui lui est faite par l'article 52 ;

e) retenues en vue de constituer un cautionnement pour garantir l'exécution par le travailleur de l'obligation prévue à l'article 52 ;

f) retenues à titre de prêt ;

g) saisie-arrêt.

En rapport avec les atteintes légales, il est institué une déclaration unique auto-liquidative (IPR, CNSS, INPP, ONEM) suivi d'un paiement unique des impôts, cotisations sociales et contributions patronales sur les rémunérations.[110] Cette déclaration unique est souscrite à l'aide d'un formulaire dont le modèle est élaboré conjointement par l'Administration des Impôts, à la Caisse nationale de sécurité sociale, l'Institut National de Préparation Professionnelle et l'Office National de l'Emploi.

Sous réserve des procédures fiscales en vigueur, cette déclaration unique est souscrite dans les quinze jours qui suivent le mois au cours duquel les rémunérations ont été versées ou mises à la disposition des bénéficiaires. Elle est déposée auprès des services compétents de l'Administration des Impôts. Les modalités pratiques de partage des informations entre les services sont fixées dans un protocole de collaboration.[111]

Les retenues faites en vertu de ce litera *e) (constitution de caution pour l'exécution de l'obligation de l'article 52)* sont, avec mention de leur affectation, placées en dépôt au nom du travailleur et portent intérêt à son profit. Le dépôt est fait dans le délai d'un mois à dater de la retenue, dans une banque ou un établissement agréé par arrêté du Ministre ayant le travail et la prévoyance sociale dans ses attributions.

L'employeur est tenu de communiquer au travailleur le numéro du compte et le nom de l'établissement où il a été effectué. Par le seul fait du dépôt, l'employeur acquiert privilège sur le cautionnement pour toute créance

---

[110] Article 1 de l'Arrêté interministériel n° 20/CAB/VPM/ETPS/ WM/2015 et n° CAB/MIN/FINANCES/2015/0143 du 12 mai 2015 portant institution de la déclaration et du paiement uniques des impôts, cotisations sociales et contributions patronales sur les rémunérations *in JORDC n° spécial du 15 mai 2015.*

[111] Articles 2-4, *Idem.*

résultant de l'inexécution totale ou partielle de l'obligation du travailleur prévue à l'article 52.

Dans le cas où il n'y a pas cautionnement, les retenues prévues au litera *d)* de l'article 112 ne peuvent être effectuées que dans les limites prévues à l'article 114.

Aux termes de l'article 113 du code du travail, le montant du cautionnement ne peut être restitué au travailleur ou versé à l'employeur que de leur commun accord ou sur la production d'un extrait de la décision judiciaire coulée en force de chose jugée ou rendue exécutoire nonobstant opposition ou appel.

§2. De la saisie et des cessions

La rémunération du travailleur n'est cessible et saisissable qu'à concurrence d'un cinquième sur la partie n'excédant pas cinq fois le salaire mensuel minimum interprofessionnel de sa catégorie et d'un tiers sur le surplus.

A. Tranche cessible et saisissable

La rémunération telle que définie par l'art. 7 du C.T. n'est cessible et saisissable qu'à concurrence d'un cinquième c'est-à-dire 20 % sur la partie n'excédant pas 5 fois le SMIG de sa catégorie et d'un tiers pour le surplus. Le calcul de ces quotités ne peut se faire qu'après déduction des retenues fiscales, syndicales et de la sécurité sociale et de l'évaluation forfaitaire du logement, pour opérer sur le net que touche le travailleur (art. 114).

Exemple : SMIG/Jour = 7 075 FC x 26 jrs = 183 950 FC SMIG mensuel.

183 950 x 5 = 919 750 FC = limite pour la première tranche.

Illustrons : Le travailleur **Z** relevant de la **catégorie I** touche mensuellement 1 500 000 FC en net, l'on saisira le 1/5 sur 919 750 FC soit **183 950 FC** ; sur la partie de la rémunération qui excède FC 919 750 c.à.d. 580 250 FC l'on saisira le tiers soit **193 416,66 FC** de sorte qu'au total sur le salaire net de 1 500 000 FC on aura saisi **377 366,66 FC** (183 950 + 193 416,66).

Il convient de noter que cette limite à la saisissabilité du salaire est opposable à tous les créanciers.

La partie insaisissable sera remise au travailleur et la partie saisissable sera partagée au *marc le franc* entre tous les créanciers chirographaires, après qu'éventuellement auront été payés les créanciers privilégiés.

Supposons que ce **travailleur Z** doit aux 5 créanciers ci-après dans des proportions correspondantes respectives suivantes : **A : 10% ; B : 15% ; C : 25% ; D : 30% et E : 20%.**

Alors il paiera par ex à **A : 377 366,66 x 10/100= 37 736,6 FC.**

N.B. : L'Employeur n'est pas un créancier privilégié de ses travailleurs.

Il est interdit à l'employeur d'infliger les amendes à son personnel ou de retenir des sommes d'argent sur le salaire à titre des D.I. subis car il ne peut se faire justice ; cependant, il peut opérer des retenues pour constituer un cautionnement en vue de garantir l'exécution par le travailleur de son obligation de l'art. 52 CT. Le taux et les conditions de ces retenues doivent être déterminés de manière précise dans le contrat du travail écrit.[1]

Il y a lieu de relever que les avances perçues à titre d'acompte ne sont pas à confondre avec les quotités cessibles et saisissables, elles sont retenues intégralement sur le net mensuel.

Toutefois, par dérogation légale, les retenues à titre de prêt sont autorisées (art. 112 f), elles s'opèrent conformément aux accords de prêt.

Précisons que le prêt consenti par l'employeur constitue un accessoire au contrat du travail comme l'est le logement accordé aux travailleurs. En cas de résiliation du contrat, ce prêt devient exigible quand bien même il n'était pas remboursable d'un seul trait, et doit être remboursé sans termes ni délais.

Cependant, l'employeur n'a aucun droit de compenser cette créance d'avec celle du travailleur à l'occasion de la cessation du contrat, l'indemnité compensatoire de préavis assimilée à la rémunération, ayant le caractère alimentaire et familial et par conséquent jouit de la même protection juridique que la rémunération.

L'employeur devra donc dans ce cas, respecter les quotités cessibles et saisissables. Toutefois, il peut recouvrer sa créance par voie de droit commun ; à ce titre, il peut donc faire pratiquer une saisie conservatoire sur les biens dont il a financé l'achat ou sur tout le patrimoine du travailleur débiteur et le faire aliéner après jugement pour rentrer dans ses droits.

B. Cas spécial de saisie pour obligation alimentaire

Elle est cessible et saisissable à concurrence de deux cinquièmes lorsque la créance est fondée sur une obligation alimentaire légale.

L'obligation alimentaire doit être ici comprise dans le sens du droit civil avec comme bénéficiaire le conjoint pendant l'instance de divorce ou *l'époux innocent* en cas de divorce ou encore *l'époux survivant* qui conserve le cas échéant *un droit alimentaire sur la succession du prédécédé…*

La rémunération serait dans ce cas, cessible et saisissable à concurrence de deux cinquième (40 %). Il convient de noter que la loi (art. 114 al.2, 3) prévoit

[1] Articles 93 et 94 de la loi n°015/2002 du 16 octobre 2002 portant Code du Travail, *op.cit.*

le cumul de la saisie et la cession autorisée pour toute créance d'avec celles autorisées pour cause d'obligation alimentaire.

Ex. : Le travailleur **Z** touche 1 500 000 FC net/mois ; 1ère tranche 919 750 FC ; quotité saisissable **183 950 FC** ; seconde tranche 580 250 FC, quotité saisissable **193 416,66 FC**. Total à saisir sur 1 500 000 FC = **377 366,66 FC** (183 950 + 193 416,66).

Si sa femme divorcée obtient judiciairement le droit à la pension alimentaire, la quotité saisissable sera les 2/5 sur base de 1 500 000 FC soit **600 000 FC**, de sorte que le cumul de saisie sera de 377 366,66 FC + 600 000 FC = **977 366,66 FC** et il lui restera chaque mois **522 633,34 FC.**

§3. Considérations laconiques sur les indemnités réparatrices

Il peut arriver que le salarié reçoive des versements qui n'ont pas de contrepartie dans son travail, mais qui se réfèrent au contrat de travail, comme *l'indemnité pour brusque rupture,* qui lui est versée lors de la résiliation unilatérale du contrat par l'employeur, le privant de son droit à la prestation de travail pendant la période de préavis. Cette indemnité est calculée sur la rémunération que le salarié aurait perçue pendant le temps de la prévenance. **Elle a le régime juridique de salaire**.

Il y a aussi *l'indemnité pour rupture abusive*, qui résulte d'une faute de l'employeur et qui est souvent calculée sur la rémunération et l'ancienneté du travailleur ; **mais elle ne peut être assimilée au salaire** car ce sont de dommages et intérêts.

Il y a également lieu de faire mention de *l'indemnité conventionnelle de licenciement* calculée en fonction de la rémunération et de l'ancienneté du travailleur afin de le récompenser pour sa fidélité à l'entreprise, **mais elle peut difficilement être comparée au salaire.**

En définitive, les indemnités qui réparent un préjudice ne font pas partie du salaire. Par contre, celles qui remplacent la rémunération, comme les indemnités de congé payés ou de préavis, en font partie.

Chapitre trois : Les conditions générales du travail

Ce chapitre est consacré à l'analyse des dispositions législatives et règlementaires impératives relatives à la durée du travail **(I)**, au logement, aux transport et voyages **(II),** aux mesures de santé, de sécurité et d'hygiène **(III).**

Section I : La durée de travail

Cette section se subdivise en quatre paragraphes touchant successivement la durée de travail (**§1**), les congés annuels **(§2),** le travail de nuit (**§3**) et le travail des catégories protégées **(§4).**

§1. La règlementation de la durée du travail

A. Le principe

1. Durée journalière et hebdomadaire

La durée légale du travail ne peut excéder quarante-cinq heures par semaine et huit heures par jour pour les employés ou ouvriers de l'un ou de l'autre sexe, quelle que soit la forme dans laquelle le travail est exécuté.

Elle doit se calculer à partir du moment où le travailleur se tient sur les lieux du travail à la disposition de l'employeur jusqu'au moment où les prestations cessent, conformément aux horaires arrêtés par l'employeur et reproduits au règlement d'entreprise. Elle ne comprend pas le temps nécessaire au travailleur pour se rendre au lieu du travail ou pour en revenir, sauf si ce temps est inhérent au travail.[112]

Il faut comprendre par-là que dans le calcul des quarante-cinq heures, le temps consacré à l'habillage, aux pauses ou aux repas ne compte pas.

2. Champs d'application

Cette réglementation s'applique aux établissements publics ou privés, c'est-à-dire les établissements industriels, commerciaux, artisanaux et coopératifs, y compris les établissements d'enseignement et de bienfaisance.

3. Limites du champ d'application

L'arrêté ministériel n°68/14 du 17 mai 1968 portant réglementation de la durée du travail exclut du domaine d'application de la règle certaines personnes :

- les personnes occupées exclusivement seules, sans aide, à leur propre domicile ;
- les membres du personnel dirigeant de l'entreprise auxquels l'employeur a confié le pouvoir de prendre, à titre autonome, des décisions de nature à influencer considérablement la marche de l'entreprise ;
- les membres du personnel investis d'une autorité propre leur permettant d'organiser librement leur travail sans être soumis à un contrôle journalier ;
- le personnel naviguant des entreprises de transport par voie d'eau, régi par des dispositions particulières.

---

[112] Article 119 de la loi n°015/2002 du 16 octobre 2002 portant Code du Travail telle que modifiée et complétée par la loi n° 16/010 du 15 juillet 2016, *op.cit.*

La limitation de la durée légale de travail à huit heures par jour n'est pas impérative pour l'employeur qui peut faire fonctionner son établissement au-delà de la limite légale et des quarante-cinq heures par semaine, en organisant des équipes rotatives de travailleurs dans les limites de 8 heures par jour ou 45 heures par semaine.

C'est l'employeur qui détermine l'horaire qu'il doit faire afficher au lieu où s'exécute le travail et qu'il doit communiquer à l'Inspecteur du travail, afin de lui permettre d'effectuer son contrôle.

B. *Les dérogations : les heures supplémentaires*

Les heures effectuées au-delà de la durée légale du travail sont considérées comme heures supplémentaires et donnent droit à une majoration de salaire.[113]

1. *Régime des heures supplémentaires*

La rémunération est due pour le temps où le travailleur a effectivement fourni ses services avec comme conséquence les heures supplémentaires c'est-à-dire celles prestées *au-delà de la durée légale hebdomadaire du travail* (8h/jour ; 45 heures/Semaine), 1°/donnent droit à une majoration de salaire de 30 % pour chacune de six premières heures supplémentaires, 2°/de 60 % pour chacune des heures suivantes et 3°/ 100 % pour chacune des heures supplémentaires effectuées pendant le jour de repos hebdomadaire ou le jour férié.[114]

Exemple : A gagne 1680 FC/h, il preste les heures supplémentaires hebdomadaires comme suit : Lundi 4 h ; Mardi 2 h ; mercredi 3 h ; jeudi 4 h ; total 13 heures supplémentaires.

Calcul : - pour les 6 premières heures supplémentaires hebdomadaires

A touchera : $\frac{6hx1680x130}{100} = \mathbf{13\ 104}\ \boldsymbol{FC}$

Pour les 7 heures suivantes, il touchera $\frac{7hx\ 1680x160}{100} = \mathbf{18\ 816}\ \boldsymbol{FC}$ soit au total **13 104 FC + 18 816 FC = 31 920 FC.**

NB. Lorsque l'employeur fixe la durée normale du travail à cinq heures par jour, à titre d'exemple, les heures effectuées au-delà de cinq heures mais qui ne dépassent pas huit heures journalières ne sont pas considérées comme heures supplémentaires légales mais elles peuvent être conventionnelles.[115]

---

[113] Article 119 in fine de la loi n°015/2002 du 16 octobre 2002 portant Code du Travail telle que modifiée et complétée par la loi n° 16/010 du 15 juillet 2016, *op.cit.*

[114] Art 21 de l'AM N°68/11 du 17 mai 1968 relatif à la rémunération à la rémunération des heures supplémentaires, *in Codes Larcier Tome IV.*

[115] Vital Ilunga Kasongo, op.cit, p. 118 *in fine.*

2. *Règlementation du travail de nuit*

- ***Régime des heures de nuit***

Le travail de nuit, dit l'article 124 du code de travail, est celui exécuté entre 19 heures et 5 heures. Il doit être payé avec majoration, sans préjudice des dispositions relatives au paiement des heures supplémentaires.

Il y a trois modalités de majoration :

- 10 % pour les travailleurs occupant un emploi qui par sa nature ne peut s'accomplir que la nuit ;
- 25 % pour toute heure de travail accomplie la nuit dans les établissements qui, par leur nature, ont une activité s'exerçant habituellement pendant le jour et la nuit ou une partie de celle-ci.
- dans les deux cas, le cumul des heures supplémentaires prestées la nuit et le paiement de la majoration des heures de nuit peut se concevoir.[116]

- ***Limites de ce régime***

Sauf dérogations qui peuvent être accordées compte tenu des circonstances exceptionnelles, du caractère particulier de la profession ou pour les besoins de l'apprentissage ou de la formation et du perfectionnement professionnel :

- Les enfants et les personnes avec handicap ne peuvent pas travailler la nuit dans les établissements industriels publics ou privés. Le terme nuit signifie ici la période allant de 18 heures à 6 heures.[117] Les femmes peuvent travailler la nuit.

- Le repos journalier des enfants et des personnes avec handicap entre deux périodes de travail doit avoir une durée de douze heures consécutives au minimum.

Ces dérogations ne s'appliquent pas aux entreprises où sont seuls employés les membres d'une même famille.

- ***Droits des salariés en cas du travail de nuit en droit français***[118]

Droit au refus du travail de nuit s'il est incompatible avec ses obligations familiales impérieuses telles la garde d'enfants, ou la prise en charge d'une personne dépendante....

Droit à la protection des femmes enceintes

---

[116] Art 3 -5 de l'AM N°68/14 du 17 mai 1968 relatif à la rémunération de travail de nuit, *in Codes Larcier Tome IV*.

[117] Article 125 in fine de la loi n°015/2002 du 16 octobre 2002, *op.cit.*

[118] Anne Le Nouvel, Le travail de nuit : définition, le Cnam,

• Les salariées enceintes peuvent, à leur demande, ou à celle du médecin du travail, être affectées à un poste de jour sans diminution de leur rémunération.

• Si cette affectation est impossible, l'employeur doit communiquer par écrit les motifs à la Salariée ou au médecin du travail.

• Le contrat de travail se trouve alors suspendu jusqu'à la date de début du congé de maternité, avec garantie de rémunération.

Droit aux contreparties liées au travail de nuit

• Droit à un repos compensateur,

• et, le cas échéant, droit à une compensation salariale,

• dont les modalités sont déterminées par les accords collectifs.

C. Le repos hebdomadaire et les jours fériés

1. Le repos

La loi prévoit que tout travailleur doit jouir, au cours de chaque période de sept jours, d'un repos comprenant au minimum 24 heures, accordé, autant que possible, en même temps à tout le personnel. Il a lieu en principe le dimanche en vue de la protection du travailleur et en respect des préceptes religieux.[119]

Cependant, le principe du repos le dimanche peut être écarté, pour peu qu'il soit remplacé par un repos compensateur un autre jour de la semaine, notamment dans les entreprises soumises au principe de la continuité : transport, distribution d'eau, d'électricité, téléphone, entreprises agricoles, hôtels, restaurants, …

Dans certains cas exceptionnels, les travailleurs peuvent se voir privés du repos hebdomadaire sans compensation pour les travaux urgents, pour prévenir ou réparer un accident, pour prévenir la perte de marchandises périssables. Dans ce cas, les heures effectuées sont rémunérées au taux d'heures supplémentaires.

2. Les jours fériés

Les jours fériés sont ceux qui sont consacrés à des fêtes religieuses ou civiles reconnues par la loi et qui ne sont pas confondre avec les jours chômés qui sont ceux où le travail est obligatoirement suspendu.

Les jours fériés légaux sont :[120]

---

[119] Article 121, de la loi n°015/2002 du 16 octobre 2002, *op.cit.*
[120] Article 123, *Idem.*

- ✓ 1er janvier : Nouvel an
- ✓ 04 janvier : Martyrs de l'Indépendance
- ✓ 16 janvier : Journée du Héros National L.D. KABILA
- ✓ 17 janvier : Journée du Héros National P.E. LUMUMBA
- ✓ 6 avril : Jour férié en mémoire de Simon KIMBANGU
- ✓ 1er mai : Fête du Travail
- ✓ 17 mai : Fête de la libération de la RDC
- ✓ 30 juin : Fête de l'Indépendance
- ✓ 1er août : Fête de Famille et des morts
- ✓ 25 décembre : Fête de Noël

En principe, les travailleurs ont droit à leur salaire pendant les jours fériés, surtout s'ils sont payés au mois. Par contre, ceux qui sont payés à l'heure ou à la journée n'y ont pas droit, bien que la mensualisation des salaires soit à l'heure actuelle une exigence. Mais, les jours chômés ne sont pas toujours rémunérés sauf s'il en est autrement disposé.

Quel est par contre le régime de « journée ville morte » qui s'apparente aux grèves décrétées par les forces politiques du pays?

Cette situation est constitutive de cas de force majeure dont elle subit les effets juridiques et se place sous l'égide des articles 57 et 60 de la Loi portant code du travail. Les parties se trouvent donc déliées de leurs obligations, l'une envers l'autre, notamment celle de paiement de la rémunération pendant toute la durée de suspension de l'exécution du contrat du travail.[121]

§2. La réglementation sur le congé annuel

A. Motivations et principes du congé annuel

1. Raisons d'être

Le congé annuel payé est utile à la reconstitution physique indispensable à la santé ainsi qu'à la détente intellectuelle et sociale de tout travailleur ayant accompli un temps de travail minimum ; cela lui permet de bénéficier chaque année, d'un certain nombre de jours de congé proportionnel au temps de travail accompli dans l'entreprise ou, parfois, dans la profession, sans diminution de ses revenus.

---

[121] Cf. Circulaire du 7 avril 1993 du Ministère du Travail et de la Prévoyance sociale relative au régime « journée ville morte » in Christian Hemedi Bayolo, Code du travail, recueil des modalités d'application, textes officiels en vigueur, édition 2024, collection « législation sociale » série n°13, éd. Concordia 2024, p. 287.

2. Principes (Art. 140)

L'employeur est tenu d'accorder un congé annuel au travailleur. Le droit au congé est d'ordre public car le travailleur ne peut renoncer à son congé pour le remplacer par une indemnité compensatrice.

- Le travailleur ne peut éventuellement cumuler que la moitié des congés pendant une période de deux ans.
- Il doit s'abstenir d'exercer une profession lucrative pendant la durée du congé.
- La date du congé est fixée de commun accord, sans toutefois que la prise effective du congé puisse dépasser de six mois la date prévue pour son ouverture.
- La durée du voyage et les jours de maladie compris dans la période de congé ne comptent pas comme jours de congé.
- Les jours ouvrables étant ceux qui sont consacrés habituellement au travail, les jours de repos hebdomadaire et les jours fériés sont exclus des jours de congé.

Pendant la période de congé, le travailleur et sa famille ont droit aux soins de santé. En cas de congé hors de la République démocratique du Congo ou du lieu d'emploi, l'employeur, après avis du médecin conseil, rembourse, tout ou partie des frais afférents aux soins qu'il a reçus.

B. Conditions d'octroi et durée du congé annuel

Le droit au congé naît à l'expiration d'une année de services comptée de date à date et accomplie chez le même employeur ou un employeur substitué.

1. Régime légal (Art. 141)

La durée du congé est d'au moins un jour ouvrable par mois entier de service pour le travailleur âgé de plus de dix-huit ans. (12 jours par an). Elle est d'au moins un jour ouvrable et demi par mois entier de service pour le travailleur âgé de moins de dix-huit ans. (18 jours par an). Elle est augmentée d'un jour ouvrable par tranche de cinq années d'ancienneté chez le même employeur ou l'employeur substitué.[122]

2. Régime prévu par la convention collective interprofessionnelle nationale du travail

L'article 22 de la convention collective interprofessionnelle nationale du travail prévoit au moins un jour ouvrable et demi par mois entier de service pour le travailleur âgé de plus de 18 ans, et au moins deux jours ouvrables par mois entier de service pour le travailleur âgé de moins de 18 ans. Elle est

[122] Article 141 de la loi n°015/2002 du 16 octobre 2002 portant Code du Travail, *op.cit.*

augmentée de deux jours ouvrables par tranche de cinq années d'ancienneté chez le même employeur ou l'employeur substitué.[123]

En tout état de cause, les services pris en considération pour le calcul de la durée du congé comprennent les jours de prestation de travail, de repos hebdomadaire, de congé payé et les jours fériés légaux, ainsi que les périodes de suspension due à l'incapacité de travail à concurrence d'un maximum de six mois par année de service considérée séparément, sans que cette limitation ne soit applicable à l'incapacité résultant d'un accident de travail ou d'une maladie professionnelle.

C. Calcul du congé payé

1. Pendant le cours du contrat

L'indemnité de congé à laquelle le travailleur a droit pendant toute la durée du congé, est une allocation égale à la rémunération dont il jouit au moment du départ en congé, en ce inclus les avantages éventuellement remis en nature pendant les services effectifs en vertu des stipulations contractuelles étant, à la demande du travailleur, payés en espèces sur base légale, exception faite seulement pour le logement.[124]

Elle comprend en plus du salaire de base tous les accessoires, primes, heures supplémentaires accomplies de manière habituelle dans l'entreprise, allocations familiales, indemnités autres que le remboursement de frais.

Elle est donc un substitut du salaire et soumise comme tel au même régime juridique. Il s'agit plutôt d'un salaire différé acquis mois par mois au cours de l'année de référence et versée en une seule fois. Le paiement de cette allocation doit intervenir au plus tard le dernier jour ouvrable avant le départ en congé.

2. En cas de résiliation de contrat

Lorsque la résiliation de contrat de travail intervient avant que le salarié ait pu bénéficier de son congé annuel, il bénéficie d'une indemnité compensatrice soumise au même régime que le salaire et correspondant au travail effectué ; elle peut se cumuler avec l'indemnité de préavis.[125]

En dehors de ce cas, est nulle et de nul effet toute convention prévoyant l'octroi d'une indemnité compensatoire en lieu et place de congé, puisque le droit au congé annuel est d'ordre public.

---

[123] Convention collective interprofessionnelle nationale du travail du 20 janvier 2006.
[124] Article 142 de la loi n°015/2002 du 16 octobre 2002 portant Code du Travail, *op.cit.*
[125] Article 144, Idem.

D. Les congés de circonstances

Selon l'article 146 du code du travail et l'article 22 de la convention collective interprofessionnelle nationale telle que révisée le 20 janvier 2006, le salarié a droit à certains congés de circonstance :

- 2 jours ouvrables pour son mariage ; (3 jours pour la CCINT).
- 2 jours ouvrables à l'occasion de chaque accouchement de l'épouse ;
- 1 jour ouvrable pour le mariage d'un enfant ;
- 4 jours ouvrables pour le décès du conjoint, d'un parent ou allié au premier degré ; (6 jours pour la CCINT).
- 2 jours ouvrables pour la mort d'un parent ou allié au second degré.

L'intéressé perçoit son salaire pendant ces jours de congé, mais il ne peut avoir plus de quinze jours ouvrables de congé de circonstance par an ; la CCINT prévoit un maximum de 18 jours l'an.

§3. Le travail des catégories protégées

L'on considère comme appartenant aux catégories protégées, les femmes travailleuses au regard de la protection du rôle maternel, les enfants de moins de 18 ans et les travailleurs avec handicap.

A. Travail des femmes

1. Accès à l'emploi et conditions de travail

La maternité ne peut constituer une source de discrimination en matière d'emploi. Il est en particulier, interdit d'exiger d'une femme qui postule un emploi qu'elle se soumette à un test de grossesse ou qu'elle présente un certificat attestant ou non l'état de grossesse, sauf pour les travaux qui sont interdits totalement ou partiellement aux femmes enceintes ou qui allaitent ou comportent un risque reconnu ou significatif pour la santé de la femme et de l'enfant.

2. Protection du rôle maternel de la femme travailleuse

- *Droit à la suspension de contrat*

À l'occasion de son accouchement, et sans que cette interruption de service puisse être considérée comme une cause de résiliation de contrat, toute femme a le droit de suspendre son travail pendant quatorze semaines consécutives, dont huit semaines maximum postérieures à la délivrance et six avant l'accouchement.

Pendant cette période, que l'enfant vive ou non, la femme salariée a droit aux deux tiers de sa rémunération ainsi qu'au maintien des avantages contractuels en nature et durant la même période, l'employeur ne peut rompre le contrat de travail. Le bénéfice de ces dispositions est d'ordre public est acquis à toute femme salariée, qu'elle soit mariée ou non, que l'enfant vive ou non.[126]

- ***Droit au repos d'allaitement***

La femme qui allaite son enfant, a droit, dans tous les cas à deux repos d'une demi-heure par jour pour lui permettre l'allaitement. Ces périodes de repos sont rémunérées comme temps de travail. (Article 132)

- ***Droit à la résiliation du contrat***

Toute femme enceinte dont l'état entraine des risques pour sa santé, dûment constaté par le médecin, a le droit, sur base du certificat médical, de résilier son contrat de travail sans préavis et sans avoir, de ce fait, à payer une indemnité de rupture de contrat.[127] Cette disposition est d'ordre public.

B. Les enfants

1. Principe

L'article 6 primo du code de travail dispose que les enfants âgés de 15 ans ne peuvent être engagés ou maintenus en service, même comme apprentis, que moyennant dérogation expresse du Président du Tribunal de paix, après avis psycho-médical d'un expert et de l'Inspecteur du travail.

Une personne âgée de 16 ans à moins de 18 ans ne peut être engagée ou maintenue en service que pour l'exécution des travaux légers et salubres prévus par un arrêté du Ministre ayant le travail et la prévoyance sociale dans ses attributions.[128]

2. Conditions de travail des enfants

Aux termes de l'art. 24 de l'AM n° 68/13 du 17/05/68, les enfants de 15 à 16 ans peuvent être occupés à des travaux légers et salubres mais à condition qu'ils n'excèdent pas 4 heures par jour aussi bien les jours de classe que les jours de vacances et qu'ils ne puissent porter atteinte aux prescriptions en vigueur en matière scolaire.

Les enfants âgés de 16 et de moins de 18 ans ne peuvent effectuer plus de 8 heures de travail effectif par jour même s'ils manifestent le désir d'effectuer des heures supplémentaires.

Lorsque la durée du travail effectif dépasse 4 heures par jour, celle-ci doit être coupée d'un ou plusieurs repos dont la durée totale ne peut être inférieure

---

[126] Article 130 de la loi n°015/2002 du 16 octobre 2002 portant Code du Travail, *op.cit.*
[127] Article 129 de la loi n°015/2002, Idem
[128] Article 6, de la loi n°015/2002, Idem

à 1 heure. Il est ainsi exigé un repos suffisant pour l'enfant en vue de sa croissance normale.

C'est pour cela d'ailleurs qu'il est formellement interdit d'occuper les enfants âgés de moins de 18 ans la nuit ou le dimanche.

Il est interdit aux enfants les travaux excédant leurs forces, ex. : 16 - 18 ans poids maxima transport sur brouette : garçons 35 Kg, filles 25 Kg, il leur est également interdit les travaux dangereux ou insalubres ex. pour les enfants de moins de 18 ans, conduite de moteurs, véhicules et engins mécaniques.

C. Les travailleurs avec handicap

1. Handicap

a) *Définition*

Le travailleur avec handicap (catégorie protégée) est toute personne dont *les perspectives de trouver et de conserver un emploi convenable ainsi que de progresser professionnellement sont* ***sensiblement réduites*** à la suite d'un handicap physique ou mental dûment reconnu.[129]

b) *Accès à l'emploi*

Le handicap ne saurait constituer un empêchement pour l'accès d'une personne à l'exercice d'un ***emploi répondant à ses aptitudes intellectuelles, sensorielles ou physiques*** dans le secteur public, semi-public ou privé pour autant que son handicap ne soit pas de nature à causer un préjudice ou à gêner le fonctionnement de l'entreprise.

Les personnes avec handicap ont le droit de bénéficier, dans les mêmes conditions que les autres travailleurs, d'une formation professionnelle.

c) *Nature du travail*

Le travail dont sont chargés les enfants, les femmes et les personnes avec handicap ne doit pas excéder leurs forces ; c'est l'Inspecteur du travail qui peut vérifier cela en requérant l'examen par un médecin, réquisition qui est de droit à la demande des intéressés.

2. Handicap et aptitude au travail

a) Aptitude au travail

- ***Principes***

L'article 38 al.1 du CT dispose : « L'exécution du contrat de travail est subordonnée à la constatation de l'aptitude au travail du travailleur.

---

[129] Article 134 de la Loi n°015/2002 du 16 octobre 2002 portant Code du Travail telle que modifiée et complétée par la loi n°16/010 du 15 juillet 2016.

L'article 62 du CT indique que le contrat à durée indéterminée ne peut être résilié à l'initiative de l'employeur que ***pour un motif valable lié à l'aptitude* ou *à la conduite du travailleur.***

- ***Inaptitude, cause de résiliation du CDI***

➢ *Inaptitude* physique

L'article 38 al.3 précise qu***'une personne médicalement inapte au travail auquel elle est destinée ou affectée ne peut être engagée ni maintenue en service.*** *(Elle est objective et en relation avec le travail à effectuer ou le poste d'affectation).*

L'*inaptitude physique* peut notamment être liée à l'âge lorsqu'elle se traduit par une baisse d'activité du travailleur.

➢ *L'inaptitude professionnelle*

Elle suppose qu'un travailleur ne s'acquitte pas à l'entière satisfaction de l'Employeur des fonctions lui confiées.

En cette matière, le Chef d'entreprise, responsable de la bonne marche de celle-ci, et juge de son organisation, détient seul le pouvoir discrétionnaire d'appréciation de la qualité des prestations fournies par un collaborateur de sorte qu'il suffit pour ce Chef d'entreprise d'alléguer sans autres précisions le motif d'insuffisance professionnelle pour qu'il y ait licenciement pour inaptitude professionnelle.

L'on retiendra ainsi l'inaptitude professionnelle dans le cas d'un travailleur qui n'arrive pas à s'adapter à la nouvelle technologie malgré la formation qu'il a suivie dans le cadre de la mise en place d'un nouvel équipement, le licenciement avec préavis serait alors justifié.

- **Aptitude et capacité**

L'aptitude a une double acception, en droit et en fait, selon Gérard Cornu.[130]

➢ **En droit,** l'aptitude s'entend dans sa vocation juridique comme la qualité correspondant à une potentialité de droit chez la personne à laquelle elle est reconnue.

Parfois synonyme de capacité juridique, l'aptitude est *une notion plus générale* qui sert aussi à définir la personnalité juridique qui implique les capacités de jouissance et d'exercice qui en sont des espèces.

---

[130] Gérard CORNU, *Vocabulaire juridique*, Association Henri Capitan, Paris, Édition 2018, p. 68.

Elle correspond parfois mais pas nécessairement à une capacité de fait réelle ou supposée.

➢ **En fait,** l'aptitude se circonscrit au sens général et sous l'angle du travail :

Au sens général, cette **c**apacité de fait qu'est l'aptitude désigne la disposition naturelle ou acquise qui, supposée jusqu'à preuve du contraire chez un majeur quand il s'agit de l'aptitude générale à exercer ses droits (capacité d'exercice), peut être subordonnée à une épreuve de vérification, comme condition de désignation ou de recrutement, quand il s'agit d'une aptitude spéciale (à la gestion, à un emploi).

Elle signifie alors compétence, qualification, faculté, connaissance, conscience.

Au sens du travail, elle désigne la qualification correspondant à l'emploi que le salarié exerce et qui est en général vérifiée lors de l'embauchage.

L'explication retenue dans le cadre de l'aptitude au travail est celle donnée par Gérard Cornu *in fine* dans l'acception de fait et donc *la qualification correspondant à la capacité physique d'accomplir un acte matériel ou de l'esprit alors que la capacité juridique est l'aptitude définie par la Loi de conclure un acte juridique valable ayant pour conséquence d'engager la responsabilité de celui qui le souscrit* dans le cas où il n'exécuterait pas les obligations mises à sa charge par le **contrat** et qui, en conséquence, engage son patrimoine.[131]

➢ La **capacité de contracter est** l'aptitude d'une personne à acquérir des droits et à les exercer.

➢ La **capacité juridique** désigne l'aptitude à être titulaire de droits et obligations et à les exercer par soi-même tels que la **capacité** d'agir en justice, de conclure un contrat… Toute personne est en principe capable juridiquement.

3. Handicap et incapacité

a) Etat de la législation sur la capacité

Le droit commun énonce aux articles 23 et 24 du CC livre III, les principes que « toute personne peut contracter, si elle n'est pas déclarée incapable par la loi », que l'état et la capacité des personnes, ainsi que leurs rapports de famille, sont régis par les lois de la nation à laquelle elles appartiennent.

---

[131] Serge Braudo, Dictionnaire juridique, Capacité-définition, in https://www.dictionnaire-juridique.com/definition/capacite.php#:~ site visité le 30 avril 2022.

L'article 6 §1 de la Loi portant Code de travail dispose : « La capacité d'une personne d'engager ses services est régie par la loi du pays auquel elle appartient, ou à défaut de nationalité connue, par la loi congolaise. »

Il appert de ces dispositions que *l'incapacité est toujours légale.*

b) Handicap et capacité en matière du travail

En Droit une personne avec handicap n'est pas incapable car elle est à même de poser des actes juridiques valables, être titulaires des droits et obligations et en répondre en toute responsabilité.

Pour le surplus, l'article 215 de la Loi portant Code de la famille dispose : Sont incapables aux termes de la loi:

1. les mineurs;
2. les majeurs aliénés interdits;
3. **les majeurs** faibles d'esprit, prodigues, affaiblis par l'âge ou ***infirmes placés sous curatelle.***[132]

Comme on peut le remarquer, la loi nationale congolaise régissant la question de capacité, sans classer la personne avec handicap dans la liste des incapables, relève que *les majeurs infirmes placés sous curatelle sont incapables.*

Il convient toutefois de faire observer que cette incapacité, loin d'être générale, n'est que spéciale car, selon les dispositions de **l'article 313** de la Loi portant Code congolais de famille, telle incapacité ne porte que sur des objets ou matières précis.

Cet article dispose : « Il sera défendu à la personne placée sous curatelle de plaider, de transiger, d'emprunter, de recevoir un capital mobilier et d'en donner décharge, d'aliéner ou de grever ses biens d'hypothèques, de faire le commerce, sans l'assistance du curateur ».

Le tribunal ne peut placer la personne sous l'assistance du curateur que pour certains des actes précisés à l'alinéa précédent.

Comme on peut le remarquer *la signature du contrat de travail ne figure pas parmi les actes défendus à un infirme placée sous curatelle* et pourtant c'est un acte juridique très important qui devrait appeler l'assistance d'un curateur pour mieux protéger les intérêts d'un infirme dont l'altération durable des facultés mentales ou corporelles constatée par le juge après expertise médicale serait de nature à empêcher l'expression de la volonté.

---

[132] Loi n° 16/008 du 15 juillet 2016 modifiant et complétant la loi n° 87-010 du 1er août 1987 portant Code de la Famille, in Journal officiel de la RDC, n° spécial du 29 juillet 2016.

c) Handicap et Infirmité

Alexandre Puissant estime que l'infirmité est une affection organique alors que le handicap est une baisse de capacité globale de l'individu à interagir au quotidien.

Il considère qu'il y a un lien de causalité partielle entre une infirmité et un handicap.

Pour lui, tous les infirmes sont potentiellement porteurs d'un handicap pour leur quotidien, mais tous les handicapés ne sont pas infirmes ; et qu'un faible quotient intellectuel ou l'illettrisme peuvent parfaitement ne pas résulter d'une infirmité mais peuvent constituer un handicap.[133]

d) Handicap et invalidité

La notion de handicap, d'un point de vue administratif, concerne donc la personne dans l'ensemble des situations de la vie alors que la notion d'invalidité, en revanche, s'applique à la personne dans sa relation au monde du travail.

L'invalidité relève du droit de la Sécurité sociale qui considère tel tout travailleur qui a perdu au moins les 2/3 de sa capacité de travail ou de rémunération à la suite d'une maladie ou d'un accident autres ceux issus de risques professionnels.[134]

Aux termes de l'article 89 de la Loi n°16/009 du 15 juillet 2016 fixant les règles relatives au Régime Général de la sécurité sociale, ''est considéré comme invalide, le travailleur qui, par suite de maladie ou d'accident d'origine non professionnelle, subit une diminution permanente de ses capacités physiques ou mentales le rendant inapte à gagner un tiers de la rémunération qu'un travailleur ayant la même formation peut se procurer par son travail''. Le travailleur doit donc subir la réduction des deux tiers au moins de sa capacité de gain.[135]

[133] Alexandre Puissant, Quelle est la différence entre les mots «infirme» et «handicapé», in https://fr.quora.com ›, site visité le 28 mars 2022.

[134] Retraite en Clair, BNP PARIBAS CARDIF, Quelle est la différence entre handicapé et invalide ? in https://www.la-retraite-en-clair.fr › handicap-invalidite, site visité le 28 mars 2022.

[135] Cf. le présent ouvrage à la page_234 §4.

Section II : Logement, voyages et transport

§1. Logement

A. Le principe

La loi impose à l'employeur de fournir au travailleur et à sa famille un logement décent ou, à défaut, une indemnité conséquente en cas de mutation ou d'engagement en dehors du lieu d'emploi.

Elle autorise que, dans les autres cas, l'employeur paie au travailleur une indemnité de logement fixée par les parties, soit dans le contrat de travail, soit dans les conventions collectives, soit dans le règlement d'entreprise. C'est dans ce cadre que même la travailleuse a droit au logement ou à l'indemnité de logement.[136]

Cette dernière hypothèse soulève la question de cumul des avantages sociaux lorsque la travailleuse est mariée, que son mari est travailleur ou pas dans la même société et qu'elle doit bénéficier à charge de son employeur d'un logement en nature surtout quand l'on sait qu'en droit civil, la femme doit habiter avec le mari où elle est censée avoir son domicile et le suivre partout. Cette question est discutée de manière circonstanciée à la section IV du présent chapitre.

Cependant, pour ce qui est de la ration, la loi veut que si le travailleur ne peut par ses propres moyens obtenir pour lui et sa famille un ravitaillement régulier en denrées alimentaires de première nécessité, l'employeur puisse le lui assurer. (Art. 138 in fine)

B. Cas particuliers

Un arrêté du Ministre ayant le travail et la prévoyance sociale dans ses attributions, pris après avis du Conseil national du travail, fixe :

- les cas dans lesquels le logement doit être fourni, sa valeur maximale de remboursement, et les conditions auxquelles il doit répondre, notamment au regard de l'hygiène et pour assurer la protection des femmes et jeunes filles qui ne vivent pas en famille ;

- les régions et les catégories de travailleurs pour lesquelles est obligatoire la fourniture d'une ration journalière de vivres, la valeur maximum de remboursement de celle-ci, le détail en nature et en poids des denrées alimentaires de première nécessité la composant et les conditions de sa fourniture.

---

[136] Article 138 de la Loi n°015/2002 du 16 octobre 2002 portant Code du Travail telle que modifiée et complétée par la loi n°16/010 du 15 juillet 2016.

§2. Des voyages et des transports

A. Définition du voyage

La loi du travail distingue selon le cas le voyage-aller du voyage-retour, en imposant à chaque cas une obligation particulière à l'employeur.

Les voyages quels qu'ils soient, s'effectuent à la date, aux conditions et suivant les voies, horaires et moyens fixés contractuellement sous réserve de la loi.

1. Le voyage-aller

C'est le parcours, lors de l'engagement, du réengagement ou à l'occasion du commencement d'une période de services, de la distance qui sépare le lieu d'acceptation de l'engagement ou de la promesse d'engagement au lieu où le travail doit s'exécuter.

2. Le voyage-retour

C'est le parcours, à l'expiration du contrat ou d'une période de services, de la distance du lieu d'exécution du travail au lieu de l'acceptation de l'engagement ou de la promesse d'engagement.

B. Charge du voyage

L'employeur a l'obligation de supporter les frais de voyage aller du travailleur et de sa famille, obligation qui ne naît, à l'égard de la famille, qu'après la période d'essai.

Par ailleurs, lorsqu'une suspension de contrat intervient avant le voyage, elle entraîne la suspension de ladite obligation.

En outre, l'employeur est dispensé de payer les frais de voyage des personnes au sujet desquelles le travailleur a fait de fausses déclarations et lorsqu'il a payé des frais indus, il peut les compenser par des retenues, conformément aux dispositions de l'article 114 du Code de travail.[137]

C. Faits générateurs du droit au voyage-retour

1. Principes

En règle générale, le droit au voyage retour du travailleur et de sa famille naît, sans restriction, après chaque période de deux ans de service, comptée de date à date.

Ce droit est également acquis au (à) :

- travailleur, au cours de la période d'essai, même lorsque le contrat est résilié pour faute lourde lui imputable ;

---

[137] Article 148 de la loi n°015/2002 du 16 octobre 2002 portant Code du Travail, *op.cit.*

- la famille du travailleur, lorsque celui-ci décède avant la fin du contrat.

- travailleur et à sa famille, lorsque le contrat prend fin du fait de l'employeur avant l'expiration de la deuxième année de service ;

- travailleur et à sa famille, à l'expiration de tout contrat conclu pour une durée inférieure à deux années ;

2. Limites

L'employeur ne supporte les frais de voyage de retour que proportionnellement à la durée des prestations accomplies lorsque :

- le contrat a été résilié pour faute lourde imputable au travailleur ;

- le travailleur a mis fin au contrat à durée indéterminée après avoir effectué douze mois de services depuis son dernier voyage aller et sans qu'il y ait faute lourde de l'employeur ;

- les parties résilient le contrat de commun accord après douze mois de services.

L'employeur ne doit les frais de voyage retour que si ce voyage est réellement effectué. C'est en principe une obligation de faire qui ne s'exécute qu'en nature. (Art.149 in fine)

Section III : La santé et la sécurité au travail

La question de la santé et de la sécurité au travail a toujours retenu l'attention du législateur congolais à travers la loi n°15/2002 du 16 octobre 2002 portant code du travail dans son titre VII. Il sied d'en examiner les objectifs, la réglementation, les obligations et responsabilités qui en découlent pour les employeurs.

§1. La règlementation sur l'environnement, la santé et la sécurité au travail

A. Les objectifs

L'article 159 de la loi susmentionnée dispose que les conditions de santé et de sécurité au travail sont assurées en vue de (d') :

- prévenir les accidents du travail ;

- lutter contre les maladies professionnelles ;

- créer les conditions de travail salubres ;

- remédier à la fatigue professionnelle excessive ;

- adapter le travail à l'homme ;

- et gérer et lutter contre les grandes endémies de santé communautaire en milieu de travail.

B. L'environnement du travail en droit congolais

L'activité industrielle crée des problèmes complexes et aigus des pollutions qui engendrent des pathologies parfois meurtrières parmi le personnel employé et même parmi les populations alentours.

Tenant compte de ces dangers, le législateur colonial avait imposé, par ordonnance n° 41/48 du 12 février 1953 relative aux établissements dangereux, insalubres et incommodes, le permis d'exploitation à solliciter par toute industrie appelée à s'installer dans le territoire colonial.

Cette réglementation qui est en vigueur jusqu'ores à travers le Décret n° 13/015 du 29 mai 2013 portant règlementation des installations classées[138] présente selon les catégories d'industries, les risques auxquels elles peuvent donner lieu, la nature des inconvénients et le service à consulter.

L'environnement dont question ici est notamment de nature physique comprenant entre autres l'exposition aux rayonnements ionisés, aux produits toxiques et aux facteurs nocifs.

C. La santé au travail

La loi[139] veut que les services de santé au travail soient assurés par un médecin du travail ayant un rôle essentiellement préventif et pour mission d'assurer :

- la surveillance médicale des travailleurs,
- la surveillance sanitaire des lieux de travail,
- les secours immédiats et les soins d'urgence aux victimes d'accident ou d'indisposition.

D. La sécurité au travail

En matière de sécurité au travail, la loi fait obligation à toute entreprise ou tout établissement d'organiser un service spécial de sécurité, d'hygiène et d'embellissement des lieux de travail avec pour mission d'assurer *la surveillance technique des travailleurs, la surveillance sanitaire des lieux de travail, l'animation et la formation générale des travailleurs.* Ce service spécial doit être assuré par un cadre dénommé chef de service de sécurité, d'hygiène et d'embellissement des lieux de travail.[140]

---

138 In JORDC numéro spécial du 10 mai 2014

139 Article 161 de la loi n° 15/2002 du 16 octobre 2002 portant code du travail congolais, *op.cit.*

140 Idem, articles 163-165.

§2. Les obligations de l'employeur et responsabilités en la matière

Les obligations de l'employeur sont de deux types, celle d'informer et celle de sécuriser le travailleur.

A. Obligation d'informer

1. Teneur de l'obligation

L'obligation de l'employeur consiste ici à informer le personnel des risques auxquels il peut s'exposer ou l'expose l'exercice des fonctions ou métiers auxquels le destine son contrat de travail.

C'est à ce titre et en vertu de l'article 167 du Code de travail qu'il est tenu à organiser la politique de prévention des accidents du travail et des maladies professionnelles à travers les actions préventives et de propagande.

2. Les actions préventives, de propagande et le rapport

Au chapitre des *actions préventives*, il convient de mentionner notamment les causeries, les conseils, les consignes d'hygiène et de sécurité, les enseignements tirés des enquêtes et statistiques d'accidents du travail.

Par ailleurs, au registre de *l'action propagande,* il est indiqué les moyens mis en œuvre pour créer et développer parmi le personnel l'esprit de prévention, *la propagande par l'image ou le document imprimé* : affiches, tracts, etc., *la propagande orale* comprenant les conférences, l'action des cadres, des agents de maîtrise, l'éducation des apprentis et des jeunes travailleurs etc.

Il est recommandé du reste de joindre au rapport annuel toute documentation de nature à faire ressortir l'action du comité (affiches, tracts, consignes, descriptions de dispositifs de protection reconnus efficaces).

3. L'obligation déclarative

Selon l'article 176 du code de travail, l'employeur est tenu d'aviser la Caisse nationale de Sécurité Sociale ainsi que l'Inspection du Travail du ressort dans les conditions, formes et délais prévus par la législation et la réglementation de la sécurité sociale, des accidents du travail ou des maladies professionnelles dûment constatées.

B. Obligation de sécuriser

1. Fondement légal de l'obligation

Dans les dispositions de l'article 51 §1, le code congolais du travail exige du travailleur de s'abstenir de tout ce qui pourrait nuire soit à sa propre sécurité soit à celle de ses compagnons ou des tiers ; par ailleurs, il demande à l'employeur (article 55§2) de diriger le travailleur et de veiller à ce que le travail s'accomplisse dans des conditions convenables, tant au point de vue de la sécurité que de la santé et de la dignité du travailleur.

2. *Comité de sécurité, d'hygiène et d'embellissement des lieux de travail*

En application des articles 51§1, 55§2, 167 et 168 du code du travail, il est imposé à toute entreprise ou tout établissement de quelque nature que ce soit occupant des travailleurs de se tenir dans un constant état de propreté et de présenter les conditions d'hygiène et de sécurité nécessaires à la santé du personnel (article 170).

A ce propos, il sied de faire observer que l'employeur qui fait fi de l'obligation de sécurité pourrait répondre de son omission et de son défaut de prévoyance.

3. *Obligation de sécurité-résultat*

L'obligation ***de sécurité-résultat*** est celle par laquelle, pour tout risque connu de lui et dont il a conscience du danger auquel le travailleur est soumis, l'employeur est tenu de prendre des mesures nécessaires pour protéger ce dernier, le sécuriser et l'en préserver en termes de résultat.

L'inobservation de cette obligation s'articule *à une faute inexcusable* qui provoque dans le chef de l'employeur, la perte de toute son immunité civile inhérente à la matière de sécurité sociale, l'amenant ainsi à engager sa responsabilité civile pour négligence ou défaut de prévoyance.

Citant la jurisprudence congolaise en rapport avec l'*obligation de sécurité-résultat* en cas de maladie professionnelle pour faute inexcusable de l'employeur, LUKOO relève que lorsque la loi laisse à l'exploitant toute la liberté dans le choix des précautions à prendre, le patron ayant l'obligation de veiller à la sécurité des ouvriers pour parer aux dangers qui peuvent naître de son exploitation, *est en faute s'il ne cherche pas à les éviter en se conformant aux règles pratiques d'une prudente exploitation.*[141]

Face aux rarissimes données congolaises, il y a lieu de faire recours à la jurisprudence belge qui fait état de *l'obligation de sécurité-résultat* en cas de maladie professionnelle pour faute inexcusable de l'employeur.

4. Approches jurisprudentielles

Référence est faite aux dispositifs suivants de décisions judiciaires belges :[142]

---

[141] Lukoo Musubao R., *La jurisprudence congolaise en Droit du travail et de la sécurité sociale*, éd., On s'en sortira, Kinshasa, 2006, p.232.

[142]Loko Mantuono G. c, *Maladies à caractère professionnel et sécurité sociale en République Démocratique du Congo : esquisse du droit comparé et proposition de réforme de la liste de*

Le manquement par l'employeur tenu envers le salarié d'une obligation de sécurité-résultat concernant notamment les accidents du travail s'articule en une faute inexcusable lorsqu'il avait ou aurait dû avoir conscience du danger auquel était soumis le salarié et qu'il n'a pas pris les mesures nécessaires pour l'en préserver (Cass civ. 2° 7 mai 2009, pourvoi n° 08-12998).

La « conscience du danger » - qui est un élément essentiel de la faute inexcusable, s'apprécie notamment en fonction *de l'importance de l'entreprise* qui emploie *le salarié*, de *la nature de son activité et des travaux auxquels il était affecté.*[143] (Cass. 2e civ. 3 juillet 2008, n° 07-18689 PB).

5. Principe de l'immunité civile : Fondement et exception

En droit de sécurité sociale, l'immunité civile est un principe général qui exonère l'employeur de toute responsabilité civile en matière de maladie professionnelle prise en charge par l'organisme de la sécurité sociale.

La justification de ce principe réside dans l'importante participation (cotisations 13% dont 1,5% pour risques professionnels) de l'employeur au titre de cotisation de sécurité sociale qui est perçue comme une assurance de sa responsabilité civile couverte par l'organisme de sécurité sociale afin de s'éviter toute poursuite civile en matière des risques professionnels.[144]

Par ce fait, l'immunité civile devient alors pour lui la contrepartie de sa participation significative dans la couverture des risques professionnels du travailleur.

Par ailleurs, le principe de l'immunité civile est fondé sur l'article 115 de la Loi n°16/009 du 15 juillet 2016 fixant les règles relatives au régime général de la sécurité sociale, qui autorise l'assuré ou ses ayants *droit à agir en droit commun contre* ***le tiers responsable*** *du préjudice subi donnant lieu aux prestations sociales afin d'en obtenir réparation civile.*

Cette voie d'action au civil n'est exceptionnellement ouverte à l'assuré ou à ses ayants droit contre l'employeur qu'en cas de faute exclusive de celui-ci, faute dont la commission le fait passer pour un tiers, lorsqu'elle est provoquée intentionnellement par l'Employeur, ses mandataires et ses préposés, et cause l'accident ou la maladie, les obligeant ainsi à y répondre au civil.

1966. Cas de la BRALIMA et de la SOTEXKI à Kisangani, Mémoire de Diplôme d'Etudes Supérieures en Droit, UNIKIS, FD, 2010-2011, p

[143] Fiducial, *Maladie professionnelle : faute inexcusable de l'employeur et conscience du danger auquel le salarié est exposé*, http://www.fos.com/index.aspx?NODE_REF =Maladie-professionnelle-12092008, visité le 06/01/011.

[144] Cf. développement fait dans les pages 248-249 du présent ouvrage.

Section IV: Les avantages sociaux

La présente section entend donner le contour du concept « avantages sociaux », les caractères de ceux-ci et leur importance avant de discuter sur la problématique du cumul qu'ils peuvent susciter dans leur mise en œuvre en droit du travail congolais.

§1. Concept et contenu

A. Notion

Les avantages sociaux constituent une part de rémunération s'ajoutant au salaire direct, sous forme d'indemnités et d'autres services accordés aux salariés, dans le cadre des relations de travail, par les entreprises, les organisations ou par l'Etat.[145]

Ce sont, en d'autres termes, une série de bénéfices reliés à l'emploi, qui sont accordés à l'employé et qui s'ajoutent à son salaire de base.[146]

B. Caractères et type des avantages sociaux

1. Caractères

Les avantages sociaux revêtent les caractères suivants : *accessoire, discrétionnaire, conventionnel et extralégal.*

- *Caractère accessoire*

Le caractère accessoire provient du fait que les avantages sociaux sont associés au salaire dont ils peuvent représenter un véritable complément. Ces avantages « périphériques » qui n'apparaissent pas toujours sur la fiche de paie, se doivent d'être valorisés auprès des salariés.[147]

Appelés également à-côtés ou privilèges, ces avantages qui sont des éléments fournis aux employés au-delà des salaires, forment un ensemble perçu sous forme monétaire ou en nature par les employés en échange de leur travail; ils peuvent grandement aider l'entreprise à motiver ses employés pour atteindre ses buts et objectifs.

- *Caractère discrétionnaire*

Ils sont discrétionnaires en ce qu'ils résultent initialement du seul bon vouloir de l'employeur qui n'est pas obligé de les accorder à ses employés.

---

145 Ehrenberg R.E, 1990, Les avantages sociaux, *in* https://www.virginpulse.com/fr/glossary/avantages-sociaux/, site visité le 10 avril 2021.

146 Justice.ca, Droit aux avantages sociaux pour les employés au Canada, in https://www.cliquezjustice.ca › vos-droits › avantages-sociaux, site visité le 12 juin 2021.

147 Droit du travail France.fr, « Avantages salariaux et obligations employeurs », *in https://www.droit-travail-france.fr/obligations-employeurs.php*, site visité le 02 juin 2021.

S'il décide de le faire, c'est donc à lui seul de déterminer quels avantages il entend accorder et suivant quelles modalités.[148]

Ils sont offerts pendant que l'employé travaille et dans une certaine mesure pour une période déterminée après la retraite. [149]

- *Caractère conventionnel et extralégal*

Extralégaux par leur essence, les avantages sociaux peuvent, bien qu'initialement discrétionnaires, revêtir un caractère conventionnel une fois coulés en forme des conventions collectives ou de protocole d'accord conclus avec la délégation syndicale; ils peuvent également découler d'une pratique constante au sein de l'entreprise et être ainsi régis par le principe des droits acquis.

2. *Type des avantages sociaux*

Les avantages sociaux comprennent principalement les régimes spécifiques ou avantages de retraite, l'indemnité de fin de carrière, l'assurance médicale, la gratification annuelle, le partage des bénéfices, le pécule de congé, les tickets-restaurant, programmes de bien-être offrant des récompenses aux individus et à leurs familles, les allocations familiales extra-légales, les voyages subventionnés et la connexion internet à domicile.

Cette liste non-exhaustive s'étend aux avantages en nature, c'est-à-dire des prestations, biens ou services, fournies aux salariés pour leur usage privé gratuitement ou moyennant une participation inférieure à leur valeur réelle (véhicule ou logement de fonction, nourriture ...),[150] à la contribution aux paiements des frais de scolarité, aux primes, aux différentes prestations en numéraires de l'employeur en cas d'évènements heureux ou malheureux qui surviennent dans la vie ou la famille de l'employé (naissance, maternité, décès, mariage entre autres), aux indemnités d'itinérance, de mission, de mutation, aux moyens de communication téléphoniques.

Ils sont versés par les employeurs selon le régime mis en place au sein de chaque entreprise.[151]

---

[148] Justice.ca, *op.cit.*

[149] Ibidem.

[150] Idem

[151] Gouvernement du Québec, 2021, Les avantages sociaux, *in http://www.thesaurus.gouv.qc.ca/tag/terme.do?id=1277*, site visité le 10 avril 2021.

§2. Importance des avantages sociaux

A. Importance

Les avantages sociaux en faveur des employés d'une entreprise est une preuve manifeste de *l'intérêt qu'attache l'employeur à l'avenir, au bien-être, à l'épanouissement et à la santé de son personnel.*

L'employeur accorde généralement ces avantages *pour attirer et retenir la main-d'œuvre qui lui est nécessaire*. En plus de leur impact sur la vie privée et familiale, les avantages sociaux sont pris en compte *pour évaluer une perspective d'emploi.*[152]

En tant que facteur *qui aide et facilite aux employés l'accomplissement spontané de leur travail,* les avantages sociaux représentent également un *moyen de décrispation du climat social au sein de l'entreprise* en même temps qu'ils deviennent des *indicateurs d'incitation et un appât de compétences vers l'entreprise.*

Ils sont une *source de motivation des employés pour atteindre les buts et objectifs fixés par l'Employeur.*

B. Cadre juridique des avantages sociaux

Les avantages sociaux sont principalement prévus soit dans la convention collective interprofessionnelle nationale, dans la convention collective sectorielle de la branche professionnelle, soit encore dans la convention collective d'entreprise ou dans le contrat du travail.

Ils tiennent, en principe, leur force obligatoire de sources professionnelles que sont le protocole d'accord ou les conventions collectives conclues avec la délégation syndicale d'une part, et du principe des droits acquis d'autre part; sans être identiques partout, ils peuvent varier en fonction de plusieurs facteurs, notamment leurs sources, la nature de l'emploi et l'employeur, etc.

Toutefois, certains avantages sociaux sont, de par leur nomenclature, obligatoires du fait de Législateur. C'est le cas des soins médicaux, du voyage retour à l'occasion du congé annuel, du voyage définitif à l'occasion de la cessation d'activité professionnelle, et du logement. C'est donc la partie exorbitante des limites légales desdits-avantages qui les fait basculer dans le domaine conventionnel laissé à l'entière discrétion de l'employeur.

---

[152] Justice.ca, *op.cit.*

§3. Problématique du cumul des avantages sociaux en droit du travail congolais

A. Problème

L'épineuse question qui mérite une réponse en droit est ici celle de la détermination du régime juridique applicable aux conjoints travailleurs (l'homme et son épouse) et aux membres de leur famille selon qu'ils sont employés par une même entreprise ou par deux entreprises distinctes, quant à l'octroi et au bénéfice simultané des avantages sociaux obligatoires tels les soins médicaux, le voyage retour à l'occasion du congé annuel, le voyage définitif à l'occasion de la cessation d'activité professionnelle, et le logement (en nature ou en équivalence) et d'autres avantages conventionnels, par leurs employeurs.

B. Intérêt de la question

Si aucun problème ne peut se poser sur la prise en charge individuelle des employés mariés, mâle ou femelle, par leurs entreprises distinctes, la question recouvre toute sa pertinence quand il s'agit du couple travailleur-marié employé par distinctes entreprises, quant à la prise en charge régulière et simultanée par chacune de ces deux entreprises, du conjoint employé dans son entreprise et des membres de sa famille, notamment leurs enfants qui sont les mêmes pour ledit couple. La même question pourrait dans une certaine mesure être soulevée lorsque le même couple est au service d'un même employeur.

Différents principes juridiques peuvent servir des projecteurs utiles au décryptage de cette problématique.

1. Principes directeurs

Ces principes tirés de la Constitution en vigueur en RDC déteignent sur toutes autres dispositions légales, réglementaires ou conventionnelles pertinentes touchant les relations du travail.

Ils ressortent des articles 12 et 14 de la Constitution, lesquels établissent respectivement l'égalité entre l'homme et la femme devant la Loi et la non-discrimination.[153]

Ils sont libellés comme suit :

Article 12: Tous les Congolais sont égaux devant la loi et ont droit à une égale protection des lois.

---

[153] La Constitution de la République Démocratique du Congo du 18 février 2006 telle que modifiée par la loi n° 11/002 du 20 janvier 2011 portant révision de certains articles de la Constitution de la République Démocratique du Congo du 18 février 2006, *in journal Officiel de la RDC,* n° spécial du 5février 2011, 52ième année.

L'article 14 soutient que « les pouvoirs publics veillent à l'élimination de toute forme de discrimination à l'égard de la femme et assurent la protection et la promotion de ses droits. Ils prennent, dans tous les domaines, notamment dans les domaines civil, politique, économique, social et culturel, toutes les mesures appropriées pour assurer le total épanouissement et la pleine participation de la femme au développement de la nation. »

En dehors de ces ferments constitutionnels, les autres principes sont à rechercher dans la Loi congolaise en vigueur portant Code du travail.

2. *Principes et normes découlant de la Loi portant Code congolais du travail*

La Loi portant Code congolais du travail renferme une panoplie des normes-principes qu'énoncent les articles : 37, 73 et 86 d'une part, normes qui seront appliquées aux situations où l'Employeur serait débiteur des obligations légales envers le travailleur (quel que soit son sexe) et sa famille, situations régies par les articles 138, 146, 149, 178 et 184 d'autre part ; le tout devant recevoir une bonne part d'analyse quant à leur application extensive aux aspects dérogatoires du cadre légal et donc conventionnels, conférant le caractère extra-légal aux avantages sociaux.

Il convient avant tout, de rappeler le contour légal de l'expression « famille du travailleur » d'autant plus que c'est cette expression qui se trouve au centre de la discussion en droit sur la question de cumul des avantages sociaux susceptibles d'être accordés à l'un et/ou l'autre des conjoints travailleurs salariés et à leurs membres de famille.

A cet effet, l'article 7.11° dispose : au sens du présent code, on entend par famille du travailleur :

Le conjoint, les enfants tels que définis par la Loi n° 087-010 du 1er août 1987 portant Code de la famille : les enfants que le travailleur a adoptés; les enfants dont le travailleur a la tutelle ou la paternité juridique; les enfants pour lesquels il est débiteur d'aliments conformément aux dispositions de la Loi n° 087-010 du 1er août 1987 portant Code de la famille.

Un enfant entre en ligne de compte s'il est célibataire et jusqu'à sa majorité en règle générale ; jusqu'à l'âge de 25 ans révolus, s'il étudie dans un établissement de plein exercice.

Sans limite d'âge, lorsqu'il est incapable d'exercer une activité lucrative en raison de son état physique ou mental et que le travailleur l'entretient.

N'entre pas en ligne de compte, l'enfant mineur engagé dans les liens d'un contrat de travail ou d'apprentissage qui lui donne droit à une rémunération normale.

Les analyses partant de la fixation qui précède se feront en deux temps selon qu'il s'agit des obligations qui impliquent l'Employeur pour le travailleur et sa famille (1) ou des obligations impliquant l'Employeur des conjoints salariés ou l'employeur respectif de chacun de ceux-ci (2).

a. Situation où l'Employeur est débiteur des obligations légales au profit de son travailleur et de sa famille

- Siège de la matière

Le droits-créances du travailleur et sa famille sur l'Employeur, en matière des avantages sociaux découlant de la relation du travail, sont logés dans les articles 138, 149, 178 et 184 de la Loi portant Code congolais du travail.

L'article 138 accorde au travailleur et à sa famille à charge de l'Employeur, le droit au logement décent ou, à défaut, à une indemnité conséquente, en cas de mutation ou d'engagement en dehors du lieu d'emploi.

L'article 149, impose à l'Employeur l'obligation d'assurer au travailleur et à sa famille le voyage retour, sans restriction, après chaque période de deux ans de service, comptée de date à date en cas de mutation ou d'engagement en dehors du lieu d'emploi.

Cette même obligation s'étend à l'article 152 en cas du retour définitif selon le régime juridique qui y est fixé.

L'article 178 reconnaît le devoir pour l'Employeur de fournir au travailleur et à sa famille, jusqu'à la fin du contrat, en cas de maladie, d'accident, de grossesse ou d'accouchement, et même en cas de suspension du contrat pour une cause de force majeure, les soins médicaux, dentaires, chirurgicaux, les frais pharmaceutiques et d'hospitalisation ; les frais de déplacement nécessaires, lorsque le travailleur ou sa famille est dans l'incapacité physique de se déplacer ; les lunettes, appareils d'orthopédie et de prothèse, prothèse dentaire exceptée, suivant prescription médicale et tarifs établis par le Ministre ayant la Santé Publique dans ses attributions.

L'article 184 précise que les membres de la famille du travailleur ne bénéficient des dispositions du chapitre IV, titre 8 sur le service médical d'entreprise que *s'ils sont à charge du travailleur, habitent effectivement avec lui et n'exercent pas de profession lucrative*.

Sont considérés comme habitant effectivement avec le travailleur : les enfants fréquentant un établissement scolaire situé en RDC ; les membres de la famille lorsque la séparation résulte de la nature du travail, de la force majeure du fait de l'employeur ou de la coutume ».

Partant de ces occurrences, il sied d'identifier les normes-principes qui peuvent être convoquées dans la résolution de la problématique de cumul des avantages sociaux comme soulevée supra.

- Principes applicables

L'article 37 établit la norme-principe selon laquelle les contrats de travail ne peuvent déroger aux dispositions d'ordre public définies par la législation et la réglementation en vigueur.

Toute clause contractuelle accordant au travailleur des avantages inférieurs à ceux prescrits par le présent Code est nulle de plein droit.

Dans la même veine, l'article 73 a et e considère que l'employeur commet une faute lourde qui permet au travailleur de rompre le contrat lorsqu'il manque gravement aux obligations du contrat, notamment dans le cas où il persiste à ne pas appliquer les dispositions légales ou réglementaires en vigueur en matière du travail.

L'article 86 confirme dans l'une de ses variantes le principe constitutionnel d'égalité lorsqu'il dispose qu'à conditions égales de travail, de qualification professionnelle et de rendement, le salaire est égal pour tous les travailleurs, quels que soient leur origine, leur sexe et leur âge.

b. Situation où l'Employeur est débiteur des obligations légales au profit de son travailleur en dehors de l'implication de sa famille

Les cas examinés sur ce point sont relatifs au bénéfice de congé de circonstances et des indemnités de logement dues à tout travailleur.

a/ Siège de la matière

En matière des congés de circonstances, l'article 146 décide que le travailleur a droit aux congés de circonstance dont le nombre de jour reste tributaire de l'importance rattachée à la circonstance qui le génère.

Les alinéas 2 et 3 de l'article 138 imposent à l'employeur de payer au travailleur une indemnité de logement fixée par les parties, soit dans le contrat de travail, soit dans les conventions collectives, soit dans le règlement d'entreprise, et à la travailleuse le droit au logement ou à l'indemnité de logement, dans le cas autre que celui de mutation.

b/ Principes applicables

Les principes applicables à ces figures relèvent des articles 12 et 14 de la Constitution, lesquels établissent respectivement l'égalité entre l'homme et la femme devant la Loi et la non-discrimination, complétés par ceux tirés des articles 37, 73 et 86 de la Loi portant Code du travail congolais.

De ce qui précède, quelle interprétation peut-on tirer des dispositions légales et réglementaires reprises ci-dessus.

C. Discussion en droit et essai de solution

Trois scenarii seront envisagés afin de rencontrer la problématique du cumul des avantages sociaux et de proposer de solutions en droit, à la lumière des principes constitutionnels de l'égalité entre l'homme et la femme et de non-discrimination, principes appuyés par l'article 37 de la Loi portant Code du travail qui interdit toute dérogation aux dispositions d'ordre public et toute clause accordant au travailleur des avantages inférieurs à ceux prescrits par la loi pertinente, et l'article 73 alinéas 1 et e qui érige en faute lourde de l'employeur, le fait de priver un travailleur de ses droits ou de persister à ne pas appliquer les dispositions légales ou réglementaires en matière du travail.

1. L'hypothèse où la femme mariée seule est travailleuse

Eu-égard aux articles 12 et 14 de la Constitution de la République Démocratique du Congo qui pose le principe d'égalité de tous les congolais devant la loi d'une part et interdit toute mesure discriminatoire en raison de sexe d'autre part, l'employeur est tenu de supporter entièrement les soins médicaux et pharmaceutiques de l'agent de sexe féminin marié ainsi que ceux des membres de sa famille.

Le bénéfice des avantages sociaux prévus par les articles 149 et 152 relatifs aux voyages retour, et 178 relatifs aux soins médicaux, s'étend aux membres de la famille de l'agent féminin dans les limites fixées par les articles 184 et 7 11° de la Loi portant code du travail qui cite les enfants et le conjoint parmi les membres de la famille du travailleur.

Cela signifie donc que si le conjoint de la travailleuse n'exerce aucune activité lucrative ni professionnelle, il aura droit, en sa qualité de membre de la famille de son épouse, au bénéfice de la gratuité des soins de santé à charge de l'employeur de son épouse-travailleuse conformément à l'article 178 de la Loi portant du code du travail, car il est dans ce cas considéré comme une personne indigente à charge de sa femme. Il en va de même de tous les avantages accordés par l'employeur aux personnels employés et aux membres de leurs familles respectifs.

2. Situation où les deux conjoints travailleurs sont au service d'un même employeur

Lorsque les deux conjoints prestent chez un même employeur, il va de soi que celui-ci devra assumer la plénitude de ses obligations contractuelles à l'égard de chacun des conjoints.

A cet effet, il ne va se poser nullement la question du cumul des avantages sociaux à l'égard des membres de famille de ce couple marié salarié quant aux soins médicaux dans les limites fixées par les articles 7, 11° et 178 de la Loi portant code du travail, ni en matières de congé des circonstances, chaque travailleur composant le couple, étant une entité distincte de l'autre.

Cependant la question du cumul peut être soulevée en matière de logement en nature ou indemnités correspondantes, de voyage-retour à l'occasion des congés annuels et des avantages en numéraires octroyés à l'occasion des circonstances particulières telles la naissance, le décès, le mariage d'un membre de famille etc.

Il y a lieu de suggérer en matière de logement que si le mari bénéficie de cet avantage en nature, il va de soi que sa femme qui est travailleuse auprès du même Employeur que ce dernier puisse, sans discrimination, bénéficier des indemnités équivalentes conformément à l'article 138 alinéas 2 et 3.

Par contre aucun cumul ne sera admis en ce qui concerne le voyage-retour ou le retour définitif en cas d'engagement en dehors du lieu de prestation ou de mutation simultanée, si les deux conjoints sont au service d'un même Employeur, au nom du principe « non bis in idem ».

Quant aux congés de circonstances, les événements qui les créent affectent aussi bien le mari que la femme travailleuse, qu'ils soient employés par la même entreprise ou nom, le bénéfice simultané desdits congés et des prestations en numéraires y attachées ne peuvent en aucun constituer un cas de cumul de peur de tomber dans la discrimination.

3. Le cas où les deux conjoints travailleurs sont employés par deux entreprises distinctes

Quand le conjoint de la travailleuse est employé dans une entreprise autre que celle de son épouse, le fait pour cette dernière de bénéficier de mêmes avantages (soins médicaux) aussi bien chez son employeur que chez l'employeur de son époux constitue un cumul des avantages sociaux selon certains auteurs qui estiment que bien que le Législateur soit muet sur ce cumul, cette pratique énerve le caractère social des soins de santé dont l'abondance fait perdre le caractère social au profit d'une usant à exploiter les employeurs.[154]

Selon ces auteurs dont Me MUSAFIRI MULAMBA, lorsque les conjoints exercent chacun une activité lucrative et n'habitent pas ensemble, cela entraine comme conséquence la perte desdits avantages dans le chef de

[154] Musafiri Mulamba, « quid des avantages sociaux relatifs aux soins médicaux, hospitaliers et pharmaceutiques des travailleuses mariées au regard du code de travail congolais », *in Revue du travail, n°4*, 4ième trimestre 1989, Ed. Lule p.19, Kinshasa.

l'un des conjoints, *spécialement la femme puisqu'il est un devoir pour l'homme de supporter sa femme.* [155]

Cela revient à dire que la solution au cumul des avantages sociaux obligerait l'employeur de la femme de supprimer les soins de santé de cette dernière parce qu'elle bénéficierait de mêmes avantages auprès de l'employeur de son mari, ce qui ferait porter à ce dernier employeur la charge de l'agent d'une entreprise dont les prestations ne lui tirent aucun profit.[156]

Nous ne partageons pas cette optique car elle favorise l'employeur de l'épouse travailleuse qui profite des prestations de cette dernière, sans aucune prise en charge médicale, et ce, au détriment de l'employeur de son mari qui lui prodiguera gratuitement les soins médicaux alors qu'il ne tire aucun profit de ses prestations.

Cependant, il y a lieu de relever que lorsque les deux conjoints sont liés par des contrats de travail avec leurs employeurs respectifs, chaque employeur serait logiquement en devoir d'assurer, sans discrimination aucune, l'intégralité de ses obligations légales, contractuelles ou conventionnelles, vis-à-vis de son agent féminin ou masculin marié, en termes des avantages sociaux lui dus (soins médicaux, voyage-retour, logement en nature ou par équivalence, congé des circonstances et indemnités connexes).

Lorsque dans ces différentes occurrences, la loi, le contrat, la convention collective ou encore le protocole d'accord d'entreprise prévoit l'extension de mêmes avantages au profit des membres de famille du travailleur, tout conjoint féminin ou masculin y accède selon l'économie des textes qui organisent lesdits avantages sans toutefois violer les principes constitutionnels de non-discrimination et de l'égalité entre l'homme et la femme.

Par ailleurs, aux termes de l'article 184 de la Loi portant code congolais du travail, chacun de conjoints salariés serait, de par la volonté du Législateur, exclu du bénéfice de prise en charge médicale gratuite par l'employeur de son conjoint salarié, du fait de l'exercice d'une activité professionnelle.

Dans pareille hypothèse quel sera alors le sort des enfants de ce couple travailleur, employé par deux entreprises différentes ? Lequel de ces deux employeurs devra prendre en charge les enfants de ce couple quant aux allocations familiales, soins médicaux, voyage-retour, avantages connexes aux congés de circonstances ?

S'il est vrai que le soin doit être laissé à chaque Employeur de s'occuper de son agent travailleur (masculin ou féminin), il n'est pas non plus normal de

---

[155] Musafiri Mulamba, *op.cit,* pp.18-19.

[156] *Ibidem.*

croire c'est au seul Employeur du mari d'assumer exclusivement la charge de soins médicaux des enfants de ce dernier.

Etant donné que ces enfants sont tout autant membres de famille de l'agent masculin marié que de l'agent féminin du même couple, l'Employeur de ce dernier tomberait sous le coup des articles 37 et 73 susmentionnés de la Loi portant code congolais du travail s'il refusait de les soigner.

Ainsi, sans énerver le caractère social desdits avantages, la liberté peut être laissée aux membres de cette famille de recourir aux services de l'employeur de l'un de deux conjoints travailleurs qui présenterait les meilleures garanties des soins de qualité pour leur prise en charge médicale en tenant particulièrement compte de la position sociale et professionnelle de chacun de deux conjoints dans les entreprises qui les emploient.

Bref, quand bien même, l'employeur résoudrait le problème de cumul d'avantages sociaux relatifs aux soins de santé de ses travailleurs soit dans la convention collective soit encore dans les règlements de son entreprise, il veillerait au respect des principes de non-discrimination et de l'égalité entre l'homme et la femme pour ne pas tomber dans une faute lourde qui lui serait imputable.

Chapitre quatre :

Modalités affectant le contrat de travail

Ce chapitre examine en quatre sections, les modalités affectant le contrat de travail en l'occurrence : la suspension, la dissolution, le préavis et les différentes obligations consécutives à la cessation du travail.

Section I : La suspension du contrat

Il y a suspension du contrat de travail, lorsque la cause qui la provoque est d'une durée limitée c'est-à-dire temporaire car si cette cause perdure, l'exécution du contrat perdra son utilité, ce qui risque de provoquer une situation d'insécurité juridique.

§1. Généralités sur la suspension du contrat du travail

A. Causes de suspension du contrat du travail

L'article 57 du code de travail énumère de manière exhaustive huit causes d'ordre public suivantes :

- l'incapacité de travail résultant d'une maladie ou d'un accident, de la grossesse ou de l'accouchement et de ses suites ;

- l'appel ou le rappel sous le drapeau et l'engagement volontaire en temps de guerre dans les forces armées congolaises ou d'un État allié ;

- les services prestés en exécution des mesures de réquisitions militaires ou d'intérêt public prises par le gouvernement ;

- l'exercice des mandats publics ou d'obligations civiques ;

- jusqu'à concurrence de deux fois quinze jours par an, la mesure disciplinaire de mise à pied lorsque cette mesure est prévue soit par le contrat de travail soit par la convention collective ou par le règlement d'entreprise ;

- la grève ou le lock-out, si ceux-ci sont déclenchés dans le respect de la procédure de règlement des conflits collectifs du travail telle que définie aux articles 303 à 315 du code de travail ou de la procédure définie par la convention collective applicable ;

- l'incarcération du travailleur ;

- la force majeure, lorsqu'elle a pour effet d'empêcher de façon temporaire, l'une des parties à remplir ses obligations.

B. Droits et obligations des parties pendant la suspension du contrat de travail

L'article 59 *in fine* du code du travail précise les parties sont déliées de toute obligation l'une envers l'autre pendant toute la durée de la suspension du contrat.

Les obligations spécifiques qui persistent sont examinées dans le point suivant.

§2. Analyse sélective de causes suspensives du contrat de travail assortie des droits et obligations des parties

L'étude regroupe en trois catégories les causes suspensives du contrat de travail :

A. Causes propres au salarié

Les causes qui relèvent du salarié sont l'incapacité de travail résultant d'une maladie ou d'un accident, de la grossesse ou de l'accouchement et de ses suites, l'engagement volontaire en temps de guerre dans les forces armées congolaises ou d'un État allié, l'exercice de mandats publics et la grève régulière dans la forme.

1. Incapacité du travail résultant d'une maladie ou d'un accident :

Quelle que soit la cause de la maladie dont question, elle doit avoir un caractère temporaire, et être portée à la connaissance de l'employeur qui doit en être informé.

- *Pendant toute cette durée de la suspension* du contrat, le travailleur conserve le droit *aux deux tiers* de la rémunération en espèces et à la totalité des allocations familiales. Le droit aux avantages contractuels en nature subsiste pendant l'incapacité de travail, à moins que le travailleur n'en demande la contre-valeur en espèces. Le logement ne peut, toutefois, être remplacé par sa contre-valeur.
- Si la maladie ou l'accident sont réputés maladie professionnelle ou accident du travail aux termes de la réglementation de la sécurité sociale, le travailleur conserve le droit pendant *les six premiers mois de la suspension du contrat aux deux tiers de la rémunération en espèce et à la totalité des allocations familiales*.

L'employeur est autorisé à déduire mensuellement les sommes versées au travailleur par la Caisse nationale de sécurité sociale, en introduisant les pièces justificatives qui doivent être acceptées après vérification par la CNSS.

Pendant la même période, le droit aux avantages en nature subsiste à moins que le travailleur n'en demande la contre-valeur en espèce. Le logement ne peut, toutefois, être remplacé par sa contre-valeur.

2. Incapacité du travail résultant de la grossesse ou de l'accouchement et de ses suites

À l'occasion de son accouchement, et sans que cette interruption de service puisse être considérée comme une cause de résiliation de contrat, toute femme a le droit de suspendre son travail pendant quatorze semaines consécutives, *dont huit semaines maximum postérieures à la délivrance et six avant l'accouchement.*

Pendant cette période, que l'enfant vive ou non, la femme salariée a droit aux deux tiers de sa rémunération ainsi qu'au maintien des avantages contractuels en nature. Durant la même période, l'employeur ne peut rompre le contrat de travail.

3. Engagement volontaire en temps de guerre dans les Forces armées congolaises ou celles d'un Etat allié,

Pendant un délai n'excédant pas 6 mois à partir de l'engagement volontaire en temps de guerre dans les forces armées de la République Démocratique du Congo ou d'un Etat allié, l'employeur est tenu d'assurer à la famille du travailleur les soins de santé, de logement et de lui accorder *le tiers de la rémunération.* Au-delà de ce délai, les parties sont déliées de leurs obligations contractuelles.

Cet engagement doit être notifié à l'employeur par le Haut Commandement de l'Armée Nationale, et ce, par voie recommandée et accusé de réception pour éviter l'intégration dans la rébellion ou les bandes armées.

En cas de guerre, la période d'engagement volontaire d'un travailleur sera considérée comme faisant partie de son ancienneté.[157]

4. Exercice de mandats publics

Sans préjudice des dispositions de l'article 60, litera b) du Code du travail, le travailleur appelé à exercer un mandat public ou d'obligations civiques est tenu de notifier la suspension de son contrat de travail dans les 48 heures qui suivent sa désignation ou son appel à son employeur qui doit également en prendre acte dans les quarante-huit heures.

Si le travailleur d'une société publique est appelé à exercer un mandat public au sein de celle-ci ou ailleurs, son contrat est suspendu durant tout l'exercice de son mandat. Il perd le droit à la rémunération et aux avantages sociaux dont il bénéficiait auparavant. A la fin de son mandat, il devra reprendre son emploi endéans *un mois* au plus tard ou être affecté à un emploi

---

[157] Article 2 de l'Arrêté ministériel n° 12/CAB.MIN/TPS/113/2005 du 26 octobre 2005 fixant les droits et obligations des parties pendant la suspension du contrat de travail, *in J.O de la RDC*, n°23 du 5 décembre 2005.

au moins similaire si le poste qu'il occupait a été supprimé ou est occupé par un autre.

Toute la période du mandat ou d'obligations civiques est considérée comme faisant partie de l'ancienneté des services du travailleur à moins que l'employeur ait notifié le licenciement en vertu de l'article 60 du Code de Travail.[158]

5. *Grève régulière dans la forme*

En cas de grève intervenant dans le respect des dispositions des articles 303 à 315 du Code du travail, les obligations des parties sont les suivantes selon le cas.

- *L'employeur doit continuer pendant la durée de la grève à assurer* :

  - à assurer les soins de santé au travailleur et aux membres de sa famille.

  - Leur logement lorsqu'ils sont logés par l'employeur.

En outre, il lui est interdit de :

- retirer des locaux de travail toutes machines ou tous instruments de travail ; toutefois, il peut inspecter les installations afin de s'informer et de prendre les mesures nécessaires pour l'entretien de ces équipements et instruments.

- remplacer les travailleurs en grève par d'autres travailleurs qui, à la date du début de la grève, n'étaient pas occupés dans l'entreprise ou le service.

- *Aux grévistes, il est interdit de :*

  - s'opposer à la poursuite du travail de la part de ceux qui ne sont pas associés au mouvement de grève, ni d'exercer contre eux, ni contre l'employeur ou son préposé, des actes d'intimidation ou de violence.

  - de pénétrer et de rester dans les locaux de travail affectés par le mouvement, à l'exception des travailleurs qui ne se sont pas associés à la grève, des délégués à la grève et des personnes affectées aux opérations d'entretien des équipements et des installations.

- *Les obligations des parties relatives aux prestations d'intérêt public*

Pendant toute la durée de la cessation collective du travail ou de fermeture d'établissement les parties sont tenues d'assurer les prestations d'intérêt public et celles intéressant la protection des installations, du matériel et des

[158] Article 4, l'Arrêté ministériel n° 12/CAB.MIN/TPS/113/2005 du 26 octobre 2005 fixant les droits et obligations des parties pendant la suspension du contrat de travail, *op.cit.*

matières premières ou produits telles que figurant sur la liste faisant l'objet de l'annexe à l'Arrêté ministériel.

B. Causes propres à l'Employeur

1. Mise à pied disciplinaire à concurrence de 2 fois 15 jours dans une année

Elle consiste à une exclusion momentanée de l'entreprise imposée à titre de sanction disciplinaire contre le travailleur qui s'est rendu coupable d'une faute. Elle ne peut pas dépasser 2 fois 15 jours dans une année.

Pendant cette période, le travailleur perd le droit à la rémunération et à la valeur des avantages en nature pour toute la période de suspension, mais il a droit à l'entièreté des allocations familiales, au logement en nature ou à l'indemnité de logement ainsi qu'aux soins de santé.

A la fin de sa suspension, le travailleur réintègre d'office le poste qu'il occupait auparavant ou est affecté à un poste similaire.[159]

2. Lock-out déclenché dans le respect de la procédure de règlement des conflits collectifs comme définie aux articles 307-315 CT (conciliation, médiation, et préavis de 6 jours).

En effet, le lock-out est un moyen de pression patronal dans les luttes revendicatives pour prévenir un conflit collectif qui risque de dégénérer en grève. Il consiste à la fermeture totale ou partielle par l'employeur de son entreprise, à l'arrêt de fourniture du travail jusqu'au moment où il pense que les travailleurs lock-outés, privés de leur gagne-pains seront sous l'effet de la nécessité, dans l'obligation de se soumettre à ses conditions et abandonner leurs prétentions.

Pendant cette période, l'employeur doit continuer à assurer les soins de santé au travailleur et aux membres de sa famille. En outre, les travailleurs et leurs familles lorsqu'ils sont logés par l'employeur continueront à bénéficier de cette prestation pendant la même période.[160]

3. Incarcération du travailleur

L'incarcération d'un travailleur *à la suite d'une plainte de l'employeur* entraine la suspension de son contrat de travail.

Pendant toute la durée de *la détention préventive* où le travailleur bénéficie de la présomption d'innocence conformément aux principes généraux et universels du droit, l'employeur est tenu de lui payer sa rémunération assortie des avantages sociaux.

---

[159] Article 5 de l'Arrêté ministériel n° 12/CAB.MIN/TPS/113/2005 du 26 octobre 2005, *op.cit.*
[160] Article 6, Idem.

Si *au prononcé du jugement*, le travailleur n'est pas condamné, il réintègre d'office son poste ou est affecté à un poste similaire.

L'employeur est tenu de le réhabiliter dans ses droits. Dans ce cas, la période d'incarcération doit être prise en compte dans le calcul de son ancienneté.[161]

C. Causes étrangères au salarié et à l'employeur

1. Appel ou le rappel sous les armes, la réquisition militaire ou d'intérêt public, l'exercice d'obligations civiques

Lorsqu'un travailleur est appelé à prester les services en exécution des mesures de réquisitions militaires ou d'intérêt public prises par le Gouvernement, son contrat est suspendu pendant une *période n'excédant pas douze mois*. Passé ce délai, les parties sont déliées de leurs obligations contractuelles.

La période de réquisition militaire ou d'intérêt public fait partie de l'ancienneté des services du travailleur.[162]

2. Force majeure qui empêche temporairement l'une des parties de remplir ses obligations

Il y a force majeure lorsque l'événement survenu est imprévisible, inévitable, non imputable à l'une ou l'autre partie et constitue une impossibilité absolue d'exécution d'obligations contractuelles. Le cas de force majeure est constaté par l'inspecteur du travail.

Cet événement insurmontable doit empêcher *de manière provisoire (2 mois)* mais absolue l'exécution des obligations contractuelles. Il doit empêcher le travailleur d'effectuer le travail ou l'employeur de lui en fournir.

Il importe de souligner que *le congé technique* auquel recourent de plus en plus les employeurs pour suspendre le contrat du travail est une notion étrangère en droit du travail congolais et n'est donc pas une cause suspensive légale du contrat de travail.

§3. Effets de la suspension de contrat de travail

Sauf dans les cas ci-après, il ne peut être mis fin à un contrat du travail pendant qu'il est suspendu sinon la rupture serait abusive (art. 60 al1 et 68)

A. Principes applicables pendant toute la durée de la suspension

Pendant toute la durée de la suspension, le salaire est suspendu, sauf dans certains cas bien déterminés par la loi ou la convention collective.

---

161 Article 13 de l'Arrêté ministériel n° 12/CAB.MIN/TPS/113/2005 du 26 octobre 2005, *op.cit.*
162 Article 3, *Idem.*

L'article 59 de la Loi portant Code congolais du travail indique que hormis les dispositions légales sur le cas de maladie, de maladie professionnelle, de l'accouchement, du congé annuel, des soins médicaux, les parties sont, en cas de force majeure, déliées de toute obligation l'une envers l'autre pendant toute la durée de la suspension.

Les obligations de fidélité et de discrétion du salarié sont maintenues ; la période de suspension du contrat est prise en considération pour la détermination du droit au congé payé et pour le calcul de l'ancienneté mais le CDD ne sera pas prolongé.

B. Régimes exceptionnels de résiliation du contrat de travail suspendu

- *En cas de maladie ou d'accident hors le cas d'accident du travail ou de maladie professionnelle,* le contrat peut être résilié avec indemnité de préavis dû en cas de contrat à durée indéterminée après six mois ininterrompus d'incapacité d'exécuter le contrat.

- *En cas de force majeure*, la résiliation intervient 2 mois après la suspension sans indemnité à l'initiative de la partie intéressée.

- *En cas d'exercice des mandats publics ou d'obligations civiques*, la résiliation peut intervenir avec indemnité de préavis après 12 mois de suspension à l'initiative de l'employeur.

- *En cas d'incarcération du travailleur*, la résiliation intervient sans indemnité après 3 mois de suspension ou en cas de condamnation coulée en force de chose jugée à une peine de SPP supérieure à 2 mois.

C. Dispositions de l'article 178 du code de travail

En cas de maladie, d'accident, de grossesse ou d'accouchement, et même en cas de suspension du contrat pour une cause de force majeure, l'employeur est tenu de fournir au travailleur et à sa famille, jusqu'à la fin du contrat :

1) les soins médicaux, dentaires, chirurgicaux, les frais pharmaceutiques et d'hospitalisation ;

2) les frais de déplacement nécessaires, lorsque le travailleur ou sa famille est dans l'incapacité physique de se déplacer ;

3) les lunettes, appareils d'orthopédie et de prothèse, prothèse dentaire exceptée, suivant prescription médicale et tarifs établis par le Ministre ayant la santé publique dans ses attributions.

Section II : La dissolution du contrat de travail

§1. Causes communes de rupture du contrat de travail (CDI et CDD)

A. Enoncé des causes

1. En rapport avec la clause d'essai (art.71 CT) (3 modalités) :

En cas d'essai non concluant, le contrat est résilié pour ce motif sans autres motivations au terme de l'essai.

Il peut aussi être résilié sans préavis *les trois premiers jours de l'essai*, en payant la totalité de la rémunération due pour toute journée commencée.

Le contrat peut enfin être résilié *à tout moment pendant le cours de l'essai*, pour un motif valable lié à l'aptitude ou à la conduite de l'autre, *moyennant un préavis de trois jours*.

2. Consentement mutuel

L'article 61 bis de la loi portant Code du travail prévoit que le contrat de travail peut être résilié d'un commun accord des parties.[163]

L'application de cet article pose le principe de résiliation du contrat du travail par consentement mutuel permettant à l'employeur et au travailleur de mettre librement fin au contrat qui les lie quand ils le désirent et ce, dans les conditions qu'ils déterminent.

Cela correspond également à la dissolution du contrat de travail par voie transactionnelle prévue par l'article 149 al.3 tertio du Code du travail.

Quelle procédure doit respecter l'Employeur en cas de résiliation de contrat du travail par voie transactionnelle et pourquoi ?

Pour s'éviter toutes réclamations ultérieures fondées sur les articles 102 et 104 du Code du travail, il est conseillé aux employeurs de respecter les droits légaux et conventionnels du travailleur.

Par ailleurs, en vue de rendre la transaction définitive et irrévocable, il importe que les parties associent l'Inspecteur du travail à leur négociation et qu'elles saisissent le juge soit en vue d'obtenir :

- *la formule exécutoire* conformément à l'article 301 du Code du travail ou,
- *le jugement d'expédient* (celui que prononce le juge lorsqu'en cours d'instance, les parties litigantes concluent un contrat judiciaire en

[163] Loi n°015/2002 du 16 octobre 2002 portant Code du Travail telle que modifiée et complétée par la loi n°16/010 du 15 juillet 2016.

vertu duquel elles décident de mettre un terme à tout ou partie de leur litige) conférant ainsi à la transaction l'autorité de la chose jugée.

Il convient de rappeler que ***l'autorité de la chose jugée*** désigne le caractère que revêt, dès son rendu, toute décision contentieuse sur les contestations débattues entre les parties ou sur lesquelles elles ont été appelées à débattre.

Par son double effet positif et négatif, elle permet respectivement à celui dont le droit est reconnu, de se prévaloir d'abord des effets produits par le jugement qui en est pourvu dans le cadre d'un autre litige (effet positif), d'empêcher ensuite les parties de recommencer un nouveau procès qui porterait sur un différend déjà jugé au risque de se voir opposée la règle « non bis in idem », mais à la condition d'une triple identité des parties, de l'objet et de la cause du litige, à moins qu'il ne s'agisse de l'exercice d'une voie de recours (effet négatif).

A l'inverse, ***une décision de justice a force de chose jugée*** ou est coulée en force de chose jugée lorsqu'elle devient insusceptible de toute voie de recours ordinaire ou qui ne l'est plus parce que, soit par ce que les recours ont été épuisés, soit par ce que les délais pour les exercer ont expiré.

3. *Retraite*[164]

C'est un droit reconnu par la loi au travailleur de mettre d'office un terme à son contrat de travail à la survenance de l'âge de 65 ans bien que l'ouverture dudit droit commence à l'âge de 60 ans tant pour les hommes que pour les femmes, à condition d'accomplir au moins 180 mois d'assurance soit 15 ans et avoir cessé toute activité salariée, hormis l'exercice d'une profession libérale.

Il y a lieu de distinguer deux situations :

Le départ volontaire à la retraite, qui relève du choix discrétionnaire du salarié de rompre le contrat de travail, à son initiative, pour partir en retraite, et la mise à la retraite, qui est la décision de l'employeur de mettre le salarié à la retraite.

Alors qu'en France, chacune de ces situations a un régime juridique propre, en RDC elles ont le même régime juridique.[165]

Départ volontaire à la retraite,

Le départ volontaire à la retraite est du ressort exclusif du salarié qui en prend l'initiative décisionnelle de manière claire et non équivoque, après des années de services accomplis au sein d'une entreprise afin de faire valoir ses

---

[164] Article 52 de la loi portant Code de sécurité sociale telle qu'adoptée par le Parlement avant sa promulgation.

[165] Anne Le Nouvel, Le Départ à la retraite : définition, le Cnam,.

droits et de liquider sa retraite, à partir de la naissance de son droit à l'âge de l'éligibilité qui est compris entre 60 et 64 ans.

Aucun formalisme particulier n'est prévu pour départ volontaire. Le salarié aura un préavis à respecter dont la durée est égale à celle prévue en matière de licenciement et bénéficiera d'une indemnité de départ en retraite prévue dans le contrat ou la convention collective et dont le taux varie en fonction de l'ancienneté de la personne.

La mise à la retraite par l'employeur.

Lorsque l'employeur décide de mettre le salarié à la retraite, il doit se conformer aux contraintes légales. Il doit attendre que le salarié atteigne l'âge légal maximal de départ obligatoire à la retraite, lequel est de 65 ans.

A cet âge, l'employeur doit mettre d'office le salarié à la retraite, mais pas avant puis suivre la procédure ad hoc fixée par la loi portant régime général de la sécurité sociale en RDC. Le salarié qui est mis à la retraite par l'employeur doit respecter un préavis, le même que celui qu'on a évoqué en cas de départ volontaire du salarié. On appliquera le préavis légal, sauf en cas d'accord plus favorable. Tout dépend de l'ancienneté du salarié.

4. *Rupture pour cause de décès du travailleur*

En raison du caractère *intuitu personae* du contrat de travail, la mort du travailleur entraîne d'office l'extinction du contrat.

5. *Force majeure*

Lorsqu'elle dépasse 2 mois ou entraîne un empêchement absolu et définitif de l'exécution du contrat de travail, et qu'elle remplit les critères de sa définition, la force majeure est une cause de dissolution du contrat ; par contre si elle est temporaire, elle ne peut avoir pour effet que de suspendre le contrat.

> Ex. : cataclysme naturel, inondation, tremblement de terre, éruption volcanique, le fait précis de guerre.

Il convient de noter que la faillite et la liquidation judiciaire ne sont pas considérées comme des cas de force majeure. (Art. 80 al.3 CT)

6. *Faute lourde*

- *Notion de faute lourde*

La faute lourde est celle dont la gravité est telle que les règles de bonne foi ne permettent pas d'exiger de l'autre partie qu'elle continue d'exécuter le contrat. (Art. 72§2 C.T.). Il peut s'agir de la faute lourde de l'employeur ou celle du travailleur qui conduit à la résiliation immédiate du contrat et sans préavis.

- *Délai de notification de résiliation du contrat en cas de faute lourde*

L'article 72§3 de la loi portant code du travail impose qu'en cas de faute lourde privative de préavis, la partie qui se propose de résilier le contrat pour ce motif doive notifier par écrit à l'autre partie sa décision dans les *quinze jours ouvrables* au plus tard après avoir eu connaissance des faits qu'elle invoque.

Ce délai est fixe car il ne change pas ; il court dès que les conclusions de l'enquête atteignent l'organe appelé à décider c'est-à-dire que les faits établis sont portés à la connaissance de celui qui a le droit de résilier le contrat.

Selon l'article 61 ter de la loi complétant et modifiant le code du travail, à défaut de notification par écrit, tout acte d'une partie tendant à empêcher l'exécution de ses obligations par l'autre partie constitue une modification unilatérale d'un des éléments du contrat, équipollent à un acte de rupture.

La partie qui s'en prévaut est tenue de le faire savoir, dans les huit jours, à l'autre partie, l'Inspecteur du travail informé.

- *De la suspension des fonctions pour besoin d'enquête en cas de faute lourde*

Pour besoin d'enquête, l'employeur a la faculté de notifier au travailleur, *dans les deux jours ouvrables après avoir eu connaissance des faits*, la suspension de ses fonctions qui est une mesure conservatoire qui ne peut être confondue avec la suspension du contrat de travail prévue à l'article 57 et dont elle n'est pas une des causes.

- *Durée de l'enquête*

La durée de l'enquête ne peut excéder quinze jours, et un délai supplémentaire de quinze jours est accordé à l'employeur dont le siège social ne se trouve pas sur le lieu d'exécution du contrat. L'écrit peut être soit adressé par lettre recommandée à la poste, soit être remis à l'intéressé contre accusé de réception ou, en cas de refus, en présence de deux témoins lettrés. La période de suspension du travailleur de ses fonctions pour besoin d'enquête, est considérée comme temps de service.

- **Faute lourde de l'employeur**

L'article 73 du C.T. définit la faute lourde de l'employeur comme un manquement grave aux obligations du contrat et notamment lorsque :

- l'employeur ou son préposé se rend coupable envers lui d'un acte d'improbité, de harcèlement sexuel ou moral, d'intimidation, de voies de fait, d'injures graves ou tolère de la part des autres travailleurs de semblables actes ;

- l'employeur ou son préposé lui cause intentionnellement un préjudice matériel pendant ou à l'occasion de l'exécution du contrat ;

- en cours d'exécution du contrat, la sécurité ou la santé du travailleur se trouve exposée à des dangers graves qu'il n'a pas pu prévoir au moment de la conclusion du contrat ou lorsque sa moralité est en péril ;

- l'employeur ou son préposé opère indûment des réductions ou retenues sur la rémunération du travailleur ;

- l'employeur persiste à ne pas appliquer les dispositions légales ou réglementaires en vigueur en matière du travail.

Dans l'hypothèse de rupture du contrat de travail pour faute lourde de l'employeur, il est condamné à verser au travailleur des dommages intérêts dont le montant ne peut être supérieur à 36 mois de sa dernière rémunération.

➢ **Faute lourde du travailleur**

L'article 74 dispose : Le travailleur commet une faute lourde qui permet à l'employeur de rompre le contrat lorsqu'il manque gravement aux obligations du contrat et notamment s'il :

- se rend coupable d'un acte d'improbité, de harcèlement sexuel ou moral, d'intimidation, de voies de fait ou d'injures graves à l'égard de l'employeur ou de son personnel ;

- cause à l'employeur, intentionnellement, un préjudice matériel pendant ou à l'occasion de l'exécution du contrat ;

- se rend coupable de faits immoraux pendant l'exécution du contrat ;

- compromet par son imprudence la sécurité de l'entreprise ou de l'établissement, du travail ou du personnel.

Dans cette hypothèse de rupture du contrat de travail pour faute lourde du travailleur, l'employeur pourra lui réclamer la réparation du préjudice directement causé par sa faute lourde.

➢ **Procédure de résiliation du contrat du travail**

Toute résiliation du contrat **doit** être notifiée par écrit par la partie qui en prend l'initiative, si c'est l'employeur, il **doit** en indiquer **expressément** le motif (art. 76 C.T.)

L'on déduit de l'adverbe « **expressément** » l'obligation pour l'employeur de préciser le motif de licenciement lors de la notification de sorte qu'en cas d'imprécision des motifs la jurisprudence penche pour l'absence de motifs. Cependant, toute imprécision de motif n'équivaut pas à l'absence de motifs.

Le caractère impératif de la notification se dégage du verbe devoir (doit) employé à 2 reprises et tout acte contraire à un texte législatif impératif est nul.

- **Rôle de la notification de licenciement :**

- Protéger l'employé contre les abus éventuels de l'employeur qui pourrait lui opposer une décision de résiliation dont il n'a pas pris connaissance et obvier à la possibilité de doute dans le chef de l'employé d'une part ;

- Permettre au travailleur et en cas de contestation, à l'inspecteur du travail et au juge d'identifier les faits invoqués pour licencier afin d'en apprécier la réalité, la gravité et la conformité à la loi d'autre part.

- Le juge et l'Inspecteur ont des éléments d'appréciation des motifs invoqués pour mieux concilier et rendre le jugement selon le cas.

- La motivation du licenciement est un élément nécessaire, une mention substantielle de la notification sans lequel le licenciement est qualifié d'illégal ou d'abusif.

- L'employeur se munit de la preuve des motifs du licenciement et du respect des délais légaux.

La précision de cette motivation est rendue obligatoire par la loi mais cette dernière exigence n'affecte pas toujours la validité du licenciement tant est qu'elle est prescrite uniquement ***ad probationem*** c'est-à-dire en vue de la preuve.

En effet, s'il est établi que les parties connaissent bel et bien le motif de licenciement, la seule imprécision de motif rencontré dans la notification ne rend pas le licenciement non valable. Ainsi, a été débouté le travailleur qui ne contestait pas la matérialité de sa faute mais qui se limitait à condamner l'absence de motif dans la lettre de licenciement.

§2. La rupture du contrat du travail à durée indéterminée (C.D.I.)

A. Principe du droit de résiliation unilatérale

1. Licenciement

Le contrat à durée indéterminée peut prendre fin par la volonté d'une seule partie, et ce, dans le souci de sauvegarder la liberté individuelle et d'assurer la mobilité nécessaire de la main d'œuvre pour l'entreprise. Ce principe qui est d'ordre public est énoncé par l'article 61 de la loi du travail qui dispose : « Tout contrat de travail peut être résilié à l'initiative soit de l'employeur soit du travailleur. »

Lorsque cette initiative individuelle est de l'émanation de l'employeur, l'on parle du licenciement ; quand elle provient du travailleur, l'on parle de la démission, laquelle n'oblige pas l'employeur à qui elle est notifiée à l'accepter sinon elle se transformerait en une rupture par consentement mutuel. En cas de démission, le travailleur n'est pas obligé d'en indiquer les motifs (convenances personnelles) alors qu'en cas de licenciement les motifs doivent être indiqués.

2. Démission

En cas de démission, la volonté du salarié doit être claire et non équivoque ce qui suppose qu'aucun doute ne doit subsiste sur son initiative exclusive et sa volonté univoque de mettre un terme à son contrat. En d'autres termes, la démission ne peut pas être présumée. Par conséquent ne sont pas considérés comme démission les cas suivants :

- un abandon de poste
- une absence injustifiée

Lorsqu'un salarié est «poussé» par son employeur à la démission du fait du non-respect de ses engagements ou d'une faute grave, la démission peut être requalifiée en licenciement sans cause réelle et sérieuse.

A la question de savoir si le salarié démissionnaire peut se rétracter, la législation française soutient qu'il serait justifié à le faire en cas d'ambiguïté sur la volonté réelle de démissionner, à condition de le faire rapidement. C'est le cas lorsque la démission a été décidée sous l'emprise de la colère ou sous le coup de l'émotion ou sous l'emprise de troubles psychiques, qui entravent le raisonnement ou encore consécutivement à des pressions. Dans ce cas, la rétractation du salarié s'impose à l'employeur.[166]

3. Abandon de poste, absentéisme et désertion

Ces différentes situations tirent leur origine du temps du travail tel que fixé par la Loi portant Code du travail soit 8 heures par jour et 45 heures par semaine au regard de la présence du travailleur aux lieux de ses prestations contractuelles.

L'abandon de poste consiste dans le fait de quitter son poste de travail et de se trouver ailleurs sans l'accord de l'Employeur ou de son délégué. Cette faute suppose donc au départ le fait d'être à son poste de travail et ensuite de s'en éclipser sans l'accord de la hiérarchie, ou encore de se mettre à faire autre chose, de se livrer à une activité autre que son travail contractuel.

---

[166] Anne Le Nouvel, Le travail de nuit : définition, le Cnam,.

La désertion par contre, est inhérente à l'absentéisme prolongé selon le délai fixé par les sources professionnelles de l'entreprise (Convention collective ou règlement d'entreprise).

Celui qui s'absente pendant plusieurs jours sans se signaler ou se faire signaler tombe dans l'absentéisme car il ne s'est jamais présenté à son poste de travail pendant toute la durée considérée.

L'abandon de poste peut être dû à une mauvaise rémunération au point où on est obligé de s'éclipser en faveur des activités complémentaires afin de suppléer les revenus insuffisants, ou encore dû à l'exigence de réponse aux cas sociaux familiaux requérant règlement urgent. Cela arrive lorsqu'on disparait de son poste pendant un temps pour effectuer certaines courses privées et sociales après s'être préalablement présenté au pointage le matin.

L'abandon des tâches ou abandon moral du travail intervient lorsqu'un agent se livre à une activité autre que celle pour laquelle il est engagé. C'est le cas lorsqu'un agent de sécurité se met à lire le journal ou fait autres choses au lieu de fouiller les travailleurs et véhicules qui sortent de l'usine ou de veiller aux entrées et sorties.

B. Restrictions au droit de résiliation unilatérale

1. Le principe

L'article 62 du CT indique que le contrat à durée indéterminée ne peut être résilié à l'initiative de l'employeur que *pour un motif valable lié à l'aptitude* ou *à la conduite du travailleur.*

Cette résiliation se fonde sur :

- Les actes perpétrés sur les lieux de travail par le travailleur dans l'exercice de ses fonctions ;
- Les actes perpétrés en dehors mais ayant leur fondement ou leur origine sur les lieux de travail dans l'exercice de ses fonctions ;
- Les nécessités du fonctionnement de l'entreprise, de l'établissement ou du service est soumise aux conditions (procédure spéciale) définies par un arrêté du Ministre ayant le travail et la prévoyance sociale dans ses attributions.

L'employeur qui envisage un licenciement pour un motif valable lié à l'aptitude ou à la conduite du travailleur doit, avant toute décision, permettre à l'intéressé de se défendre contre les reproches lui formulés ou de s'expliquer sur les motifs avancés.[167]

---

[167] Article 62 de la Loi n°015/2002 du 16 octobre 2002 portant Code du Travail telle que modifiée et complétée par la loi n°16/010 du 15 juillet 2016.

2. *Limites au principe*

Les mêmes dispositions légales sus-invoquées précisent que ne constituent pas des motifs valables de licenciement notamment :

- l'affiliation syndicale, la non affiliation syndicale ou la participation à des activités syndicales en dehors des heures de travail ou, avec le consentement de l'employeur, durant les heures de travail ;

- le fait de solliciter, d'exercer ou d'avoir exercé un mandat de représentation des travailleurs ;

- le fait d'avoir déposé une plainte ou participé à des procédures engagées contre un employeur en raison de violations alléguées de la législation, ou présenté un recours devant les autorités administratives compétentes ;

- la race, la couleur, le sexe, l'état matrimonial, les responsabilités familiales, la grossesse, l'accouchement et ses suites, la religion, l'opinion politique, l'ascendance nationale ou l'origine sociale, le groupe ethnique, le statut sérologique au VIH avéré ou présumé, les responsabilités familiales ;

- l'absence au travail pendant le congé de maternité.

3. *Analyse de quelques causes de résiliation du CDI*

➢ *Aptitude*

L'aptitude est physique et professionnelle.

L'article 38 al.3 précise qu'une personne médicalement inapte au travail auquel elle est destinée ou affectée ne peut être engagée ni maintenue en service.

Il s'agit ici d'une *inaptitude physique* qui peut notamment être liée à l'âge lorsqu'il se traduit par une baisse d'activité du travailleur.

L'inaptitude professionnelle est laissée à l'entière appréciation du chef d'entreprise, responsable de la bonne marche de celle-ci, juge de son organisation, étant le seul à pouvoir savoir si un collaborateur s'acquitte à son entière satisfaction des fonctions lui confiées. Il suffit d'alléguer sans autres précisions le motif d'insuffisance professionnelle pour qu'il y ait licenciement pour inaptitude professionnelle.

Au moment de la mise en place d'un nouvel équipement, le licenciement avec préavis peut être justifié comme nécessité par la réorganisation ; dans ce cas, c'est le poste qui est supprimé ; par contre, si malgré la formation professionnelle, le travailleur ne s'est pas adapté, il peut être licencié pour inaptitude professionnelle.

➢ *Conduite du travailleur*

En ce qui concerne la conduite du travailleur, outre l'énumération énonciative de l'art. 74, nous pouvons citer l'indélicatesse, la violation de l'obligation de non concurrence pendant le cours du contrat, l'insubordination, une malfaçon volontaire etc.

Dans la pratique, la convention collective ou le règlement d'entreprise énumère la conduite qui constitue une faute lourde.

➢ *Cas de résiliation à l'initiative de l'employeur d'un CDI, fondée sur les nécessités du fonctionnement de l'entreprise*

Les nécessités de fonctionnement rentrent dans le cadre d'organisation de l'entreprise par ex. compression du personnel consécutive à des difficultés économiques ou à une organisation de certains services par le recours à des travailleurs plus qualifiés (ex. système informatique).

Le motif économique peut justifier un licenciement individuel toutes les fois qu'il entraîne la suppression ou la réorganisation du poste occupé par le travailleur licencié (baisse sensible du chiffre d'affaires, raison d'impécuniosité).

L'Arrêté ministériel n° 12/CAB.MIN/TPS/116/2005 du 26 octobre 2005 fixant les modalités licenciement des travailleurs prévoit la procédure administrative à observer dans le cas de licenciement massif.

4. *Licenciement massif*

➢ ***Dispositions générales***

Les licenciements effectués en application de l'article 62§3 ou de l'article 78 du Code du travail sont réputés licenciements massifs lorsque, au cours d'une période d'un mois, ils entraînent, dans un établissement, le départ d'au moins[168] :

- 3 travailleurs pour un établissement n'occupant pas plus de 10 travailleurs ;
- 4 travailleurs pour un établissement occupant de 11 à 20 travailleurs ;
- 10 travailleurs pour un établissement occupant de 21 à 100 travailleurs ;
- 30 travailleurs pour un établissement occupant de 101 à 500 travailleurs ;

[168] Article 1 de l'Arrêté ministériel n° 12/CAB.MIN/TPS/116/2005 du 26 octobre 2005 fixant les modalités licenciement des travailleurs, *in J.O de la RDC*, n°23 du 5 décembre 2005.

- 50 travailleurs pour un établissement occupant de 501 à 1000 travailleurs ;

- 100 travailleurs pour un établissement occupant de1001 à 2000 travailleurs ;

- 200 travailleurs pour un établissement occupant de2001 à 4.000travailleurs ;

- 250 travailleurs pour un établissement occupant de4001 à 6.000 travailleurs ;

- 300 travailleurs pour un établissement occupant plus de 6.000 travailleurs.

Ce genre de licenciement massif est interdit, sauf dérogations administratives. (Article 78 al1).

N.B. : Si le licenciement individuel concerne un seul travailleur, le licenciement massif s'applique à la fois à plusieurs travailleurs *soit pour des raisons économiques, soit pour les nécessités d'organisation et de fonctionnement.*

Tout licenciement de plusieurs travailleurs à la fois n'est pas forcément le licenciement massif ; pour qu'il le devienne, *il faut que les motifs évoqués consistent aux raisons économiques de l'entreprise ou aux nécessités d'organisation et de fonctionnement et que le nombre de travailleurs visés au cours d'une période d'un mois, dans un même établissement, soit égal ou supérieur aux minima fixés à l'arrêté susmentionné.*

Cependant, quel que soit le nombre de travailleurs visés, les licenciements fondés sur l'aptitude ou la conduite des travailleurs sont des licenciements individuels et chaque licenciement sera séparément traité comme tel, ils ne constituent en aucun cas un licenciement massif.[169]

Par ailleurs, les travailleurs ainsi licenciés doivent être immédiatement remplacés, de telle sorte que le total des effectifs ne subisse pas de réduction.

Les dispositions relatives au licenciement massif ne concernent pas les licenciements des travailleurs occupés dans un établissement dont *la fermeture résulte d'un cas de force majeure* dans les conditions prévues à l'article 60 du Code du travail, *ni les contrats à durée déterminée qui arrivent à expiration* au sens de l'article 40 du Code du travail.

---

[169] Article 3 de l'Arrêté ministériel n° 12/CAB.MIN/TPS/116/2005 du 26 octobre 2005 fixant les modalités licenciement des travailleurs, *op.cit.*

Cependant, tout cas de licenciement pour cas de force majeure doit être immédiatement signalé au Ministre du Travail et de la Prévoyance Sociale.[170]

- **Procédure de licenciement massif**

En cas de licenciement massif fondé sur les nécessités de fonctionnement, les raisons économiques telle que la diminution de l'activité de l'établissement et sa réorganisation intérieure, l'employeur est tenu au préalable d'informer par écrit au moins 15 jours à l'avance la délégation syndicale entendue et assistée des représentants des organisations professionnelles respectives.[171]

En consultant la délégation syndicale sur les mesures qu'il a l'intention de prendre, l'employeur recueille ses suggestions qu'il va reprendre dans un procès-verbal, il doit en outre lui communiquer le nombre des travailleurs concernés et doit respecter l'ordre de licenciement.

Ce n'est qu'après ces démarches, qu'une demande d'autorisation de licenciement à laquelle doit être annexé le PV de la réunion tenue avec la délégation syndicale sera adressée au Ministre du travail et de la prévoyance sociale qui doit se prononcer après avis de l'Inspecteur du travail du ressort et prendre sa décision dans les 45 jours calendrier après en avoir informé les Ministres ayant dans leurs attributions les relations économiques avec l'entreprise, l'établissement ou le service concerné. A défaut, il est sensé approuver la demande.

- ***Ordre et critères de licenciement massif***[172]

L'employeur doit respecter l'ordre des licenciements établi en tenant compte de la qualification professionnelle, de l'ancienneté dans l'établissement et des charges de famille du travailleur.

Seront licenciés en premier lieu, les travailleurs présentant les moindres aptitudes professionnelles pour les emplois maintenus et, en cas d'égalité d'aptitudes professionnelles, les travailleurs les moins anciens, l'ancienneté étant majorée d'un an pour le travailleur marié et d'un an pour chaque enfant à charge aux termes de l'article 7 du Code de travail.

- ***Principe de priorité à l'embauche***

Le travailleur ainsi licencié conserve *pendant un an* la priorité d'embauche *dans la même catégorie d'emploi.*

Passé ce délai, il continue à bénéficier de la même priorité pendant une seconde année, mais son embauche peut être subordonnée à un essai professionnel ou à un stage probatoire dont la durée ne peut excéder celle de la période d'essai

---

[170] Article 9 de l'Arrêté ministériel n° 12/CAB.MIN/TPS/116/2005 du 26 octobre 2005 fixant les modalités licenciement des travailleurs, *op.cit.*
[171] Article 78 de la loi n° 15/2002 du 16 octobre 2002 portant code du travail congolais, *op.cit.*
[172]Ibidem

prévue par la convention collective ou à défaut de celle-ci, par les dispositions de l'article 43 al2 du Code de travail.

Le travailleur bénéficiant d'une priorité d'embauche est tenu de communiquer à l'employeur tout changement d'adresse survenant après son départ de l'entreprise.

En cas de vacance, l'employeur avise l'intéressé par lettre recommandée avec avis de réception ou par lettre au porteur avec accusé de réception, à la dernière adresse connue du travailleur. Le travailleur doit se présenter à l'entreprise ou à l'établissement dans un délai maximum de quinze jours suivant la date de réception de la lettre.

➢ ***Compétences de l'Inspecteur du travail du ressort en matière de licenciement massif***

Les licenciements fondés sur les nécessités du fonctionnement de l'entreprise ou sur des raisons d'ordre économique entraînant une réduction du personnel dont le total est *inférieur aux normes énumérées à l'article premier*, l'employeur, la délégation syndicale entendue et assistée des représentants des organisations professionnelles respectives, est tenu d'adresser une demande d'autorisation de licenciement à l'Inspecteur du travail du ressort.

Celui-ci, après *enquête,* notifie sa décision dans le délai maximum de *soixante jours* calendrier à dater de la réception de la demande. A défaut, il est sensé l'approuver. [173]

➢ ***Recours administratif à la décision de l'inspecteur du ressort***

La décision de l'Inspecteur du travail du ressort est susceptible d'un recours endéans les dix jours de la réception de la notification de la décision auprès de l'autorité hiérarchiquement et géographiquement compétente. Cette dernière doit se prononcer dans les 30 jours ouvrables. A défaut il est sensé approuver le recours.[174]

En cas de rejet du recours ou du silence de l'autorité hiérarchique dans un délai de 20 jours ouvrables, la partie qui se sent lésée peut saisir le Tribunal du travail du ressort dans le délai de 30 jours ouvrables à compter du rejet du recours hiérarchique ou de l'expiration du délai de celui-ci. Ce recours *ne suspend pas la décision de l'Inspecteur* du travail.[175]

---

[173] Articles 5 et 7 de l'Arrêté ministériel n° 12/CAB.MIN/TPS/116/2005 du 26 octobre 2005, *op.cit.*
[174] Articles 5 al.3, 7 al.3 et 8, *Idem.*
[175] Articles 8, *Idem.*

C. Cas de rupture abusive du contrat du travail à durée indéterminée

La résiliation sans motif valable du contrat à durée indéterminée donne droit, pour le travailleur, à une réintégration.

À défaut de celle-ci, le travailleur a droit à des dommages intérêts fixés par le tribunal du travail calculés en tenant compte notamment de la nature des services engagés, de l'ancienneté du travailleur dans l'entreprise, de son âge et des droits acquis à quelque titre que ce soit. Toutefois le montant de ces dommages intérêts ne peut être supérieur à 36 mois de sa dernière rémunération.

Tout licenciement économique intervenu en violation des dispositions relative à la procédure ou aux critères fixés de licenciement massif est considéré comme abusif et la défaillance de l'Inspecteur de travail ou des représentants des travailleurs ne fait pas obstacle à la poursuite de la procédure.[176]

La rupture abusive de contrat à durée indéterminée sans préavis ou sans que le préavis ait été intégralement observé comporte l'obligation, pour la partie responsable, de verser à l'autre partie une indemnité dont le montant correspond à la rémunération et aux avantages de toute nature dont aurait bénéficié le travailleur durant le délai de préavis qui n'a pas été effectivement respecté[177] et ce, sans préjudice d'indemnité de brusque rupture pour inobservation du préavis ou d'indemnité de licenciement.

§3. La rupture du contrat du travail à durée déterminée avant terme

Le contrat à durée déterminée prend fin à l'expiration du terme fixé par les parties. La clause insérée dans un tel contrat prévoyant le droit d'y mettre fin par préavis est nulle de plein droit. (Article 69)

La force obligatoire, qui est celle du contrat à durée déterminée, fait obstacle à ce qu'il soit rompu avant l'échéance du terme.

Toute rupture anticipée, à moins qu'elle ne soit justifiée par la force majeure ou la faute grave du co-contractant, est en principe fautive et donne lieu à des dommages intérêts.

Lorsque la rupture irrégulière est le fait de l'employeur, qu'il y ait ou non commencement d'exécution, cela donne droit au salarié non fautif à une indemnité réparatrice. Les dommages intérêts correspondent aux salaires et avantages de toute nature dont le salarié aurait bénéficié pendant la période restant à courir jusqu'au terme de son contrat. (Article 70)

Lorsque la rupture irrégulière est le fait du travailleur, l'employeur aura droit à la moitié de l'indemnité allouée à ce dernier.

---

[176] Article 78 al. 10-11 de la loi n° 15/2002 du 16 octobre 2002 portant code du travail congolais, *op.cit.*

[177] Article 63, Idem.

Si le salarié est obligé à quitter l'entreprise par la faute de l'employeur, par exemple, pour irrégularité du paiement du salaire, l'employeur sera considéré comme fautif et se verra obligé de réparer le préjudice qu'il a causé au salarié dans les mêmes conditions examinées précédemment.

Section III : Le préavis

La présente section est consacrée à la notion, la durée et aux effets du préavis.

§1. Notion

A. Le préavis ou délai-congé

Le préavis ou délai-congé est un délai que doit respecter la partie au contrat du travail qui prend l'initiative de résilier unilatéralement un CDI auquel elle était liée, et ce, pour éviter au travailleur un licenciement brusque et de ce fait d'être démuni de toutes ressources sans pouvoir bénéficier d'un délai nécessaire pour trouver un nouvel emploi, et à l'employeur les inconvénients d'une brusque démission du travailleur sans avoir le temps nécessaire de remplacer et de remercier le démissionnaire causant ainsi un sérieux préjudice à l'entreprise.

B. Le droit au préavis

Le droit au préavis est d'ordre public, les parties ne peuvent en conséquence y renoncer à l'avance. Le préavis est une disposition propre au CDI car l'art. 69 du Code du travail interdit d'inclure une clause de préavis dans un CDD.

Le préavis est légalement exclu dans les cinq cas ci-après :

- Les contrats avec clause d'essai ne dépassant pas trois jours ;
- Les contrats dont la rupture est imposée par la force majeure ;
- Les contrats résiliés pour faute lourde de l'une des parties ;
- Les contrats à durée déterminée.
- Pendant la période de congé ou de suspension du contrat sauf les cas prévus à l'article 60. (Article 68)

§2. La durée de préavis

La loi prévoit une durée minimum de préavis qui doit être observée en l'absence d'une durée plus longue fixée par les parties ou par la convention collective ; cette durée varie en fonction de l'ancienneté du travailleur.

L'article 64 précise qu'elle ne peut être inférieure à quatorze jours ouvrables à dater du lendemain de la notification, lorsque le préavis est donné par l'employeur.

Ce délai est augmenté de sept jours ouvrables par année entière de services continus, comptée de date à date.

A. *Régime fixé par l'arrêté n°116/2005 du 26 octobre 2005*

1. Les articles 6, 7 et 8 de l'arrêté ministériel n° 12/CAB.MIN/TPS/116/2005 du 26 octobre 2005 fixant la durée et les conditions de préavis, indiquent les durées suivantes en ce qui concerne les travailleurs occupant les emplois de catégories 1 à 5 c'est-à-dire du manœuvre ordinaire au travailleur hautement qualifié, les agents de maîtrise, les cadres et directeurs :[178]

- 14 jours ouvrables + 7 jours ouvrables/année d'ancienneté →classifiés ;

- 1 mois + 9 jours ouvrables/année d'ancienneté → maîtrises ;

- 3 mois + 16 jours ouvrables/année d'ancienneté → cadres et directeurs.

2. En cas de démission, la durée du préavis à donner par le travailleur est égale à la moitié de celui qu'aurait dû remettre l'employeur s'il avait pris l'initiative de la résiliation. Elle ne peut en aucun cas excéder cette limite.

3. Dans l'hypothèse de *licenciement d'un délégué syndical titulaire ou suppléant en dehors de la faute lourde,* la durée du préavis à lui notifier est le double de la durée que lui aurait signifiée l'employeur s'il n'avait pas qualité de délégué titulaire ou suppléant, *sans toutefois pouvoir être inférieure à 3 mois.*

Il en est de même des candidats délégués non élus ou réélus qui bénéficient de ce préavis spécial pendant une durée de 6 mois après les élections. (Art.258 al.6 et 7 du CT).

B. *Régime de préavis pendant la période de l'essai*

En cas d'un contrat assorti d'une clause d'essai, chacune des parties peut pendant la durée de l'essai y mettre fin à tout moment moyennant un préavis de 3 jours ouvrables, sauf pour les trois premiers jours de l'essai où le contrat peut être résilié sans préavis, la totalité de la rémunération pour toute journée commencée étant due. (Art. 71§2 CT)

§3. Les effets du préavis

A. *Le licenciement avec préavis d'un CDI*

Le préavis ne met pas fin au contrat du travail à durée indéterminée mais en fixe seulement la date d'expiration, de sorte que les deux parties sont tenues de respecter leurs obligations.

---

[178] Arrêté ministériel n° 12/CAB.MIN/TPS/116/2005 du 26 octobre 2005 fixant la durée et les conditions de préavis, *in J.O de la RDC*, n°23 du 5 décembre 2005.

- Le travailleur est tenu de poursuivre son activité professionnelle jusqu'à la fin du préavis ; s'il déserte le travail pendant le délai de préavis, il commet une faute lourde et l'employeur peut le licencier immédiatement en mettant fin au préavis sans devoir lui verser une indemnité correspondante.

- De son côté, l'employeur doit continuer à fournir le travail convenu au travailleur et à lui verser la rémunération habituelle.

S'il en était autrement, le travailleur serait fondé à refuser de poursuivre l'exécution du préavis et à exiger une indemnité compensatoire de préavis.

- L'art. 65 CT autorise le salarié en préavis à s'absenter un jour par semaine pris à son choix, globalement ou par demi-journée et payé à plein salaire pour lui permettre de chercher un nouvel emploi.

- L'art. 66 offre au travailleur préavisé la possibilité d'interrompre le travail à l'expiration de la moitié du délai de préavis lui signifié sans engager sa responsabilité et l'employeur lui devra rémunération et allocations familiales pendant le temps restant à courir.

- L'art. 67 prévoit que le travailleur préavisé qui justifie d'avoir trouvé un nouvel emploi puisse, à partir du jour où il le trouve, dans un délai moindre fixé de commun accord sans qu'il puisse être supérieur à 7 jours, quitter son employeur qui ne lui devra plus rémunération ni allocations familiales de la période de préavis restant à courir.

A l'expiration du délai de préavis, le contrat de travail prend fin automatiquement, sans aucune formalité supplémentaire.

B. En cas de non observation du délai du préavis

La partie qui est responsable de la non observation du délai du préavis devra verser à l'autre les dommages et intérêts appelés *indemnité compensatoire de préavis pour brusque rupture* dont le montant sera égal à la rémunération et avantages de toute nature dus au salarié pendant la période de préavis, heures supplémentaires et primes diverses comprises, avec le régime juridique du salaire quant à l'insaisissabilité et au privilège général, à la sécurité sociale et à la fiscalité (art. 63 al.3).

En général, la rupture abusive se caractérise par l'absence d'intérêt professionnel, par une intention de nuire ou une légèreté blâmable de la part de l'auteur de la rupture. Elle engage la responsabilité civile de l'employeur. La réparation se fera par équivalence, puisque la réparation en nature est exclue.

L'indemnité pour rupture abusive est une indemnité autonome, indépendante du salaire, destinée à réparer le préjudice subi par le salarié par une faute de l'employeur. Elle ne doit pas être confondue avec l'indemnité pour inobservation de préavis, ni avec l'indemnité conventionnelle de licenciement, lesquelles sont calculées d'après le salaire (art. 63, alinéa 2 du code du travail).

C. En cas de dispense de préavis

Il faut distinguer selon que cette dispense est demandée par le travailleur ou accordée par l'employeur.

Dans le premier cas, si l'employeur accepte, le contrat est rompu immédiatement avec comme conséquence, renonciation du travailleur à l'indemnité de préavis et autres avantages qu'il aurait perçus s'il avait exécuté le préavis.

Dans le second cas, la cessation immédiate des fonctions ne devrait entraîner une diminution de salaires et avantages que le travailleur aurait perçus s'il avait exécuté tout le préavis ; et le travailleur pourra en outre prétendre aux primes et indemnités venant à échéance pendant le préavis. L'employeur est tenu de lui fournir les soins de santé jusqu'à la date à laquelle le contrat aurait normalement pris fin si les délais de préavis avaient été respectés.

Il est toutefois dégagé de toute obligation dès le moment où le travailleur est engagé chez un autre employeur, ou exerce une activité lucrative substantielle. (Art. 178 al.3 et 4).

Section IV : Les obligations consécutives à la cessation du travail

A la cessation des rapports du travail, l'employeur est tenu de délivrer au travailleur la quittance pour solde de tout compte, le certificat de fin de service et le travailleur quant à lui s'engage à observer la clause de non concurrence.

§1. La quittance pour solde pour tout compte

La quittance pour solde pour tout compte est un décompte de la rémunération payée, destiné à attester qu'à la fin du contrat, le travailleur a effectivement perçu les sommes qui lui étaient dues en le signant. Cette quittance n'implique pas renonciation aux droits du travailleur qui peut réclamer les autres droits. (Article 77 C.T.)

L'article 100 dispose : « Toute somme restant due en exécution d'un contrat de travail, lors de la cessation définitive des services effectifs, doit être payée au travailleur, et, le cas échéant, aux ayants-droit de ce dernier, au plus tard dans *les deux jours ouvrables* qui suivent la date de la cessation des services ».

La loi précise que l'acceptation sans protestation ni réserve, par le travailleur, d'un décompte de la rémunération payée, l'apposition de sa signature ainsi que la mention pour solde de tout compte sur le décompte de la rémunération, ou de toute mention équivalente souscrite par lui, ne peut valoir renonciation de sa part à tout ou partie des droits qu'il tient des dispositions légales, réglementaires ou contractuelles.

Elle ne peut valoir non plus compte arrêté et réglé au sens de l'article 317 du Code de travail. (Article 104).

§2. Le certificat de fin de service

Le certificat de fin de service est un document administratif délivré par l'employeur attestant la nature et la durée des services prestés, les dates de début et de fin de prestations, son numéro d'immatriculation à la CNSS. Il doit être remis au plus tard 2 jours ouvrables après la fin du contrat (art. 79). Aucune indication ne peut y être ajoutée.

§3. La clause de non concurrence (art. 53 CT)

Lorsque le contrat a été résilié à la suite d'une faute lourde du travailleur ou lorsque celui-ci y a mis fin sans qu'il y ait faute lourde de l'employeur la clause sort ses effets pour autant que :

- le travailleur ait de la clientèle ou des secrets d'affaires de son employeur une connaissance telle qu'il puisse lui nuire gravement ;
- l'interdiction se rapporte aux activités que le travailleur exerçait chez l'employeur ;
- sa durée ne dépasse pas un an à compter de la fin du contrat.

En cas de non-respect de la clause de non concurrence, le salarié peut être condamné à verser des dommages-intérêts dont le montant serait prévu par le contrat, sauf si celui-ci est excessif, auquel cas il pourrait être réduit par le juge.

En outre, le travailleur doit avertir son nouvel employeur de l'existence de la clause, sinon son silence autorisera ce dernier à rompre le contrat pour faute grave. A l'inverse, si le nouvel employeur a pris connaissance de la clause et ne l'a pas prise en considération, il pourra être condamné envers le précédent, comme un tiers complice, à des dommages-intérêts.

Différences entre clause de non concurrence, l'obligation d'exclusivité et celle de discrétion.

La clause de non concurrence diffère de la clause d'exclusivité, laquelle interdit au salarié, pendant l'exécution du travail, de travailler chez un autre employeur. Elle diffère aussi de l'obligation de discrétion à laquelle sont tenus tous les salariés après rupture du contrat de travail.

§4. Les obligations déclaratives de l'Employeur (art. 217-219 du code du travail tel que modifié)

Il est fait obligation à l'employeur de déclarer tout travailleur quittant l'entreprise pour quelque cause que ce soit, déclaration établie dans les mêmes conditions, et mentionnant notamment la date du départ de l'entreprise.

Sont dispensés de l'obligation de faire la déclaration de départ, les employeurs qui utilisent exclusivement du personnel domestique, des travailleurs engagés au jour le jour.

Selon l'article 216, toute personne physique ou morale, publique ou privée, qui se propose d'exercer une activité quelconque, permanente ou saisonnière, nécessitant l'emploi de travailleurs, au sens défini à l'article 7, est tenue d'en faire la déclaration au service compétent du ministère ayant l'emploi, le travail et la prévoyance sociale dans ses attributions et à l'Office national de l'emploi, dans la quinzaine qui précède l'ouverture de l'entreprise ou de l'établissement.

L'article 217 dispose : à l'occasion de son engagement, le travailleur fait l'objet, dans les 15 jours, d'une déclaration adressée par l'employeur au service compétent du ministère ayant l'emploi, le travail et la prévoyance sociale dans ses attributions et à l'Office national de l'emploi.

Tout travailleur quittant l'employeur, pour quelque cause que ce soit, fait l'objet d'une déclaration, établie dans les mêmes conditions et mentionnant notamment la date du départ de l'entreprise.

TITRE II :

ADMINISTRATION DU TRAVAIL, RÈGLEMENT DES CONFLITS DU TRAVAIL ET RELATIONS PROFESSIONNELLES

Ce titre relatif à l'administration du travail traite :

- de relations professionnelles **(Chapitre V**) ;
- du règlement des conflits du travail et de la prescription **(Chapitre VI)**.

Chapitre cinq :

L'administration du travail et les relations professionnelles

L'administration du travail est chargée d'assurer un rôle de conception et de conseil, de coordination et de contrôle dans le domaine du travail, de l'emploi, de la formation et de la prévoyance sociale, sous l'autorité du Ministre ayant le travail et la prévoyance sociale dans ses attributions.

Elle a notamment pour mission de (d') :

- *élaborer tous projets de textes législatifs ou réglementaires* intéressant la condition des travailleurs, les rapports professionnels, l'emploi et le placement des travailleurs, la formation et le perfectionnement professionnels et la prévoyance sociale ;

- conseiller, coordonner et contrôler les services ou organismes concourant à l'application de la législation et la réglementation du travail et de la prévoyance sociale ;

- *veiller à l'application de la législation et de la réglementation* concernant les matières énoncées à l'alinéa 1er du présent article ;

- réunir et tenir à jour les données statistiques relatives aux conditions d'emploi et de travail et aux opérations de prévoyance sociale ;

- *réaliser*, en collaboration avec les autorités et organismes intéressés, *la meilleure organisation possible du marché de l'emploi* comme partie intégrante du programme national tendant à assurer et à maintenir le plein emploi ainsi qu'à développer et à utiliser pleinement les ressources productives ;

- *suivre les relations avec les autres États et les organisations internationales en ce qui concerne les questions de travail, de l'emploi, de la promotion et de la prévoyance sociales ;*

- faire respecter par tout employeur, personne physique ou morale, de droit public ou privé, de nationalité congolaise ou étrangère, l'interdiction formelle d'avoir dans les effectifs de son personnel plus de 15% des personnes de nationalité étrangère.

L'administration du travail comporte *des services centraux* auprès du Ministre ayant le travail et la prévoyance sociale dans ses attributions, *des services provinciaux et locaux.*

Section I : Inspection du Travail

L'Inspection du Travail constitue la police du travail chargée par le législateur de vérifier l'application effective des lois et règlements en matière de travail.

§1. Inspection Générale du Travail (police du travail)

A. Organisation

L'Inspection Générale du Travail a compétence exclusive des missions de l'inspection du travail sur toute l'étendue du territoire national.

Elle comporte la direction de l'inspection générale du travail au service central d'une part et des inspections provinciales et locales d'autre part.

L'Inspection générale du travail est composée d'une direction de l'Inspection générale du travail au service central. Cette direction comporte quatre sections que sont : l'organisation et administration de l'Inspection; l'Inspection de la main-d'œuvre; l'inspection de la sécurité technique et l'Inspection de la santé au travail.

Des services extérieurs de l'Inspection générale du travail comprennent les inspections du travail provinciales; les inspections du travail de district; les inspections du travail territoriales.[179]

B. Missions de l'Inspection du travail

Aux termes de l'article 187 du code de travail, l'inspection du travail a pour mission de (d') :

- assurer l'application des dispositions légales relatives aux conditions de travail et à la protection des travailleurs dans l'exercice de leur profession, telles que les dispositions relatives à la durée du travail, aux salaires, à la sécurité, à l'hygiène et au bien-être, à l'emploi des femmes, des enfants et des personnes avec handicap, aux conflits collectifs, aux litiges individuels du travail, à l'application des conventions collectives, à la représentation du personnel et d'autres matières connexes ;

- fournir des informations et des conseils techniques aux employeurs et aux travailleurs sur les moyens les plus efficaces d'observer les dispositions légales ;

---

[179] Article 4 de l'Arrêté ministériel 12/CAB.MIN/FPTPS/M.K./55/00 du 31 août 2000 portant fonctionnement, fixation et détermination des sièges et ressorts territoriaux des services de l'Inspection générale du travail

- donner des avis sur les questions relatives à l'établissement ou à la modification des installations d'entreprises et d'organismes soumis à une autorisation administrative ;

- porter à l'attention de l'autorité compétente les déficiences ou les abus que révélerait l'application des dispositions légales et qui ne sont pas couverts par celles-ci.

C. Compétences de la direction de l'inspection générale et des inspections provinciales et locales

1. La direction de l'inspection générale dirige, coordonne et contrôle l'ensemble des activités qu'implique l'exercice des missions de l'inspection du travail et soumet au ministre toutes les propositions relatives à son personnel.

2. Les tâches dévolues à l'inspection générale du travail sont assurées par des inspecteurs assistés des contrôleurs du travail et du personnel nécessaire au bon fonctionnement des services.

3. Le ressort de l'inspecteur du travail attaché à l'inspection générale du travail s'étend sur toute l'étendue du territoire national.

4. Le ressort de l'inspecteur du travail attaché en province ou dans la ville de Kinshasa se limite à la juridiction administrative d'attache.

D. Compétences de l'inspecteur du travail attaché à l'inspection générale du travail

L'article 192 du code de travail lui reconnait, sans préjudice des compétences reconnues à l'inspecteur du travail du ressort, la compétence pour :

- connaître de tout litige du travail se rapportant à l'exercice de sa mission telle que définie à l'article 187 notamment :

  - ➢ les litiges individuels du travail pour lesquels l'une des parties aura été mise dans l'impossibilité matérielle d'initier ou de poursuivre jusqu'à terme la procédure de conciliation devant l'inspecteur du travail du ressort ;

  - ➢ les conflits collectifs du travail affectant plusieurs établissements d'une même entreprise ou affectant plusieurs entreprises d'un ou des plusieurs secteurs d'activité relevant de plus d'un ressort de l'inspection du travail.

- effectuer les visites spéciales d'inspection en matière de sécurité technique, santé au travail, main-d'œuvre, institution de prévoyance sociale, c'est-à-dire mutuelles et assurances, négociation des conventions collectives à caractère national et contre-enquêtes.

Cette disposition s'applique, mutatis mutandis, aux inspecteurs attachés aux inspections du travail des provinces, des districts ou des territoires dans les limites de leurs juridictions respectives.

L'Inspection générale du travail a dans ses attributions la compétence exclusive de l'exercice des missions de l'inspection du travail sur toute l'étendue du territoire national.[180]

A ce titre, elle est chargée de l'application de la législation sociale y compris celle relative à la santé et sécurité au travail ainsi que de la promotion des rapports harmonieux entre employeurs et travailleurs.[181]

Les tâches qui lui sont dévolues sont assurées par les inspecteurs du travail et contrôleurs du travail assermentés dans leurs ressorts territoriaux respectifs, qui ont suivi une formation appropriée et nommés par le ministre du Travail et de la Prévoyance sociale.[182]

L'inspection provinciale du travail est un échelon administratif de l'Inspection générale du travail dont le ressort s'étend sur toute l'étendue de la province.[183]

Les inspections provinciales du travail sont responsables dans leurs ressorts respectifs des missions dévolues à l'Inspection générale du travail.[184]

Les inspections du travail de district et territoriales relèvent des inspections provinciales du travail dans les ressorts desquelles elles sont situées.[185]

E. Compétences territoriales des Inspecteurs (Régionaux, Urbains et locaux du travail

Par Inspection du travail du ressort, il faut entendre celle du lieu où s'exécute le contrat de travail ou celle du lieu d'engagement ainsi que l'inspection du travail dont légalement la compétence couvre tout le territoire national.[186]

L'Inspecteur du travail territorialement compètent est donc celui du lieu où s'effectuent les prestations de travail. Par conséquent, est nul pour incompétence territoriale, le procès-verbal de non-conciliation établi en

---

180 Article 9 de l'Arrêté ministériel 12/CAB.MIN/FPTPS/M.K./55/00 du 31 août 2000, op.cit
180 Article 3 idem
181 Article 10 idem
182 Article 11 idem.
183 Article 5 idem
184 Article 6 idem
185 Article 7 idem
186 Article 3 idem

violation de l'article 298 de la Loi portant Code du travail par un Inspecteur du travail autre que celui du ressort, c'est-à-dire autre que celui du lieu de l'exécution du travail.

Il en appert que la compétence de tout Inspecteur du travail, en tant qu'autorité administrative, reste d'attribution et ne saurait jamais être générale ; elle est limitée dans sa compétence par les principes : *rationae materiae*, *rationae temporae* et *rationae loci.*

La compétence et le ressort territorial des Inspecteurs du travail affectés à l'Inspection générale du travail s'étendent sur toute l'étendue du territoire national.[187]

La compétence et le ressort territorial des inspecteurs du travail affectés à l'Inspection provinciale du travail s'étendent sur toute l'étendue de la province concernée.[188]

La compétence et le ressort territorial des inspecteurs du travail affectés à l'Inspection urbaine ou locale du travail s'étendent sur toute l'étendue de la ville ou localité concernée.[189]

Il a été institué par arrêté ministériel vingt-six inspections provinciales du travail relevant directement de l'administration centrale de l'Inspection générale du travail dont le siège est à Kinshasa.[190]

Le tableau reprenant les dénominations, sièges, compétences et ressorts territoriaux des ainsi instituées est repris dans l'annexe IV du présent ouvrage. A titre illustratif, il est donné dans le corps du présent texte les matières pertinentes relatives aux Inspections provinciales du travail de Kinshasa et de la Tshopo.

➢ **Inspection provinciale du travail de Kinshasa**

Avec pour siège la ville de Kinshasa, elle englobe dans sa compétence et son ressort territorial la ville de Kinshasa et ses vingt-quatre communes.

Elle comprend quatre inspections locales du travail qui lui sont subordonnées, dont la dénomination, le siège, la compétence et le ressort territorial sont fixés comme ci-après: Dénomination Siège Compétence + Ressort territorial.

---

[187] Article 30 de l' l'Arrêté ministériel n° 030/CAB/MINETAT/MTEPS/FBKJ01/2018 du 24 mars 2018 fixant la dénomination, le siège, la compétence et le ressort territorial des services de l'Inspection générale du travail in J.O.RDC. du 1er octobre 2018, n° 19, col. 25.

[188] Article 29 idem

[189] Article 28 idem

[190] Article 1 idem

- **Inspection provinciale du travail de Kinshasa : Siège :** Limete. **Compétence et ressort territorial :** Toute l'étendue de la ville de Kinshasa ;
- **Inspection urbaine du travail de Lukunga Siège :** Gombe. **Compétence et ressort territorial :** Communes: Gombe, Lingwala, Kinshasa, Barumbu, Kintambo, Ngaliema et Mont-Ngafula ;
- **Inspection urbaine du travail de Funa Siège :** Kalamu. **Compétence et ressort territorial :** Communes: Kalamu, Ngiri-Ngiri, Bumbu, Selembao, Kasa-Vubu, Bandalungwa ;
- **Inspection urbaine du travail de Mont-Amba Siège :** Limete. **Compétence et ressort territorial :** Communes: Matete, Lemba, Limete, Ngaba, Makala, Kisenso Inspection urbaine du travail de Tshangu N'djili Communes: N'djili, Masina, Kimbanseke, N'Sele, Maluku.[191]

➢ **Inspection provinciale du travail de la Tshopo**

Avec pour siège la ville de Kisangani, elle comprend dans sa compétence et son ressort territorial deux Inspections locales du travail qui lui sont subordonnées, dont la dénomination, le siège, la compétence et le ressort territorial sont fixés comme ci-après:

- **Inspection provinciale du travail de la Tshopo : Siège :** Kisangani. **Compétence + Ressort territorial :** Toute l'étendue de la province de la Tshopo
- **Inspection urbaine du travail de Kisangani : Siège :** Kisangani **Compétence + Ressort territorial :** Ville de Kisangani et Territoires d'Ubundu, de Bafwasende et de Banalia.
- **Inspection locale du travail d'Isangi : Siège :** Isangi .**Compétence + Ressort territorial :** Territoires d'Isangi, d'Opala, de Basoko et de Yahuma.[192]

§2. Des inspecteurs et contrôleurs du travail

A. Serment des inspecteurs

Fonctionnaires de l'administration publique recrutés de manière particulière après une formation appropriée constituant ainsi un cadre de spécialistes, les inspecteurs et contrôleurs du travail doivent, avant leur nomination, prêter serment de bien et fidèlement remplir leur charge et de ne révéler, même après avoir quitté le service, les secrets de fabrication ou de commerce ou les procédés

[191] Article 2 de l'Arrêté ministériel n° 030/CAB/MINETAT/MTEPS/FBKJ01/2018 du 24 mars 2018 2018, op.cit.
[192] Article 15, Idem.

d'exploitation dont ils auraient pu prendre connaissance dans l'exercice de leurs fonctions. Ce serment est prêté par écrit devant la Cour d'Appel (art. 194).

B. Modalités de l'exercice de leurs missions

Pour assurer l'exercice des missions d'inspection nécessitant des compétences techniques spécifiques, l'inspecteur du travail peut faire appel à la collaboration des experts et techniciens ou des organismes publics ou privés, préalablement agréés par le Ministre ayant le travail et la prévoyance sociale dans ses attributions.

Ce concours technique s'exerce sous le contrôle de l'inspection du travail et les frais qui en découlent sont à charge du ministère du Travail et de la Prévoyance sociale.

1. **Les inspecteurs et contrôleurs du travail, munis de pièces justificatives de leurs fonctions, sont autorisés de :**

- pénétrer librement, sans avertissement préalable, à toute heure du jour et de la nuit, dans tout établissement assujetti au contrôle de l'inspection ;

- pénétrer le jour dans tous les locaux qu'ils supposent être assujettis au contrôle de l'inspection ;

- procéder à tous examens, contrôles ou enquêtes qu'ils jugent nécessaires pour s'assurer que les dispositions légales sont effectivement observées et notamment :

- interroger, soit seul, soit en présence de témoins, l'employeur ou le personnel de l'entreprise ou de l'établissement sur toutes les matières relatives à l'application des dispositions légales ;

- demander que leur soient communiqués, soit sur les lieux du travail, soit en leur bureau, tous livres, registres et documents dont la tenue est prescrite par la législation en vue d'en vérifier la conformité avec les dispositions légales et d'en prendre copie ou d'en établir des extraits ;

- exiger l'affichage des avis dont l'apposition est prévue par les dispositions légales ;

- prélever et emporter, aux fins d'analyse des échantillons des matières premières et substances utilisées ou manipulées, pourvu que l'employeur ou son représentant soit averti que des matières ou substances ont été prélevées et emportées à cette fin.

À l'occasion d'une visite d'inspection, l'inspecteur ou le contrôleur du travail devra informer de sa présence l'employeur ou son représentant, à moins qu'il n'estime qu'un tel avis risque de porter préjudice à l'efficacité du contrôle.

L'essentiel de cette mission consiste à la promotion du développement harmonieux des rapports entre les employeurs et les travailleurs contribuant ainsi au respect de la justice sociale.

2. Pouvoirs des inspecteurs et contrôleurs du travail :

- faire appel, en cas de besoin, à la coopération et à l'assistance de toute autorité publique en vue de l'accomplissement de leur mission ;

- demander à l'employeur de leur fournir les renseignements et statistiques au sujet des travailleurs ou de leurs conditions de travail ;

- constater la violation des dispositions légales par des procès-verbaux, faisant foi jusqu'à preuve du contraire, qu'ils transmettent à l'autorité hiérarchique compétente ;

- formuler des observations et prodiguer des conseils tant à l'employeur ou à son représentant qu'aux travailleurs ;

- mettre l'employeur ou son représentant en demeure de veiller à l'observance des dispositions légales ;

- ordonner ou faire ordonner que des mesures immédiatement exécutoires soient prises lorsqu'ils ont un motif raisonnable de considérer qu'il y a danger imminent et grave pour la santé ou la sécurité des travailleurs.

Dans l'application des dispositions du dernier litera, l'ampliation du procès-verbal est adressée à l'employeur ou à son représentant et à l'autorité hiérarchique compétente dans le délai maximum de huit jours à partir de la constatation de l'infraction.

L'employeur ou son représentant peut faire appel de cette décision en adressant dans les quinze jours ouvrables à compter de la réception, par lettre recommandée ou par porteur avec accusé de réception, un recours auprès du Ministre ayant le travail et la prévoyance sociale dans ses attributions contre les mesures exécutoires prises en vertu du dernier litera.

Le Ministre notifiera sa décision à l'employeur ou à son représentant dans le mois à dater de la réception du recours. En cas de silence, il est censé accepter le recours.

§3. L'Office national de l'Emploi (ONEM) et le Conseil National du Travail (CNT)

A. L'ONEM

L'Office National de l'emploi est un établissement public à caractère technique et social doté de la personnalité juridique appelé à promouvoir l'emploi et réaliser la meilleure organisation possible du marché de l'emploi dont il recherche l'évolution probable à la fois à travers le pays et dans les différentes branches d'activités économiques, professions ou provinces en aidant, par le mécanisme de placement, les chômeurs à trouver un emploi convenable et les employeurs les travailleurs qualifiés au profit de l'entreprise.

Il facilite par des mesures appropriées la mobilité professionnelle et géographique de la main d'œuvre et vise les contrats d'apprentissage et du travail et contrôle enfin la main d'œuvre étrangère. (Art. 204-205 CT).

Il procède à l'enregistrement des chômeurs en quête d'emploi, aux offres d'emplois et aux placements. Ces opérations sont gratuites.

B. Le CNT

C'est un organisme consultatif tripartite, constitué auprès du ministre du travail ; il peut être intégré dans les organismes plus larges chargés d'étudier les problèmes d'ordre économique, financier et social (art. 223 CT).

Il comprend un nombre égal de représentants de l'Etat, des travailleurs et des employeurs ; son mandat est de deux ans renouvelables sans limitation ; il est gratuit. (Article 229) Il se réunit à Kinshasa au moins deux fois l'an, il étudie notamment toutes les questions concernant le travail, la main d'œuvre et la prévoyance sociale ; les éléments pouvant servir de base à la détermination du SMIG et ses incidences économiques, il émet des avis et formule des propositions et résolutions sur la réglementation à intervenir en ces matières.

Section II : Les relations professionnelles

Les relations professionnelles concernent généralement les organisations professionnelles constituées d'une part en organisations des travailleurs (syndicat) et en patronat ou organisations des employeurs.

§1. Dispositions générales sur les organisations professionnelles

A. Principes

L'article 230 pose le principe selon lequel les travailleurs et les employeurs au sens du Code du travail ont le droit de se constituer en organisation ayant exclusivement pour objet l'étude, la défense et le développement de leurs intérêts professionnels ainsi que le progrès social, économique et moral de leurs membres.

Ces organisations élaborent leurs statuts et règlements administratifs, organisent leur gestion et leur activité notamment.

L'article 235 énonce un autre principe enjoignant les organisations de travailleurs ou d'employeurs de s'abstenir de tous actes d'ingérence des unes à l'égard des autres dans leur formation, leur fonctionnement et leur administration.

B. Mode d'affiliation

L'article 233 CT précise que sans distinction d'aucune sorte, tout travailleur ou employeur a le droit de s'affilier à une organisation professionnelle de son choix ou de s'en désaffilier, tout en conservant le droit d'être membre des sociétés de secours mutuel ou de retraite à l'actif desquelles il a contribué par des cotisations ou versements des fonds.

C. Régime d'interdictions

Etant donné que la loi garantie aux travailleurs une protection appropriée contre tous les actes de discrimination tendant à porter préjudice à la liberté syndicale en matière d'emploi. Il est interdit à tout employeur de :

- subordonner l'emploi d'un travailleur à son affiliation ou à sa non affiliation à une organisation professionnelle quelconque ou à une organisation professionnelle déterminée ;

- licencier un travailleur ou lui porter préjudice par tous les autres moyens, en raison de son affiliation à une organisation professionnelle et de sa participation à des activités syndicales.

§2. Les Organisations des travailleurs ou syndicats

A. Principe

On entend par syndicat toute organisation professionnelle constituée en vue de l'étude, de la défense et du développement de ses intérêts professionnels ainsi que du progrès social, économique et moral de ses membres.

Il convient de signaler l'innovation apportée par la modification de la loi portant code du travail qui autorise, en cas de nationalité étrangère et sous réserve de réciprocité, le requérant d'être en charge de l'administration ou de la direction d'un syndicat, à condition d'avoir travaillé en RDC pendant au moins 20 ans sans interruption sous le régime du code du travail.[193]

B. Enregistrement

Les syndicats doivent se faire enregistrer au Ministère du Travail qui en reçoit la demande et où est tenu, en permanence le registre des syndicats des travailleurs. (Art. 238) Une fois l'enregistrement est accordé, le Ministre du travail en adresse immédiatement la décision au syndicat requérant qui communique un exemplaire de ses statuts au Procureur de la République dans le ressort duquel est établi le siège du syndicat dans les trois jours de la réception de cette décision. (Art. 244)

---

[193] Article 241 de la Loi n°015/2002 du 16 octobre 2002 portant Code du Travail telle que modifiée et complétée par la loi n°16/010 du 15 juillet 2016.

Tout syndicat enregistré jouit de la personnalité civile et de la liberté d'action. Les syndicats peuvent se constituer en union ou aux unions syndicales qui doivent aussi être enregistrées (art. 249).

C. Dissolution

Le syndicat peut être radié du registre par un arrêté du Ministre du travail en cas de dissolution volontaire conformément aux statuts. Le syndicat doit informer le Ministère de la dissolution dans les 30 jours de celle-ci.

La dissolution intervient *de plano* si l'objet pour lequel le syndicat a été constitué est atteint ou si elle est votée par les 2/3 des membres réunis en assemblée générale. (Art. 251). Les organisations professionnelles ne sont pas sujettes à dissolution ou à suspension par voie administrative. (Art. 252)

§3. L'Organisation des employeurs : Syndicat patronal

A. La FEC

1. Statuts juridiques et objectifs

Régie par le décret-loi du 17/09/1965 relatif aux chambres de commerce et par le titre XVI, Chap. I de l'OL n° 67/610 du 09/08/1967 portant Code du Travail, la FEC est une organisation des Entreprises, à caractère privé, très attachée à son indépendance vis-à-vis des pouvoirs publics.

Elle est une chambre de commerce et un syndicat patronal au sein desquels sont regroupés les entreprises privées de toutes origines. Elle a une vocation nationale.

Elle a notamment pour mission la promotion des intérêts des entreprises de différents secteurs de l'activité économique, sociale et scientifique, en harmonie avec le bien commun et de jouer au conseiller des entreprises dans l'interprétation des dispositions légales et réglementaires tant nationales qu'étrangères, les collecter, les diffuser parmi les membres et trancher les différends entre ceux-ci portés à son arbitrage.

2. Ressources

Elles sont constituées de cotisations de ses membres, du produit de la vente des publications et des manifestations commerciales promotionnelles par elle initiées, ainsi que de la rémunération des services exclusifs fournis à un membre ou à des tiers.

3. ANEP

1. Statuts juridiques

L'Association nationale des entreprises publiques, en sigle « ANEP », est un syndicat d'employeurs du secteur public, enregistré sous le numéro 0001 du 8 mai 1998 sur le registre des syndicats d'employeurs en République démocratique du Congo en vertu de l'Arrêté ministériel n° 2/CAB/MTPS/004/98 du 8 mai 1998.

2. Objet

L'ANEP a pour objet le regroupement des entreprises du portefeuille en vue de la défense et du développement des intérêts professionnels ainsi que du progrès économique de ses membres.

À cet effet, elle s'engage notamment à :

- Soutenir tous les programmes visant l'amélioration des conditions économiques des entreprises du portefeuille et à conscientiser davantage les dirigeants d'entreprises sur des questions de l'intégration des entreprises dans le développement de la nation congolaise.

- Servir d'organe représentatif et de liaison entre les membres et les pouvoirs publics, et les autres organisations professionnelles d'employeurs nationales, africaines et internationales.

- Représenter les intérêts des membres en toute circonstance, conformément aux dispositions des présents statuts.

- Promouvoir la mise en place d'un cadre de concertation entre les membres en vue d'échange d'expérience en matière de gestion d'entreprises.

- Assumer les fonctions de chambre de commerce, d'industrie et d'agriculture, dans le but d'y jouer un rôle consultatif quant aux projets *ad hoc* initiés ou à initier par l'État et ses partenaires.

Section III : L'action syndicale de l'entreprise

Cette section est consacrée à la délégation syndicale qui est chargée de l'action syndicale au sein de l'entreprise où elle signe la convention collective avec l'employeur.

§1. La Délégation Syndicale

A. Notion

La délégation syndicale est l'organe composé de travailleurs ayant atteint l'âge de 21 ans révolus et réunissant certaines conditions, élus démocratiquement sans distinction de sexe ou de nationalité par les travailleurs au cours des élections sociales organisées au sein de l'entreprise. Elle assure la représentation des travailleurs dont elle est le porte-parole dans l'entreprise.

Le nombre de délégués est fonction de la tranche d'effectif du personnel de l'entreprise.

L'arrêté ministériel n° 12/CAB.MIN/TPS/ar/NK/054 du 12 octobre 2004 fixant les modalités de la représentation et de recours électoral des travailleurs dans les entreprises ou les établissements de toute nature *fixe à 10 le nombre de travailleurs à partir duquel la représentation des travailleurs est obligatoire*. Toutefois, dans les entreprises ou les établissements ayant moins de 10 travailleurs, ceux-ci désignent *un de leurs pairs pour les représenter auprès de l'employeur.*

Le nombre minimum des délégués est fixé ainsi :

1) de 10 à moins de 20 travailleurs : 1 délégué ;

2) de 20 à moins de 100 travailleurs : 3 délégués ;

3) de 100 à moins de 500 travailleurs : 5 délégués ;

4) de 500 à moins de 1000 travailleurs : 9 délégués ;

5) plus de 1000 travailleurs : 9 délégués plus un délégué par tranche de mille travailleurs supplémentaires.

Les élections sont organisées par le chef d'établissement et, en cas de carence de celui-ci, par l'Inspecteur du travail. Pour chaque délégué effectif, il est élu un suppléant qui le remplace en cas d'absence ou d'empêchement. Elle a un mandat de trois ans renouvelable ; le délégué perd sa qualité s'il :

- cesse de remplir les conditions d'éligibilité,
- quitte ou perd son emploi,
- se fait désavouer par les travailleurs de l'entreprise membres de son syndicat pour faute lourde commise dans l'exercice de son mandat syndical ou ;
- fait l'objet d'une mesure disciplinaire dûment prononcée par les organes statutaires de son syndicat. (Art.257).

Cette perte du mandat ne devient effective qu'après constat, par l'Inspecteur du travail de la conformité de la mesure au règlement intérieur de la délégation syndicale dans le premier cas, et aux statuts dans le second cas.

En cas de vacance du mandat avant l'expiration du terme, par démission, décès ou pour toute autre cause, le suppléant achève le mandat de celui qu'il remplace. Le suppléant remplace le titulaire lorsque celui-ci est absent ou empêché. En cas de vacance partielle ou totale avant l'expiration du mandat, le syndicat concerné procède à la cooptation suivant la liste présentée aux élections.

B. Missions

La compétence de la délégation syndicale s'étend à l'ensemble des conditions de travail de l'entreprise ; elle est obligatoirement consultée pour ses avis par l'employeur sur les questions touchant aux horaires de travail, sur les critères généraux d'embauche, le licenciement et le transfert des travailleurs, le système de rémunération, l'élaboration et les modifications du règlement d'entreprise.

Elle participe à la gestion des œuvres sociales telle que la caisse de secours, la cantine, créées par l'employeur pour le personnel, au règlement des problèmes que pose le maintien de la discipline et peut proposer toutes mesures utiles tendant à assurer la sécurité technique, l'hygiène et la salubrité sur les lieux du travail ainsi qu'à sauvegarder la santé de toute personne dans l'entreprise. (Art. 259-262 CT)

C. Obligations d'informer la délégation syndicale

L'employeur est tenu d'informer au moins semestriellement la délégation sur les données concernant la marche et la situation économique et sociale de l'entreprise ou de l'établissement notamment sur le chiffre d'affaires ou une donnée équivalente, l'indice général de la productivité, le bénéfice global, l'évolution du niveau des prix à la vente, les grandes lignes du programme de développement, les perspectives d'avenir. À défaut de convention collective, un accord entre l'employeur et la délégation peut déterminer, compte tenu des contingences particulières de l'entreprise ou de l'établissement :

- les modalités d'application de l'alinéa précédent ;
- l'énumération des renseignements que l'employeur doit s'abstenir de communiquer ;
- les renseignements qui peuvent être livrés au personnel.

Dans tous les cas, les délégués ne peuvent divulguer les informations confidentielles dont ils auraient eu connaissance dans l'exercice de leurs fonctions.

D. Protection légale des délégués syndicaux

L'article 257 al.9 *in fine* de la loi portant code congolais du travail précise que le mandat du délégué ne peut entraîner ni mesure vexatoire, ni préjudice, ni avantages spéciaux pour celui qui l'exerce.

1. Procédure de licenciement d'un délégué syndical

- **En dehors de la faute lourde**

L'article 258 soumet à la condition suspensive de l'approbation préalable de l'Inspecteur du travail géographiquement compétent toute décision de licenciement d'un délégué titulaire ou suppléant ainsi que toute mutation faisant perdre la qualité de délégué.

- **En cas de faute lourde**

L'employeur, en attendant la décision de l'Inspecteur du travail, peut prononcer la suspension des fonctions du travailleur délégué syndical. L'Inspecteur a un mois pour se prononcer, délai au-delà duquel il est censé approuver la décision de licenciement. L'AM n° 036/95 du 21/06/1995 régit le recours judiciaire contre la décision de l'Inspecteur du travail en cas de licenciement ou de mutation d'un délégué titulaire ou suppléant.

Cette protection spéciale prévue par les §§ 1 et 2 de l'article 258 ne s'applique pas en cas de démission ou de mise à la retraite, laquelle intervient automatiquement conformément à la convention collective, ou en cas de fermeture définitive de l'entreprise.

2. Du recours

Il convient de relever ici que la décision de l'Inspecteur est un acte administratif susceptible d'un recours judiciaire en annulation précédé d'un recours hiérarchique préalable qui doit être formé, dans les 10 jours de la notification de la décision de l'inspecteur, par la partie lésée auprès du Ministre du travail.

3. Régime du préavis

Sauf faute lourde, la durée de préavis à observer en cas de licenciement d'un délégué titulaire ou suppléant sera le double de la période légale allant du dépôt des listes électorales jusqu'à la proclamation des résultats. Les candidats non élus ou non réélus bénéficient pendant une durée de 6 mois après les élections de la règle du double préavis. (Art. 258 §6)

§2. La Convention Collective (C.C.)

A. Notion

La convention collective est un accord écrit conclu entre d'une part un ou plusieurs employeurs ou un ou plusieurs syndicats d'employeurs et d'autre part un ou plusieurs syndicats des travailleurs, accord qui prévoit les dispositions plus favorables aux travailleurs que celles de la législation et de la réglementation en vigueur, sans déroger aux dispositions d'ordre public et il est relatif aux conditions et aux relations de travail.

Les parties audit accord doivent justifier, les unes et les autres, avant l'ouverture de négociation, de leur pouvoir de contracter au nom du syndicat qu'ils représentent. (Art. 272-274) Les parties déterminent le champ d'application professionnelle et territoriale de leur convention : secteur brassicole, bancaire, textile et chaussures…

B. Formalités

La convention collective reprenant les mentions obligatoires reprises à l'article 279 doit être, à peine de nullité, écrite en langue officielle, le français et établie en autant d'originaux qu'il y a des parties et signée par tous les contractants.

Elle doit être portée à la connaissance de tous les travailleurs et être affichée à l'entrée de l'entreprise. Six originaux supplémentaires sont soumis au visa de l'Inspecteur du travail qui peut demander la modification des clauses contraires à la législation ou à la réglementation.

L'inspecteur en assure la publicité par voie de dépôt sans frais d'un exemplaire revêtu de son visa au greffe du tribunal de travail et en adresse un exemplaire au ministre du travail aux fins de publication au Journal Officiel, sans frais. (Art.287)

C. Effets (art.289)

1. La convention collective a force obligatoire pour tous les contractants, toutes les personnes physiques ou morales qu'ils représentent et pour celles qui sont ou deviennent membres des syndicats contractants.

- Ses dispositions sont applicables à tous les travailleurs des catégories intéressées, employés dans l'entreprise ou les entreprises visées par la convention collective sauf dispositions contraires à celles-ci.

- Elle s'applique à tous les travailleurs auxquels elle est étendue ;

- Dans le cas de la substitution d'employeur, le nouvel employeur est subrogé aux droits et obligations du précédent employeur. (Art.293)

2. Elle est obligatoire pour les syndicats résultant de la scission d'un syndicat qui est partie à la convention ainsi qu'à tout syndicat et à ses membres appartenant à la nouvelle organisation suite à une fusion, union ou fédération de syndicats dont un des syndicats est partie à cette convention collective.

3. La convention collective s'applique automatiquement aux contrats individuels sauf lorsque ceux-ci prévoient des avantages plus favorables au personnel.

Les dispositions d'une convention collective ne peuvent restreindre les avantages résultant pour le travailleur des conventions collectives dont le champ d'application est plus large.

Chapitre six :

Le règlement des conflits du travail et la prescription

Ce chapitre subdivisé en deux sections renseigne sur le règlement des conflits de travail dans leur double volet individuel et collectif d'une part et énonce les normes régissant la prescription en matière du travail d'autre part.

Section I : Règlement des conflits du travail

§1. Le règlement des litiges individuels du travail

Le règlement des litiges individuels du travail se fait en deux phases, celle de conciliation qui est un préalable incontournable déterminant la recevabilité de l'action en justice, et le cas échéant, la judiciaire.

A. Phase préliminaire : la conciliation

1. Intérêt de la conciliation

Selon l'article 298 de la loi portant code du travail, les litiges individuels ne sont pas recevables devant les chambres d'affaires du travail s'ils n'ont été préalablement soumis à la procédure de conciliation à l'initiative de l'une des parties devant l'Inspecteur du travail du ressort qui, aux termes de l'article 300 alinéa 3 et 4 , procède à un échange des vues sur l'objet du litige et vérifie si les parties sont disposées à se concilier sur la base des normes fixées par la législation, la règlementation, les conventions collectives ou le contrat individuel du travail. Les parties peuvent s'y faire assister ou représenter.

2. Conclusion de l'Inspecteur du travail

Après échanges de vues, l'Inspecteur du travail constatant l'accord ou la non-conciliation (art.302) dresse le PV correspondant qu'il signe avec les parties qui en reçoivent ampliation.

3. De l'exequatur

En cas de conciliation, la formule exécutoire est apposée sur le PV par ordonnance du président du Tribunal du Travail du ressort, à la demande de la partie la plus diligente et l'exécution est poursuivie comme un jugement du tribunal de travail. (Article 301)

Il a été jugé que le PV de conciliation non assorti de la formule exécutoire a été signé sous réserve par les parties de sorte que l'employé qui a touché l'indemnité de préavis peut valablement introduire une action en DI. (L'shi 2/12/1980 RC 6034, Aff PENAZA C/KABANGU KAMWANYI)

B. Nature juridique du PV établi par l'Inspecteur du travail

Qu'il s'agisse de la conciliation ou de la non-conciliation totale ou partielle, le PV établi à cet effet n'est qu'un acte déclaratif et non constitutif parce que l'Inspecteur ne se limite qu'à constater l'accord ou le désaccord. Ce n'est pas non plus une décision administrative susceptible de recours en annulation.

Il convient de relever que l'article 321 de la loi portant Code du travail telle que complétée et modifiée à ce jour punit d'une amende qui n'excède pas 20 000 FC, la partie à un litige individuel ou à un conflit de travail invitée devant l'Inspecteur ou le contrôleur du travail, qui n'aura pas répondu à la troisième invitation qui lui aura été remise moyennant accusé de réception.[194]

C. Phase judiciaire

En cas d'échec total ou partiel de la procédure de conciliation devant l'Inspecteur du travail du ressort, le litige sera soumis au Tribunal compétent.

Le juge du travail déclarera irrecevables les réclamations non préalablement soumises devant l'Inspecteur du travail par l'une des parties au conflit individuel à l'audience de conciliation.

L'article 299 du Code de travail, sans fixer un nouveau délai ni les nouvelles causes de prescription (matières d'ordre public définies à l'article 317), détermine plutôt les modalités d'interruption de délais de prescription fixés par l'article 317 alinéa 2 qui s'y réfère au demeurant.

Cet article (299) qui fixe les modalités d'application de l'article 317 alinéa 2 renseigne que les délais de prescription en matière du travail ne seront, en cas de non-conciliation, interrompus depuis la réception de la demande de conciliation à l'inspection du travail qu'à condition que la demande devant le tribunal du travail soit formée dans *le délai maximum de douze mois à compter de la réception du procès-verbal de non-conciliation par la partie la plus diligente*.

En d'autres termes, *le délai maximum de douze mois à compter de la réception du procès-verbal de non-conciliation par la partie la plus diligente* n'est qu'un fait générateur actif et légal de l'interruption de la prescription. En effet, faute pour le requérant de saisir le tribunal compétent dans ce délai, la prescription ne sera pas interrompue mais elle va poursuivre son cours normal depuis la réception de la demande de conciliation à l'inspection du travail, comme s'il n'y avait jamais eu de fait générateur actif; par conséquent toute

---

[194] Article 321 *in fine* de la Loi n°015/2002 du 16 octobre 2002 portant Code du Travail telle que modifiée et complétée par la loi n°16/010 du 15 juillet 2016.

action judiciaire portant sur une matière dont les délais fixés par les dispositions d'ordre public de l'article 317 seraient totalement affectés ou écoulés depuis la réception de la demande de conciliation à l'inspection du travail serait anesthésiée par la survenance de la prescription du fait de non interruption des délais.

Cependant, si malgré le cours normal de délais de prescription du fait de non saisine du tribunal compétent *dans le délai maximum de douze mois à compter de la réception du procès-verbal de non-conciliation par la partie la plus diligente*, les délais de l'article 317 ne sont pas totalement affectés, le titulaire d'une action serait fondé, malgré l'écoulement de douze mois sus évoqué, à jouir pleinement des droits lui reconnus par les dispositions légales d'ordre public et donc à saisir valablement le juge du travail compétent. Le débouter serait une violation manifeste de la Loi portant code du travail dans ses articles 299 et 317.

En effet, considérer que le fait générateur actif et légal de l'interruption de la prescription qu'est la condition de saisine du tribunal du travail dans le délai de douze mois est un nouveau délai de prescription serait une violation d'une matière d'ordre public avec comme conséquence illégale de priver de ses droits, le titulaire d'une action portant sur une matière non encore prescrite en vertu des dispositions de l'article 317.

Cette vision est d'autant plus justifiée que la matière d'interprétation des textes juridiques est régie par le principe selon lequel le texte clair ne s'interprète pas, il s'applique outre qu'en raison de la cohérence interne de la loi et par rapport aux différentes dispositions contextuelles pertinentes, toute interprétation contraire ne s'accorde nullement avec la volonté du Législateur.

Surabondamment, la *ratio legis* de la prescription consiste à éviter de laisser perdurer indéfiniment l'insécurité juridique et qu'en sus, la négligence du demandeur qui d'agir avec diligence alors qu'il dispose du procès-verbal de non conciliation dans une matière qui touche à sa vie socio-économique équivaudrait pour lui à une renonciation à son action; une telle passiveté de sa part s'interpréterait alors en l'absence de tout intérêt qui reste en droit la mesure de l'action.

§2. Le règlement des conflits collectifs

A. Notion

Aux termes de l'art. 303 de la loi portant code du travail, pour qu'il y ait conflit collectif du travail, il faut les éléments suivants :

- Conflit entre un ou plusieurs employeurs d'une part et un certain nombre des membres de leur personnel d'autre part.

- Conflit au sujet des conditions de travail lorsqu'il est de nature à compromettre la bonne marche de l'entreprise ou la paix sociale.

B. *De la recevabilité des conflits collectifs devant les tribunaux de travail*

Les conflits collectifs de travail ne sont recevables devant les tribunaux de travail que s'ils ont *été préalablement soumis à la procédure de conciliation et de médiation*, selon le cas, à l'initiative respectivement de l'une des parties devant l'inspecteur du travail ou du Ministre ayant le travail et la prévoyance sociale dans ses attributions ou du Gouverneur de province devant la commission de médiation. (Article 304)

L'article 306 CT prévoit qu'à défaut de procédure conventionnelle de règlement, la procédure légale de conciliation et de médiation se déclenche conformément aux articles 307-305 du CT.

C. *Phase de conciliation*

La partie en conflit la plus diligente saisit l'Inspecteur du travail du ressort aux fins d'entamer la procédure de conciliation ; l'Inspecteur du travail, même quand il se saisit d'office doit agir rapidement en vue de régler le différend. Il procède à l'échange de vues entre parties, établit un PV qui constate l'accord, le désaccord total ou partiel, le signe et le fait contresigner par les parties qui en reçoivent ampliation. L'accord est exécutoire.

D. *Phase de médiation*

En cas de non conciliation totale ou partielle, le conflit est obligatoirement soumis à la procédure légale de médiation dont la commission est composée du Président du Tribunal de paix ou d'un magistrat qu'il désigne qui en est le président et des membres que sont un assesseur employeur, un assesseur travailleur, étrangers à l'entreprise ou aux entreprises affectées par le conflit. La commission de médiation est instituée par le Gouverneur de la Province ou le Ministre du Travail selon le cas. (Article 309-310).

La procédure de conciliation et de médiation est gratuite. (Article 314§4 *in fine*)

§3. Le recours à la grève ou au lock-out

A. *La grève*

La grève, un droit reconnu par la Constitution, est une cessation collective du travail, par des salariés en vue d'obtenir la satisfaction d'une modification ou l'application du droit par l'employeur. Elle peut être spontanée et brutale, sans but précis, organisée et dirigée vers un résultat déterminé, limitée à une entreprise ou généralisée à une branche ou à une région, voire nationale ou générale.

1. Du déclenchement de la grève légale

La cessation collective du travail ou la participation à cette cessation collective du travail ne peut avoir lieu qu'à l'occasion d'un conflit collectif du travail et une fois que les moyens de règlement du conflit, conventionnels ou légaux ci-dessus, ont été régulièrement épuisés. (Article 315 al.1). En cas d'échec de cette procédure, il faut un préavis de 6 jours ouvrables de la notification à l'autre partie par celui qui en prend l'initiative.[195]

Il sied de noter que la grève est l'aboutissement des conflits collectifs après épuisement ou l'échec de toute la procédure de conciliation et de médiation engagée en bonne et due forme ; sans être un conflit collectif, elle en est la manifestation ou la preuve de l'existence.

2. Les éléments constitutifs de la grève

Trois éléments constituent la grève : la cessation du travail, l'action concertée, le but professionnel.

- *La cessation du travail* est l'élément matériel et spécifique de la grève, facile à déterminer.
- *L'action concertée* inhérente à la cessation collective du travail conduit à l'arrêt collectif du travail impliquant plusieurs participants.
- *Le but professionnel* c'est l'objet même de la grève, tendre vers l'amélioration des conditions d'exercice du travail.

Ce dernier élément fait que certaines grèves sont considérées comme illicites. C'est le cas de : grèves politiques et grèves de solidarité (qui visent à défendre des intérêts professionnels de travailleurs autres que les grévistes ou ayant pour but de soutenir les revendications d'autres salariés de la même entreprise ou de travailleurs étrangers à celle-ci.

3. Limitations de l'exercice du droit de grève

Pour exercer le droit constitutionnel de la grève, il faut respecter certaines conditions, qui s'analysent en limitations de ce droit, lesquelles sont soit légales, soit jurisprudentielles, soit conventionnelles.

Ces limitations résultent, notamment de l'interdiction de l'atteinte à la liberté du travail, de certaines clauses restreignant le droit de grève dans la mesure où elles ne dérogent pas, elles-mêmes aux règles d'ordre public : clause instituant un préavis, clause prévoyant une procédure préalable de conciliation.

[195] Article 3 AM n°12/CAB.MIN/ETPS du 08 août 2008 portant fixation des droits et obligations des employeurs parties à un conflit du travail.

4. Les effets juridiques de la grève licite

La grève ne rompt pas le contrat de travail sauf faute lourde imputable au salarié mais le suspend. La grève d'une partie du personnel d'une entreprise n'a pas d'effet sur les contrats de travail liant l'employeur et les salariés de l'entreprise qui ont manifesté leur intention de ne pas participer à la grève, mais se sont trouvés dans l'impossibilité de travailler. Par conséquent, l'employeur reste tenu de verser à ces salariés la rémunération convenue, sauf s'il arrive à prouver la force majeure.

B. Le lock-out

1. Définition

Le terme « lock-out » est la fermeture totale ou partielle de l'établissement par l'employeur qui prend sa décision délibérément et en fonction d'une grève de ses salariés, déjà engagée ou qu'il peut craindre. C'est un arrêt de travail à caractère social et nécessairement lié à une grève de salariés. Il est exigé de l'employeur qui veut recourir au *lock out* de notifier à l'autre partie un préavis de 6 jours ouvrables prenant effet à la réception de ladite notification.

2. Effets du lock-out

La question ne se pose en pratique que pour les lock-out réguliers, c'est-à-dire ceux qui sont consécutifs à la force majeure, à la désorganisation de l'entreprise, à l'occupation des lieux du travail par les grévistes, à des accidents graves.

Les effets des lock-out réguliers sont similaires à ceux de la grève :

- la fermeture n'entraîne ni rupture à la charge de l'employeur ni conséquences pécuniaires de cette rupture ; - le lock-out étant comme la grève, un événement provisoire, il y aura suspension du contrat de travail pendant la fermeture ; - pendant cette suspension, l'employeur n'aura pas à verser de salaire, et cela même aux non-grévistes dans l'hypothèse où le lock-out aurait été déclaré à l'égard de ces derniers.

Pour les lock-out irréguliers, la fermeture de l'entreprise vaudra, au choix des salariés, rupture ou suspension du contrat de travail, à la charge de l'employeur avec toutes les conséquences qui en découlent.

Section II : La prescription en matière du travail

§1. Dispositions générales

A. Principe

La prescription extinctive ou libératoire est un mode d'extinction de droit du patrimoine résultant du non-exercice de ces droits par leur titulaire pendant un certain laps de temps déterminé, ce qui insinue que le créancier a négligé d'agir pour obtenir l'exécution de ses droits, et la libération du débiteur peut en découler.

Il en appert que la prescription implique l'extinction de l'action du créancier par l'écoulement d'un certain délai, et l'extinction des poursuites contre le débiteur, poursuites qui ne peuvent plus être valablement engagées.

Les actions naissant du contrat du travail se prescrivent par *trois ans* après le fait qui a donné naissance à l'action.

B. Dérogations

Les actions en paiement du salaire se prescrivent par *un an* à compter de la date à laquelle le salaire est dû.

Les actions en paiement des frais de voyage et de transport se prescrivent par *deux ans* après la cessation du travail ou après l'ouverture du droit au voyage en cours d'exécution du contrat ou après la rupture de ce dernier. (Art. 317).

§2. Causes d'interruption de la prescription

L'article 317 al.2 du code de travail énumère exhaustivement les causes suivantes comme interruptives de la prescription :

- la citation en justice ; - l'arrêté de compte intervenu entre les parties mentionnant le solde dû au travailleur et demeuré impayé ;
- la réclamation formulée par le travailleur auprès de l'employeur par lettre recommandée avec avis de réception ;
- la réclamation formulée par le travailleur devant l'inspecteur du travail sous réserve que la saisine de la juridiction du travail se fasse dans les douze mois du PV de la non-conciliation.

TROISIEME PARTIE
LE DROIT DE LA SECURITE SOCIALE

La sécurité sociale a pour but de garantir l'ensemble de la population contre un plus grand nombre possible de risques, au moyen d'une organisation globale qui en appelle à la solidarité collective mieux institutionnalisée dans un contexte où la sécurité économique des individus est menacée par un certain nombre d'événements, de risques sociaux, lesquels empêchent l'acquisition du revenu professionnel.

Il s'agit notamment des risques que sont la maladie, l'invalidité, le chômage, la vieillesse, ou celles qui entrainent des dépenses particulières, des dépenses de santé, des charges familiales.

Cela explique le double but que s'assigne l'institution de la sécurité sociale :

- celui d'assurer la protection des individus devant les conséquences financières des risques sociaux sus-énumérés d'une part et,
- de servir d'instrument privilégié de la politique sanitaire et sociale du fait de sa généralisation à l'ensemble de situations qu'elle doit couvrir.

I. INTRODUCTION

A. De la complémentarité du Droit du Travail d'avec le Droit de la Sécurité sociale

Le Droit du Travail se complète avec le Droit de la Sécurité sociale en ce que :

1. Le Droit du Travail donne la matière au droit de la sécurité sociale ; il :

- met en relation du travail les principaux acteurs que sont l'Employé et l'Employeur,
- garantit à l'Employé un salaire en contrepartie de sa prestation et les meilleures conditions du travail, rémunération qui va servir d'assiette à l'assurance sociale,

2. tandis que le système de sécurité sociale :

- fait reposer sur les salaires dus aux travailleurs des cotisations qui lui permettront de verser à ces derniers des prestations en cas de suspension ou fin de contrat inhérente à la réalisation des risques sociaux.[196]

Ces relations d'inclusion et de complémentarité sont mises en exergue par la théorie de la « Gouvernance Systémique Triptyque (GST) » de la sécurité sociale.

B. Théorie de la « Gouvernance Systémique Triptyque (GST) » de la sécurité sociale

Cette théorie soutient que la sécurité sociale ne peut être réductrice de la pauvreté en RDC que si elle est issue d'une gouvernance tributaire d'un environnement économique sain, attractif des investissements créateurs de la valeur ajoutée et donc de la croissance et, générateurs d'emplois et des salaires efficients, capables d'élargir l'assiette de cotisation de sécurité sociale, le tout dans la perspective d'une gestion rationnelle de l'Organisme.

La Gouvernance systémique triptyque (GST) est un facteur de lutte contre la pauvreté des prestataires sociaux en RDC grâce à la pérennité du régime général, œuvre de la croissance économique.

1.1. Modèle théorique

La Gouvernance Systémique Triptyque (GST)[197] de la sécurité sociale est une théorie intégrée assise sur les sous-concepts *« Croissance, Emploi et Sécurité sociale »;* elle est non seulement un facteur de résilience mais à la fois aussi une stratégie idoine et un paradigme de la pérennité du régime général agissant sur l'amélioration des conditions de vie de ces prestataires grâce à la croissance économique qui influe ipso facto et de manière intégrée sur le développement socioéconomique.

Elle suppose en amont un excellent climat des affaires attractif des investissements, à la base d'une forte pénétration industrielle créatrice de valeurs ajoutées et donc de la croissance économique génératrice des emplois et des salaires efficients, capables d'irriguer et d'élargir l'assiette de cotisation de sécurité sociale pour en assurer la pérennité des régimes au profit de ces prestataires et du pays.

L'appréhension de ce courant de pensée passe par sa maitrise conceptuelle et sa présentation modélisée.

---

[196] Juritravail, *Droit Social,* http// : www.juritravail.com/droit-social.html, site visité le 25 novembre 2014.

[197] Loko Mantuono G. b, *Gouvernance de la sécurité sociale et réduction de la pauvreté en République Démocratique du Congo. Analyse de la gestion du régime général de l'INSS de 2007-2011,* thèse de Doctorat en Droit Economique et Social, FD, UNIKIS, 2012-2013, pp. 44-45.

1.2. Concepts et modélisation de la théorie explicative

Pour mieux cerner la *gouvernance systémique triptyque (GST)* en tant que théorie explicative, il convient de décrypter le constructivisme conceptuel qui la sous-tend, lequel s'articule autour des expressions ci-après : « gouvernance, systémique et triptyque. »

A. *Concepts opératoires de la théorie*

La GST appliquée à la sécurité sociale repose sur trois concepts structurants interconnectés qui forment un cycle unique de gestion du secteur social : la gouvernance, la systémique et le triptyque. Pour porter tous ses fruits, elle a besoin d'un régime juridique adéquat.

Gouvernance. La gouvernance doit, dans le cadre de cette théorie, être entendue comme *un système social* qui se réfère *aux structures et processus collectifs, formels et informels*, lesquels déterminent la manière dont *les décisions sont prises et les normes ou institutions élaborées* quant à la *mise en œuvre administrative et managériale des régimes de sécurité sociale* au plus *grand avantage des acteurs* et *de manière à résoudre les conflits qui peuvent les opposer.*

Cette gouvernance est caractérisée par le dynamisme, la participation, la prévisibilité, la responsabilité, le dialogue, la démocratie et la transparence.

Systémique. Il se traduit ici par l'interaction entre les trois acteurs principaux de cette théorie et les trois sous-concepts substantiels, en l'occurrence, *« Croissance, Emploi, et Sécurité sociale ». Ces trois dimensions de la GST sont* appelés à fonctionner suivant une certaine verticalité sous-tendue en amont par la *Croissance économique* issue d'un environnement sain et propice aux affaires, créatrice des *Emplois. Elle vise* en aval la *Sécurité sociale* devant garantir aux assurés les prestations auxquelles ils ont droit.

Cela veut dire qu'un important apport financier en termes d'investissements devrait provoquer une forte pénétration industrielle à la base du flux d'emplois et des salaires efficients appelés à irriguer les caisses de l'organisme de sécurité sociale pour en assurer la pérennité des régimes au profit des assurés

Triptyque. Il renvoie à la fois aux trois acteurs principaux de la sécurité sociale que sont *l'Etat, les Organisations professionnelles des employeurs et des travailleurs et la Caisse de sécurité sociale* et aux trois indicateurs susmentionnés *« Croissance, Emploi, et Sécurité sociale ».*

B. Acteurs de la GST de la sécurité sociale

Trois acteurs principaux jouent chacun une série des rôles déterminants dans la gouvernance systémique triptyque de la sécurité sociale. L'interaction existe entre ces différents acteurs, l'Etat, les Organisations professionnelles des employeurs et des travailleurs (appelés à devenir prestataires sociaux en cas de survenance des aléas sociaux) et la CNSS.

Comme le montre la figure 1, la sécurité sociale est l'une des principales institutions de la GST qui contribuent au progrès social et économique d'un pays.

Elle apporte aux personnes protégées l'assurance que *leur niveau de vie et la qualité de celle-ci ne seront pas, pour autant que cela soit possible, gravement entamés par une éventualité sociale ou économique quelle qu'elle soit.* Elle favorise la solidarité nationale et le partage équitable des charges et contribue à la dignité humaine, à l'équité et à la justice sociale.

Cette théorie présente ces différents acteurs dans leurs rôles ainsi que dans leur interaction en faveur d'une gouvernance qualitative qui soit en République Démocratique du Congo un véritable paradigme de la pérennité du régime général et du progrès socioéconomique par la croissance. Elle a l'avantage de ressortir également les relations qui existent entre la sécurité sociale et le travail et donc entre le droit du travail et celui de la sécurité sociale qui interagissent à certains degrés.

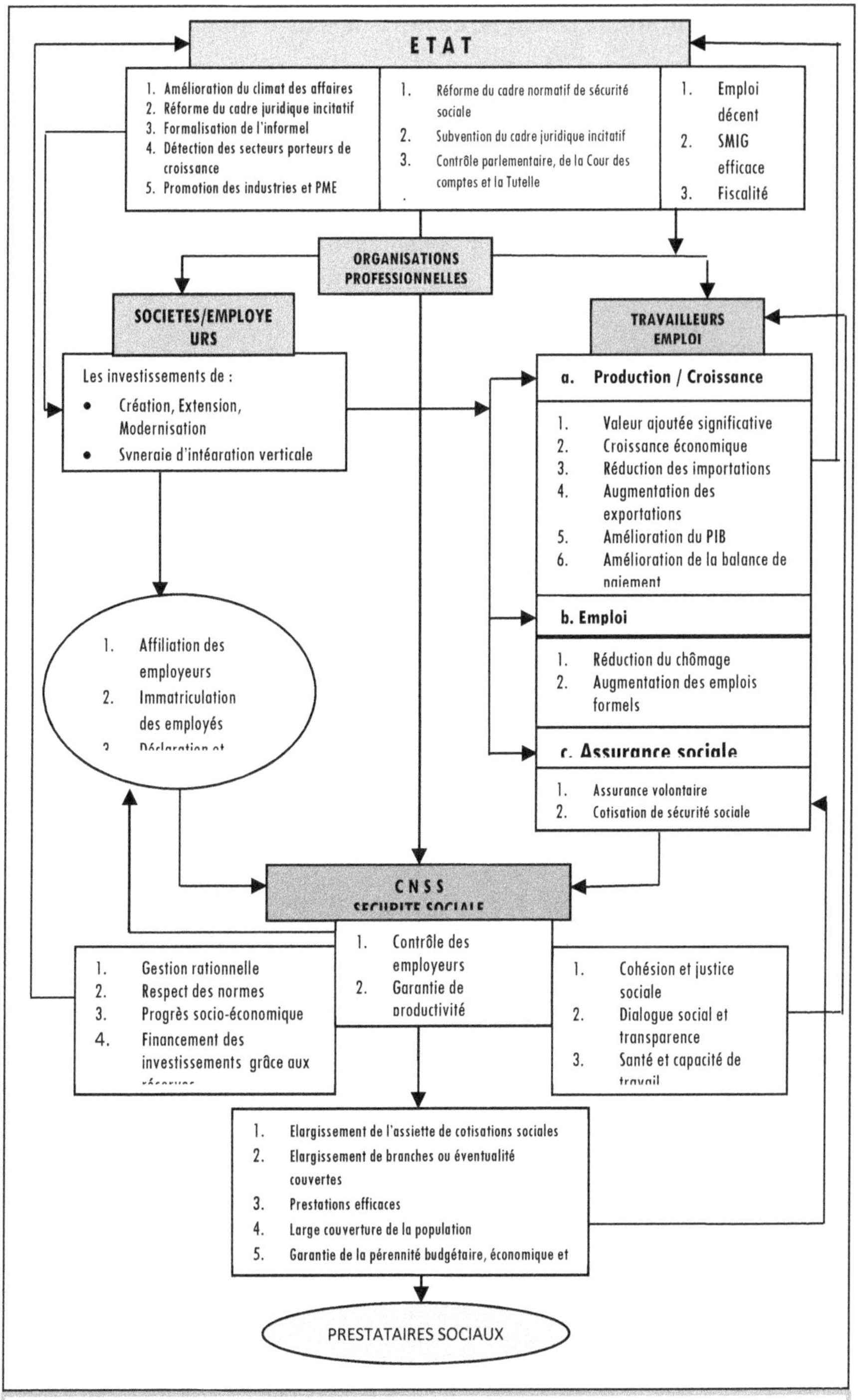

Figure 1 : Modèle théorique de la gouvernance systémique triptyque de la sécurité sociale.

1.3. Présentation schématique des effets de l'application de la GST

L'application de la théorie de la gouvernance systémique triptyque modélisée comme facteur de résilience contre la pauvreté des prestataires sociaux en RDC produit, selon le cas, différents effets en faveur des prestataires sociaux en agissant sur les indicateurs économiques et macro-économiques comme le renseignent respectivement la figure 1 sus-présentée et la figure 2 ci-dessous dont la légende est illustrée somme suit ;

1. Conséquences de la croissance sur la création des sociétés et des emplois.
2. L'effet produit par la création des sociétés et des emplois sur la sécurité sociale.
3. Les feed-back de la sécurité sociale sur la production des entreprises
4. La réalisation des risques sociaux qui transforment les travailleurs en prestataires sociaux
5. Les garanties de la CNSS aux prestataires sociaux et les feed-back
6. Les attentes des prestataires sociaux : réclamations des droits, les recours, la justice sociale, les prestations conséquentes.
7. Action de la sécurité sociale comme levier de l'économie de l'Etat.

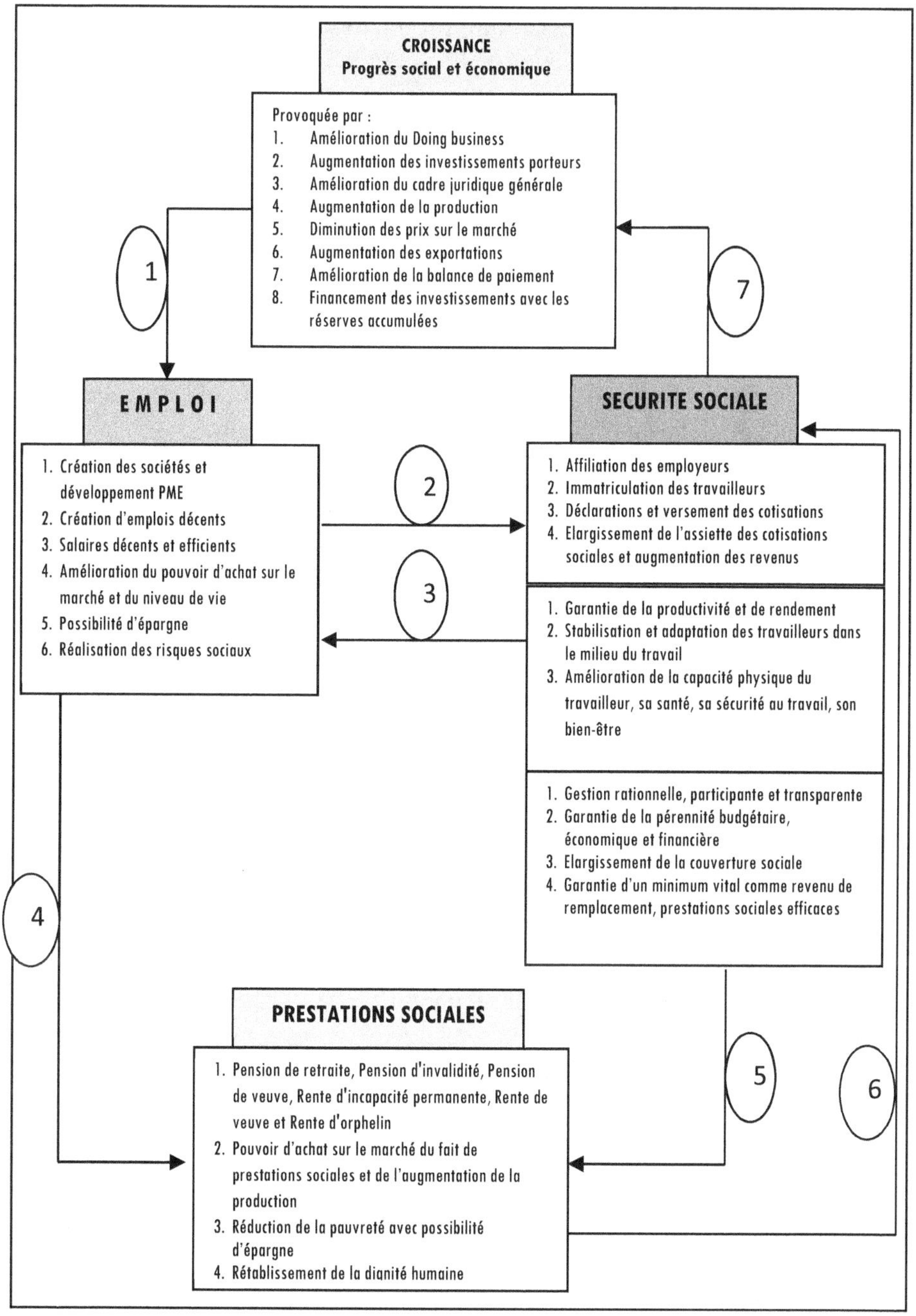

Figure 2 : Conséquences de l'application de la gouvernance systémique triptyque de la sécurité sociale

a) **Sur le plan macroéconomique et de développement,** la sécurité sociale devient un levier de l'économie nationale lorsqu'elle finance les investissements grâce aux réserves accumulées, contribuant ainsi au développement socio-économique du pays.

b) **Sur le plan économique**, elle favorise l'accroissement de la productivité en stabilisant les travailleurs et en facilitant les changements structurels et technologiques pour une main-d'œuvre adaptable et dynamique.

c) **Au sein de l'entreprise**, elle devient un levier de la politique de gestion des ressources humaines et un facteur de développement humain lorsqu'elle améliore la capacité physique du travailleur, son adaptation et sa stabilisation au milieu professionnel.

d) **Au plan social,** elle garantit aux travailleurs de prestations compensatoires et un minimum de moyens d'existence grâce aux prestations de substitution en cas de survenance d'aléas couverts, les assurant que le niveau et la qualité de leur vie ne seront pas, pour autant que cela soit possible, gravement entamés par une quelconque éventualité socio- économique.[198]

1.4. Rôles et importances de la théorie explicative

La théorie de la gouvernance systémique triptyque telle que modélisée supra au regard de termes qui la sous-tendent, des rôles de ses différents acteurs et de leur interaction, dégage à de degrés divers nombre d'effets bénéfiques aux différents niveaux tant macroéconomique, économique, social qu'à celui d'entreprise.

Au niveau macroéconomique, elle est un instrument complémentaire de financement des investissements grâce aux réserves accumulées et contribue de ce fait, au développement économique et social. Elle facilite les changements structurels et technologiques qui exigent une main-d'œuvre adaptable et mobile.

Sur le plan économique, elle est à la base de l'accroissement de la productivité, elle stabilise les travailleurs et facilite les changements structurels et technologiques pour une main-d'œuvre adaptable et mobile.

Au sein de l'entreprise, elle améliore la capacité physique du travailleur et son adaptation au milieu professionnel devenant de ce fait un levier de la gestion des ressources humaines.

Au chapitre social, elle conserve et rétablit la santé des individus et leur capacité au travail, en leur garantissant de prestations compensatoires et un

---

[198] Loko Mantuono G., *op.cit*, pp. 354-355

minimum de moyens d'existence grâce aux prestations de substitution en cas de perte de revenu dans des éventualités bien déterminées ou de survenance d'aléas couverts. Elle contribue à la dignité humaine, à l'équité et à la justice sociale.[199]

Ces effets qui trouvent leur expression aux différents niveaux de création d'entreprises, des emplois, de salaires efficients, des effectifs des travailleurs, du flux d'affiliation des entreprises et de l'immatriculation des salariés etc., restent tributaires en amont de l'assainissement d'un excellent climat des affaires capable d'appâter les nouveaux investissements créateurs de valeurs ajoutées et ceux d'extension et de modernisation.

---

[199] Glombert Loko Mantuono b, *op.cit,* pp. 354-355

Chapitre un :

Notion de la sécurité sociale

Sur la notion de la sécurité sociale déteignent ses composantes et son importance, matières dont la fixation paraît judicieuse à l'appréhension de l'intérêt d'une conséquente gouvernance normative.

Section I : Définition de la sécurité sociale

Pour définir la sécurité sociale, il convient de tenir compte des notions voisines pour lesquelles la tentation est grande de croire en une synonymie. Cette question qui a fait l'objet de grandes mutations, retient l'attention de doctrinaires.

§1. Définitions doctrinales

Les notions de *sécurité sociale* et de *protection sociale* ont évolué au fil du temps et sont utilisées de diverses façons dans le monde entier.

Etant donné la pluralité de leurs acceptions aujourd'hui, il est très difficile d'en proposer une définition parfaitement claire, d'autant que leur emploi diffère d'un pays ou d'une organisation internationale à l'autre.[200]

La manière dont l'expression « sécurité sociale » est utilisée renvoie presque toujours à deux concepts, *ceux de politiques et de systèmes de sécurité sociale* qui seront examinés *infra.*

Mais de même que les notions de protection sociale et de sécurité sociale ne se recouvrent pas forcément, de même ces deux concepts ne sont en rien synonymes.

La sécurité sociale peut être définie sous trois aspects distincts auxquels s'ajoute une approche didactique[201] :

A. Aspect conceptuel

La sécurité sociale relève de l'idée d'une *garantie collective* des individus appartenant à un même groupe socioprofessionnel, à une même classe, à une même communauté contre les risques sociaux de leur existence.

---

[200] CIT a, *Sécurité sociale pour la justice sociale et une mondialisation équitable*, rapport VI, 100è session, BIT, Genève, 2011, p. 8.

[201] LOKO MANTUONO G. a, Gouvernance normative du régime général de la sécurité sociale en RDC : Bilan analytique de 1908 à 2013, Harmattan, Paris, Novembre 2014, p.

B. Aspect institutionnel

La sécurité sociale participe à *l'institutionnalisation de la garantie collective à travers un système étatique autonome*, fondé sur la solidarité organisée entre les individus appartenant à une communauté humaine déterminée.

Sous ce rapport, chaque pays conçoit et expérimente ses formes de protection selon un héritage propre constitué des valeurs et représentations collectives spécifiques, des constructions politiques existantes, des cadres dominants de la vie économique ainsi que des formes de sociabilité établies.

C. Aspect fonctionnel ou légal

Il est celui de l'OIT qui définit la sécurité sociale comme étant la protection que la société accorde à ses membres, grâce à une série de mesures publiques, contre le dénuement économique et social où pourraient les plonger, en raison de la disparition ou de la réduction sensible de leur gain, la maladie, la maternité, les accidents du travail et les maladies professionnelles, le chômage, l'invalidité, la vieillesse et le décès ; à cela s'ajoutent la fourniture de soins médicaux et l'octroi de prestations aux familles avec enfants.[202]

D. Acception didactique de la sécurité sociale

L'approche didactique s'appuie sur la définition fonctionnelle de la sécurité sociale tout en partageant la vision de LAROQUE P., père fondateur de la sécurité sociale française, pour qui « *la sécurité sociale est la garantie donnée à chacun qu'en toutes circonstances, il disposera des moyens nécessaires pour assurer sa subsistance et celle de sa famille dans des conditions décentes.* »[203]

C'est donc une façon de garantir la sécurité du niveau de vie avec pour principe que chacun conserverait en toutes circonstances le train de vie qu'il a pu atteindre par son effort au sommet de sa carrière.[204]

En s'appuyant sur la synergie notionnelle découlant des instruments internationaux traitant des droits de l'homme, des documents constitutifs de l'OIT puis des conventions et recommandations de sécurité sociale qu'elle a adoptées,[205] la sécurité sociale représenterait sur le plan didactique « *les mesures publiques visant à garantir de prestations de base en contrepartie des assurances obligatoires et préalables, à tous les assurés, créanciers de*

---

[202] Article 7.26 de la Loi n°16/009 du 15 juillet 2016 fixant les règles relatives au Régime Général de la sécurité sociale, *in Journal officiel de la RDC*, numéro spécial du 28 juillet 2016.
[203] Vassiriki Toure, *Les régimes de Prévoyance dans les pays de FANAF, état des lieux et perspectives*, symposium 23ème Assemblée Générale Annuelle « FANAF », CIPRES, Lomé 16 février 1999.
[204] *Ibidem.*
[205] BIT-DSS b, *op.cit*, p. 3.

prestations sociales du fait de l'incapacité à travailler ou d'obtenir un travail rémunérateur due à la survenue de risques sociaux, de manière à soulager leurs besoins et prévenir l'indigence en rétablissant jusqu'à un certain niveau le revenu qui est perdu ou réduit. »

Il est à présent judicieux, de considérer les notions connexes à la sécurité sociale.

§2. Sécurité sociale et notions voisines

A. Protection sociale et Droit de la sécurité sociale

1. En effet, **la « protection sociale** » est une notion générique qui fait référence au droit de la sécurité sociale considéré comme phénomène universel ; alors que celle de la sécurité sociale est une application nationale structurée du droit correspondant en un système spécifique. La « protection sociale » revêt souvent un sens plus large que la « sécurité sociale ».[206]

Elle englobe notamment la protection mutuelle des membres d'une famille ou d'une collectivité. Elle est également utilisée dans certains contextes dans un sens plus étroit pour désigner uniquement les dispositifs destinés aux membres les plus pauvres ou les plus vulnérables ou aux exclus de la société.

Pour rappel, la loi définit la protection sociale comme un ensemble des mécanismes de prévoyance collective qui permettent aux individus ou aux ménages de faire face financièrement aux conséquences des risques sociaux, entendu comme situations susceptibles de provoquer une baisse des ressources ou une hausse des dépenses.[207]

2. La notion de **sécurité sociale** ici retenue couvre l'ensemble des dispositifs de prestations, en espèces ou en nature, visant à garantir une protection contre, notamment :

- l'absence ou l'insuffisance de revenu tiré du travail, imputable à l'un des facteurs suivants : maladie, invalidité, maternité, accident du travail et maladie professionnelle, chômage, vieillesse, décès d'un membre de la famille;
- le manque d'accès ou l'accès inabordable aux soins de santé;
- l'insuffisance du soutien familial, en particulier pour les enfants et les adultes à charge;
- la pauvreté et l'exclusion sociale en général.

---

[206] CIT a, *op.cit*, p. 9.

[207] Article 7.19 de la Loi n°16/009 du 15 juillet 2016 fixant les règles relatives au Régime Général de la sécurité sociale, *op.cit*.

B. Politique et systèmes de sécurité sociale

La nature des rapports existant entre « protection sociale » et « sécurité sociale »[208] permet de distinguer clairement les politiques des systèmes de sécurité sociale.

Le concept **« politiques de sécurité sociale »** renvoie à la finalité des applications de la sécurité sociale (maintien du niveau de vie, revenu de remplacement et lutte contre les aléas) alors que le concept **« systèmes de sécurité sociale »** évoque la manière dont sont aménagés, au niveau de chaque pays, les moyens pour répondre aux besoins en sécurité sociale.[209]

En République Démocratique du Congo, la « sécurité sociale » n'est qu'une composante largement dominante du système global de protection sociale comprenant l'aide sociale et l'action sociale constituant en l'occurrence l'un de ses compléments indispensables.

§3. Composantes de la sécurité sociale

A. Composantes principales

Il existe deux principales composantes de la sécurité sociale, c'est d'une part, ***l'assurance sociale fondée sur le système contributif*** et d'autre part, ***les prestations sociales fondées sur le système non contributif.***[210]

L'assurance sociale est financée par cotisation et ses prestations sont servies lors de la réalisation d'un risque défini.

Les prestations financées par l'impôt s'adressent généralement aux plus nécessiteux, et sont souvent accordées sous conditions de ressources et/ou de patrimoine (aide sociale).

La plupart de régimes volontaires d'assurance sociale qui offrent aux travailleurs de l'économie informelle des mécanismes d'atténuation du risque basés sur la confiance et la connaissance mutuelle des membres, sont relativement de petite taille et se caractérisent par des cotisations forfaitaires.

Chacun des systèmes de financement de la sécurité sociale par les cotisations ou par l'impôt a ses avantages et ses inconvénients.

---

[208] L'expression « sécurité sociale » aurait été employée pour la première fois par Simon Bolivar « le système de gouvernement le plus parfait est celui qui engendre la plus grande somme de bien-être, la plus grande somme de sécurité sociale et la plus grande somme de sécurité politique ».

[209] Dupeyroux j.j., Borgetto m. et Lafore R., *op.cit*, p.5.

[210] Wouter van Ginneken, *op.cit,* p.3.

1. Le financement par les cotisations[211]

a) Les avantages du financement par les cotisations

- La simplicité quant au calcul et au prélèvement à la source par l'employeur et donc faciles à gérer.

- La minimisation des risques de fraude, le salaire étant une donnée aisément contrôlable par le salarié ou par des tiers.

- Le lien entre les cotisations et certains risques, notamment pour la débition de certaines allocations journalières qui se réfèrent aux cotisations versées ou aux salaires.

- La progression des recettes à peu près semblable à celle de la richesse nationale en période d'expansion.

- L'établissement, sur le plan financier, des comptes en fonction de recettes et de dépenses clairement délimitées pour une meilleure connaissance de l'évolution des régimes.

b) Les inconvénients du système du financement par les cotisations

- Il conduit à calculer les ressources de la sécurité sociale sur les salaires au moment où les dépenses de la sécurité sociale varient en fonction du mouvement des prix sans rien à voir avec les salaires.

- Il fait peser toute la charge sociale sur les entreprises qui la répercutent sur les prix de revient de sorte qu'en définitive ce sont les consommateurs qui la supportent dans la mesure où ils ne pourront pas la reporter sur autrui par une augmentation du prix de leurs produits et services et donc, c'est la communauté nationale tout entière qui assume cette charge, à telle enseigne que même les plus pauvres, ne jouissant pas de la sécurité sociale, sont contraints de contribuer à la protection des travailleurs salariés, économiquement plus favorisés.

La RDC recourt en matière de sécurité sociale au système contributif et donc au mode de financement par cotisations qui viennent essentiellement des employeurs à concurrence de 13% et des travailleurs à concurrence de 5% soit un total de 18% du traitement brut non compris le logement et le transport, avec une application différée au 1er janvier 2019 de 7% pour la branche des pensions répartis à part égale entre employeur et travailleur.[212]

Tandis qu'elle applique le système non contributif et donc au mode financement par l'impôt dans le cadre des aides sociales que matérialisent les actions sociales comme l'expression du droit social applicable aux personnes

---

[211]Mukadi Bonyi b, *op.cit,* p.118.

[212] Article 2-4, 10 du Décret N°18/041 du 24 novembre 2018 fixant les taux de cotisations dues à la CNSS, in JORDC, numéro spécial du 5 décembre 2018-62.

démunies, aux plus nécessiteux, aux exclus de la société, aux personnes vulnérables sous conditions de ressources et qui s'inscrivent aux programmes prévus à cet effet.

2. Le financement par l'impôt

a) Les avantages du financement par l'impôt sont les suivants :[213]

- allègement de la charge des entreprises et des ménages où le mari et la femme exercent tous les deux une activité professionnelle afin de ne pas devoir payer proportionnellement aux revenus de la famille une part globale supérieure à celle qui est payée par les ménages dont les ressources, bien qu'identiques, ne proviennent que de l'activité professionnelle d'une seule personne.

- simplicité qui passe par les recouvrements simultanés avec celui des impôts sur les mêmes rôles.

- adaptation aux fins actuelles de la sécurité sociale, en tant qu'expression par excellence de la solidarité collective.

b) Les inconvénients du financement par l'impôt :

Le principal inconvénient de ce système consisterait à l'accroissement de la fiscalité frappant les citoyens dans leur ensemble avec risque d'exacerber la pauvreté par la réduction du net à payer dans les pays à faible revenu comme la RDC et par conséquent la réduction du pouvoir d'achat.

En outre, ce mode ne permet pas d'assurer à la sécurité sociale des recettes stables, celles-ci étant susceptibles d'être remises en cause chaque année au moment de la discussion du budget.

3. Système retenu sur le plan didactique : système de financement mixte

Il y a lieu de partager ici la vision de MUKADI BONYI qui estime qu'une combinaison de deux modes de financement sus-décrits serait nécessaire selon le cas.

Le mode de financement par les cotisations serait d'application toutes les fois qu'il s'agirait des risques réels dont les prestations chercheraient à garantir au moins partiellement la perte de revenus professionnels, d'octroyer un revenu de remplacement ou de substitution faisant référence à un revenu professionnel, cela afin d'adapter la nature des recettes à celle des dépenses. C'est le cas pour certaines prestations, telles que les rentes d'accidents de travail, les pensions d'invalidité et de vieillesse.

Le système de financement par l'impôt serait cependant plus indiqué dans le cas des risques personnels quand les prestations garantissent un minimum

---

[213]Mukadi Bonyi b, *op.cit,* p.119.

social sans référence à un revenu professionnel tel les soins médicaux, la maladie, la maternité.

B. Principaux objectifs de la sécurité sociale

La sécurité sociale poursuit les principaux objectifs suivants :[214]

- réduire l'insécurité du revenu, éradiquer la pauvreté, et améliorer l'accès aux services de santé dans le but de garantir à chacun des conditions de vie et de travail décentes;

- réduire les inégalités et les injustices;

- ouvrir des droits à des prestations appropriées tout en visant à éliminer toute discrimination fondée sur la nationalité, l'appartenance ethnique ou le sexe; et à assurer la viabilité budgétaire, l'efficacité et la pérennité des dispositifs de protection.

C. Caractères du droit à la sécurité sociale

Du point de vue de ses caractères, la sécurité sociale est un *droit humain fondamental,* un *droit universel et* un *droit constitutionnel.*

a) ***Droit de l'homme fondamental*** au motif que la sécurité sociale est consacrée par de nombreux instruments internationaux, en particulier la Déclaration de Philadelphie (1944), qui fait partie intégrante de la Constitution de l'OIT; la Déclaration universelle des droits de l'homme (1948) adoptée par l'Assemblée générale des Nations Unies et la Déclaration de l'OIT sur la justice sociale pour une mondialisation équitable (2008) adoptée par la CIT.

b) ***Droit universel*** en ce que la sécurité sociale répond à un besoin universel tant qu'il est éprouvé par tout le monde et dans tous les Etats, comme en témoigne son inscription par la communauté mondiale au nombre des droits de l'homme, et sa mise en œuvre est au cœur même de la mission de l'OIT dont l'approche en la matière découle à la fois du statut de la sécurité sociale dans le droit international et des impératifs de son propre mandat constitutionnel.[215]

En outre, ce caractère tient à l'internationalisation de la reconnaissance de ce droit dans l'univers tout entier. Les types de programmes les plus courants à l'échelon mondial sont les mêmes : pensions de vieillesse, d'invalidité et de survivants, suivis par les programmes de prestations en cas d'accidents du travail et de maladies professionnelles, de maladie et de maternité, d'allocations familiales et de chômage.

---

[214] CIT a, *op.cit,* p. 8.
[215] *Idem,* p.10.

Cette universalité des normes de l'OIT s'exprime par le fait qu'elles doivent être appliquées par ses 181 États Membres, quels que soient leurs systèmes juridiques ou niveaux de développement économique. Cela ne signifie cependant pas que ces normes octroient à chacun un droit universel.[216]

c) ***Droit constitutionnel*** en ce qu'il est garanti par les Constitutions de nombreux pays de sorte qu'à ce jour, la plupart des pays disposent d'un système ou d'un autre de sécurité sociale.

C'est dans ce cadre que la Constitution en vigueur en RDC dispose que l'Etat garantit le droit au travail, la protection contre le chômage et une rémunération équitable et satisfaisante assurant au travailleur ainsi qu'à sa famille une existence conforme à la dignité humaine, complétée *par tous les autres moyens de protection sociale, notamment, la pension de retraite et la rente viagère.*[217]

Section II : Conditions de durabilité de la sécurité sociale

Pour être durable, la sécurité sociale doit remplir quatre conditions essentielles qui peuvent s'articuler en préalables. Il s'agit de *la viabilité financière des systèmes de retraite, de l'accès à un travail décent, la promotion du principe d'égalité de traitement et la lutte contre le VIH/SIDA.*[218]

De toutes ces conditions, la première et la deuxième intéressent plus le présent manuel et se doivent d'être développées.

§1. La viabilité financière des systèmes de retraite

La viabilité financière doit être garantie à long terme. Il convient, pour y parvenir, d'établir régulièrement des projections actuarielles et de procéder aussitôt que possible aux ajustements nécessaires.

Tout projet de réforme doit absolument faire l'objet d'une évaluation actuarielle complète avant l'adoption d'une nouvelle législation.

§2. Le travail décent

Le travail décent est celui qui se caractérise par un emploi productif qui offre une rémunération (en espèces ou en nature) appropriée et qui garantit la sécurité au travail, des conditions de travail salubres et la protection sociale pour les familles, de meilleures perspectives de développement personnel et d'insertion sociale.

---

216 BIT-DSS b, *op.cit,* p.5.
217 Article 36 de la Constitution de la République Démocratique du Congo, *op.cit.*
218 *Ibidem.*

Il garantit aussi la liberté pour les individus d'exprimer leurs revendications, de s'organiser et de participer aux décisions qui affectent leur vie, et l'égalité des chances et de traitement pour tous, hommes et femmes.

En fait, selon l'OIT, un travail décent apporte de la dignité à celui qui l'accomplit, c'est-à-dire le respect qui lui est dû, mais aussi de l'équilibre au sein de sa famille. Il permet d'apporter la paix au sein d'une communauté (un groupe de personnes) notamment en lui permettant de s'enrichir et de se développer.[219]

§3. De la couverture de sécurité sociale

Le degré de couverture de la sécurité sociale passe par la détermination des indicateurs clés, l'appréciation des conditions de son exhaustivité et de ses facteurs d'adéquation.

A. Les indicateurs de la couverture de sécurité sociale

Différentes méthodes sont utilisées pour mesurer la couverture de sécurité sociale au regard du mode de financement :

- Les systèmes financés par cotisations mesurent généralement le nombre de cotisants en termes de pourcentage de la population active.
- Les systèmes financés par l'impôt mesurent parfois la couverture en termes de pourcentage de la population nationale ou de la population cible qui bénéficie de l'aide, par exemple, les pauvres qui répondent aux critères d'admissibilité.
- Les systèmes de soins de santé peuvent aussi prendre en compte la protection financière contre les coûts et les mesures d'amélioration des résultats en matière de santé.

Pour leur efficacité, la couverture de sécurité sociale doit non seulement être exhaustive mais aussi adéquate.

B. Conditions d'une couverture exhaustive

L'exhaustivité concerne la couverture dans son double volet de risques et de champs personnel.

Les systèmes de sécurité sociale sont exhaustifs s'ils offrent des prestations et des services qui couvrent les principaux risques que sont la vieillesse, les survivants et l'invalidité liée ou non au travail, la maladie et la santé fragile, le chômage, la maternité et l'éducation des enfants.

Ceci pose le problème en RDC où cette exhaustivité n'est pas effective car, trois de ces risques à savoir la maladie et la santé fragile, le chômage et

---

[219]Association Adéquations, l'Organisation Internationale du Travail, Extrait mis en ligne en 2008 http://www.adequations.org/spip.php?article563, site visité le 16 mars 2015.

l'éducation des enfants ne sont ni réglementés ni couverts. Ils doivent également couvrir la plupart des citoyens, des travailleurs et des personnes à leur charge sans exclusive.

L'inexhaustivité du système en vigueur en RDC est liée à l'exclusion de certaines catégories professionnelles ou de la population, c'est le cas des travailleurs informels qui représentent un défi majeur pour l'extension de la couverture.

C. *Facteurs d'adéquation de la couverture*

L'efficacité de la couverture de sécurité sociale est tributaire de son exacte adéquation qui s'apprécie par rapport à trois indicateurs suivants :

- *mode de calcul des niveaux des prestations,*
- *délai maximum pour bénéficier d'une prestation et*
- *définition des mécanismes pour que les systèmes de sécurité sociale garantissent au moins une sécurité sociale de base et les soins minimums de santé pour tous.*[220]

Section III : Régime général de la sécurité sociale

Le régime général est un ensemble des dispositions légales et réglementaires de la sécurité sociale concernant les travailleurs salariés et les retraités du secteur privé, certains fonctionnaires, et d'une manière générale, toutes les personnes non attachées à un régime spécial ou particulier, du fait de leur statut professionnel.[221]

Le régime général est l'un des éléments le plus important de la structure générale du système de sécurité sociale.

§1. Champs d'application personnelle du régime général

Les articles 3 et 4 de la loi n°16/009 du 15 juillet 2016 fixant les règles relatives au Régime Général de la sécurité sociale déterminent les personnes obligatoirement assujetties au régime général de la sécurité sociale au regard de toutes les branches ou quant à la branche des risques professionnels.

A. *Les personnes assujetties au régime général pour toutes les branches*

Il s'agit des personnes ci-après :

---

[220] Wouter van Ginneken, *op.cit,* p.9.

[221] Article 7.21 de la Loi n°16/009 du 15 juillet 2016 fixant les règles relatives au Régime Général de la sécurité sociale, *op.cit.*

- tout travailleur soumis aux disposition du Code du Travail ainsi que le batelier et tout autre personnel naviguant sans aucune distinction de race, de nationalité, de sexe, d'état civil, de religion, d'opinion politique et d'origine, lorsqu'ils exercent, à titre principal, une activité professionnelle sur le territoire national pour le compte d'un ou des plusieurs employeurs nonobstant la nature, la forme, la validité du contrat et le montant de la rémunération ;
- le mandataire de l'Etat dans les entreprises et établissements publics et dans les sociétés d'économie mixte ne bénéficiant pas en vertu des dispositions légales ou réglementaires, d'un régime particulier de la sécurité sociale;
- le personnel de l'Etat, des provinces et des entités territoriales décentralisées ne bénéficiant pas, en vertu des dispositions légales ou réglementaires, d'un régime particulier de sécurité sociale ;
- le marin immatriculé en République Démocratique du Congo engagé à bord d'un navire battant pavillon congolais ;
- l'employé local d'une mission diplomatique accréditée et établie en RDC ;
- l'associé actif d'une société ;
- le travailleur congolais occupé par une entreprise située en RDC et qui, pour le compte de cette entreprise, preste sur le territoire d'un autre pays afin d'y effectuer un travail pour une durée n'excédant pas six mois ;
- le travailleur étranger occupé par une entreprise située à l'étranger et qui, pour le compte de cette entreprise, preste sur le territoire congolais afin d'y effectuer un travail pour une durée n'excédant pas six mois.

B. Les personnes assujetties au régime général pour la branche des risques professionnels (Art 4)

Il s'agit de l‘ (du) :

- apprenti lié par un contrat d'apprentissage conformément aux dispositions du Code du Travail ;
- élève des établissements d'enseignement technique professionnel et artisanal, le personnel placé dans les centres de formation, de réadaptation et rééducation professionnelles ;
- stagiaire en formation occupé dans une entreprise ou détaché dans une école professionnelle ;

- personne placée par l'Etat dans son établissement de garde, d'éducation et de rééducation.
- Détenu exécutant un travail périlleux victime d'un accident survenu à l'occasion de ce travail.

C. Les personnes pouvant être assujetties à tout ou partie du régime général de sécurité sociale

- les membres des sociétés coopératives ouvrières de production ainsi que les gérants non-salariés de coopératives et leurs préposés ;
- les hauts cadres des sociétés et des entreprises publiques dès lors qu'ils ne sont pas liés par un contrat de travail ;
- les assurés volontaires.

Toute personne qui, ayant été affiliée au régime général de sécurité sociale pendant trois ans au moins dont six mois consécutifs à la date où elle cesse de remplir les conditions d'assujettissements, a la faculté de demeurer volontairement affiliée à la branche des pensions et des risques professionnels. (Article 6)

§2. Champs matériel et organisationnel d'application

A. Les matières couvertes

Le régime général couvre :

- Les branches des risques professionnels pour les prestations en cas d'accident du travail et de maladie professionnelle ;
- La branche de prestations aux familles qui couvre les allocations familiales, prénatales et de maternité ;
- La branche des Pensions pour les prestations d'invalidité, de vieillesse et de survivants.[222]

Tout service des prestations sus-énumérées est complété par une action sanitaire visant l'amélioration de l'état sanitaire et social des assurés et de leurs ayants droit.

B. Administration du régime général[223]

La gestion du régime général de la Sécurité Sociale est confiée à un établissement public à caractère technique et social, créé par décret du Premier

---

[222] Article 1er de la Loi n°16/009 du 15 juillet 2016 fixant les règles relatives au Régime Général de la sécurité sociale, *op.cit.*
[223] Article 8-11, Idem.

ministre conformément à la Loi n°08-009 du 7 juillet 2008 portant dispositions générales applicables aux établissements publics.

L'Etablissement public est géré par une direction générale, administré par un Conseil d'Administration tripartite et paritaire des partenaires sociaux nommés par ordonnance présidentielle pour un mandat de trois ans et contrôlé par un Collège de Commissaire aux Comptes.

C. *Financement du régime général*[224]

L'article 12 de la Loi n°16/009 du 15 juillet 2016 fixant les règles relatives au Régime Général de la sécurité sociale pose le principe de gestion séparée des branches lorsqu'il dispose que chacune des branches du régime général de sécurité sociale fait l'objet d'une gestion financière distincte.

Les ressources de l'Etablissement public sont constituées par :

- les cotisations requises des travailleurs et des employeurs pour le financement des différentes branches du régime général de sécurité sociale ;
- les majorations encourues pour cause de retard dans le paiement des cotisations sociales ou dans la production des déclarations nominatives de salaires ainsi que pour défaut de déclaration et les intérêts moratoires ;
- le produit de placements de fonds de réserve, de participation et des revenus immobiliers ;
- les subventions de l'Etat inscrites chaque année au budget du Ministère ayant la Prévoyance Sociale dans ses attributions ;
- les dons, legs et autres subventions ;
- toutes autres ressources attribuées par un texte législatif ou règlementaire.

Les ressources de l'Etablissement public ne peuvent être utilisées que pour couvrir les dépenses et les prestations prévues par les textes légaux et règlementaires régissant la Sécurité Sociale et les frais d'administration indispensables au fonctionnement régulier du régime. Aucune prestation ne peut être instituée si son financement n'est pas garanti.

Les cotisations sociales ne peuvent en aucun cas faire l'objet d'une exonération.

[224] Articles 12-18 de la Loi n°16/009 du 15 juillet 2016 fixant les règles relatives au Régime Général de la sécurité sociale, *op.cit.*

Chapitre deux :

Fondements juridiques de la sécurité sociale

Ce chapitre détermine le cadre juridique de la sécurité sociale **(2.1.)** et analyse les Statuts en droit congolais de la CNSS, Organisme de sécurité sociale **(2.2.)**

Section I : Cadre juridique de la sécurité sociale

Différents instruments juridiques internationaux, régionaux et nationaux reconnaissent au droit à la sécurité sociale un droit de la personne; c'est le cas de certains textes fondamentaux pertinents tels la *Déclaration universelle des droits de l'homme* et le *Pacte international relatif aux droits économiques, sociaux et culturels, les conventions de l'OIT et le traité de la CIPRES.*

§1. Sources internationales de la sécurité sociale

Les sources internationales sont de deux types : *les sources déclaratoires*, celles qui se limitent à énoncer les principes universels de sécurité sociale d'une part, et *les sources normatives*, celles qui édictent les normes de sécurité sociale.

A. Sources déclaratoires

1. Déclaration universelle des droits de l'homme (DUDH)

La Déclaration universelle des droits de l'homme a été adoptée par la résolution 217A(III) de l'Assemblée générale des Nations Unies du 10 décembre 1948.

Elle énonce dans ses articles 22 et 25 différents principes permettant de voir en la sécurité sociale les aspects des droits de l'homme.

2. Pacte international relatif aux droits économiques, sociaux et culturels (PIDESC)

Ce pacte a été adopté par la résolution 2200A (XXI) du 16 décembre 1966 de l'Assemblée générale des Nations Unies et a été ratifié par la RDC le 1er novembre 1976. Elle reconnait, dans ses articles 9, 10 et 11 relatifs à la notion de sécurité sociale, *la protection de la famille, des enfants et de la fonction maternelle et le droit de tous à un niveau de vie adéquat pour lui et sa famille.*

3. Déclaration sur la justice sociale pour une mondialisation équitable adoptée en 2008

Cette déclaration insiste sur les caractères « indissociables, interdépendants, et de renforcement mutuel » de quatre objectifs stratégiques de l'OIT dont l'un relatif à la sécurité sociale, vise *l'amélioration de la couverture et l'efficacité de la protection sociale pour tous.*[225]

4. Pacte mondial pour l'emploi adopté en juin 2009 par la résolution E/2009/L.24[226]

Adopté peu après par le Conseil économique et social des Nations Unies (ECOSOC) pour faire face à la crise financière et économique qui avait secoué la planète, ce Pacte met en évidence :

- Le rôle stabilisateur automatique de la sécurité sociale sur le plan économique et social, comme l'une des pièces maîtresses des stratégies intégrées à déployer contre la crise.
- La nécessité pour les pays à consolider et à élargir leurs systèmes de protection sociale, en instaurant notamment un socle de protection sociale pour faire face à la crise.
- L'intérêt pour les pays qui ne se sont pas encore dotés d'un système de sécurité sociale étendu de mettre en place une protection sociale adéquate universelle.

B. Sources normatives

1. Organisation Internationale du Travail (OIT)

L'OIT est l'une des dix-huit institutions spécialisées des Nations Unies et la plus ancienne organisation internationale de la famille des Nations Unies, créée aux termes du Traité de Versailles signé en 1919 après la première guerre mondiale.

Elle est chargée de veiller à la justice sociale et au respect de la dignité de l'homme pour assurer une paix mondiale durable.

Pour œuvrer conformément à son mandat relatif à l'universalisation de la sécurité sociale, elle dispose de la compétence d'élaboration des normes internationales du travail à travers lesquelles elle s'attache par ailleurs à inscrire l'ensemble de son assistance et de ses orientations et utilise ainsi les instruments juridiques internationaux comme point de départ, référence majeure et fondement légal.

---

[225] CIT a, *op.cit*, p.3.
[226] Ibidem

2. Conférence Internationale de Prévoyance Sociale (CIPRES)

La CIPRES a notamment pour objectifs de fixer les règles communes de gestion et d'instituer un contrôle de la gestion des organismes de prévoyance sociale en vue de rationaliser leur fonctionnement pour mieux garantir les intérêts des assurés sociaux y compris ceux des travailleurs migrants.

Dans ce cadre, elle réalise non seulement des études et élabore des propositions tendant à l'harmonisation des législations et des règlements applicables aux organismes et aux régimes de prévoyance sociale mais aussi facilite-t-elle la mise en œuvre, par des actions spécifiques au niveau régional, d'une politique de formation initiale et permanente des cadres et des techniciens des organismes de prévoyance sociale.[227]

3. Association internationale de sécurité sociale (AISS)

Connue jusqu'en 1947, sous le nom de Conférence internationale de la mutualité et des assurances sociales (CIMAS), l'AISS est un organisme international composé de services gouvernementaux, d'institutions ou d'organes administrant un ou plusieurs secteurs de la sécurité sociale ou de la mutualité.

Elle a pour mission de participer, à l'échelle internationale, à la défense, à la promotion et à l'expansion de la sécurité sociale, particulièrement par son perfectionnement technique et administratif.

A cet égard elle joue un rôle complémentaire à celui de l'OIT dans la mesure où ses experts contribuent non seulement à l'élaboration des conventions et des recommandations internationales du travail, mais aussi participent-ils à leur mise en œuvre[228].

C. Les Conventions de l'OIT ratifiées par la RDC

Membre depuis 1960 de l'OIT, la RDC a ratifié jusqu'en octobre 2019 37 sur 189 Conventions adoptées au sein de l'OIT. Sur les 37 ratifiées 33 sont en vigueur, **1** Convention a été dénoncée; **3** instruments abrogés; **aucune** n'a été ratifiée au cours des 12 derniers mois. Le régime de ratification par la RDC affiche la configuration ci-après : Conventions fondamentales : **8 sur 8** ; Conventions de gouvernance (prioritaires) : **2 sur 4**, Conventions techniques : **27 sur 178.**

[227] CIPRES b, *Fiche technique : les ratios économiques et de gestion des organismes de prévoyance sociale,* 8 février 2001, p.3.

[228] Dick J. Meertens, « La coopération internationale en matière de santé au travail, l'Association Internationale de la Sécurité Sociale », in Mager Stellman J., *Encyclopédie de sécurité et de santé au travail*, 3è éd., Bureau international du travail, Genève, 2000, p. 102.

Parmi ces 33 conventions dont 12 ont été ratifiées en 1960, 6 en 1967, 1 en 1968, 4 en 1969, 3 en 1987 et 7 en 2001, seules six d'entre elles se rapportent à la sécurité sociale.[229]

Il s'agit de la :

- Convention n° 12 du 12 novembre 1921 sur la réparation des accidents du travail (agriculture), ratifiée le 20/09/1960.

- Convention n° 17 du 5 juin 1925 sur la réparation des accidents du travail, ratifiée le 20/09/1960.

- Convention n° 18 du 5 juin 1925 sur les maladies professionnelles, ratifiée le 20/09/1960.

- Convention n° 102 du 28 juin 1952 concernant la sécurité sociale (norme minimum) *parties V, VII, IX et X*, ratifiée le 3 /4/1987.

- Convention n° 118 du 28 juin 1962 sur l'égalité de traitement (sécurité sociale) *branches d), e) et g)*), ratifiée le 1er /11/1967 et,

- la Convention n° 121 sur les prestations en cas d'accidents du travail et de maladies professionnelles, ratifiée le 5 /9/1967.

De tous ces instruments, le plus important est la Convention 102 relative à la sécurité sociale (norme minimum) de 1952, car elle constitue le premier jalon de la sécurité sociale et la seule convention internationale qui *définit les neuf branches classiques* de la sécurité sociale, *établit des normes minimales pour chacune d'entre elles et énonce les principes destinés à assurer la pérennisation et la bonne gestion des régimes correspondants.*[230]

§2. Sources internes de la sécurité sociale

A. Source suprême

La Constitution de la République Démocratique du Congo telle que modifiée par la Loi n°11/002 du 20/01/2011 portant révision de certains articles de la Constitution de la RDC du 18/02/2006.[231]

L'article 36 de la Constitution dispose notamment : (...) L'Etat *garantit la protection contre le chômage* et une rémunération équitable et satisfaisante assurant au travailleur ainsi qu'à sa famille une existence conforme à la dignité humaine, *complétée par tous les autres moyens de protection sociale, notamment, la pension de retraite et la rente viagère.*

---

229 Voir p. 253-256 *infra* sur la liste des ratifications des conventions internationales du travail par la RDC.

230 CIT a, *op.cit,* p.14.

231 *in Journal Officiel de la République Démocratique du Congo n° spécial*, 2011 du 05 février 2011.

B. Source légale : Loi et acte ayant force de loi

La Loi n°16/009 du 15 juillet 2016 fixant les règles relatives au Régime Général de la sécurité sociale a abrogé le Décret-loi du 29 juin 1961 organique de la sécurité sociale, intervenu depuis la période postcoloniale dans toutes ses dispositions contraires.[232]

Elle déclare valable, dans son article 132, l'assujettissement des employeurs et des travailleurs régis par le Décret-loi du 29 juin 1961 organique de la sécurité sociale et maintient en vigueur, les procédures et mesures réglementaires prises en vertu de ce dernier texte.

C. Source règlementaire

Le Décret n° 22/35 du 17/10/2022 déterminant la liste des maladies professionnelles.

Le Décret n° 18/041 du 24/11/2018 fixant les taux de cotisations sociales dues à la Caisse Nationale de Sécurité Sociale.

L'article 155 de ce décret prévoit que les procédures et les mesures réglementaires existant en application de la législation et de la réglementation en matière de sécurité sociale non contraires aux dispositions du nouveau code de sécurité sociale restent en vigueur.

C'est le cas de ***l'arrêté ministériel 8/61 du 21 octobre 1961*** sur le règlement général de l'assurance.[233]

Au cours de l'année 2012, il avait été pris l'Arrêté ministériel n° 049/CAB/MIN/ETPS/MBL/2012 relatif à l'affiliation des employeurs, à l'immatriculation des travailleurs ainsi qu'aux modalités et conditions de versement des cotisations de la sécurité sociale.[234]

Cet arrêté a été pris sur un fond de crise de gouvernance quant au respect de la procédure de son émission en dehors du cadre de dialogue institutionnel qu'est le CNT. Son application était sujette à problème.

Arrêté ministériel n°137/CAB/MINETAT/MTEPS/01/2018 du 08 novembre 2018 déterminant le montant, les modalités de paiement des allocations familiales et les conditions de suspension.

Arrêté ministériel n°138/CAB/MINETAT/MTEPS/01/2018 du 08 novembre 2018 fixant les taux et modalités des pénalités en cas de retard de versement des cotisations sociales et défaut de production de déclaration dans le délai.

---

[232] *In Moniteur Congolais* 1961, p.319
[233] *In Moniteur Congolais* 1962 n° 1 p.11
[234] *in Journal Officiel de la République Démocratique du Congo*, première partie numéro spécial du 20 décembre 2012.

Arrêté ministériel n °139/CAB/MINETAT/MTEPS/01/2018 du 08 novembre 2018 déterminant les modalités d'assujettissements des travailleurs assimilés à la branche des risques professionnels.

Arrêté ministériel n °140/CAB/MINETAT/MTEPS/01/2018 du 08 novembre 2018 fixant les modalités de promotion des risques professionnels.

Arrêté ministériel n °141/CAB/MINETAT/MTEPS/01/2018 du 08 novembre 2018 portant organisation, affectation et fonctionnement du corps des contrôleurs de la Caisse Nationale Sécurité Sociale.

Arrêté ministériel n °142/CAB/MINETAT/MTEPS/01/2018 du 08 novembre 2018 déterminant les modalités d'application du mois d'assurance.

Arrêté ministériel n °143/CAB/MINETAT/MTEPS/01/2018 DU 08 novembre 2018 fixant les conditions et modalités de dévolution du service de paiement des allocations familiales par l'employeur.

Arrêté ministériel n °144/CAB/MINETAT/MTEPS/01/2018 du 08 novembre 2018 fixant le montant, les modalités des paiements des allocations prénatales, la périodicité et les conditions de suspension.

Arrêté ministériel n °145/CAB/MINETAT/MTEPS/01/2018 du 08 novembre 2018 déterminant les conditions du bénéfice de réadaptation fonctionnelle, de rééducation professionnelle et de reclassement professionnel.

Arrêté ministériel n °146/CAB/MINETAT/MTEPS/01/2018 du 10 novembre 2018 fixant les modalités d'affiliation des employeurs, d'immatriculation des travailleurs, de perception des cotisations, de liquidation et du service des prestations ainsi que les obligations qui incombent aux employeurs et aux travailleurs.

Section II : la Caisse Nationale de Sécurité Sociale (CNSS)

En tant qu'organisme national de la sécurité sociale, la CNSS a son historique, ses statuts et structures. Tous ces aspects sont abordés dans cette section.

§1. CNSS de 2008 à 2019

A. De la réforme des entreprises du portefeuille

Cette réforme a été principalement initiée par la loi n°08/007 du 7 juillet 2008 portant dispositions générales relatives à la transformation des entreprises publiques. Elle a été soutenue par les lois ci-après :

- n°08/008 du 7 juillet 2008 portant dispositions générales relatives au désengagement de l'Etat des entreprises du Portefeuille;

- n°08/009 du 7 juillet 2008 portant dispositions générales applicables aux établissements publics et,

- n°08/010 du 7 juillet 2008 fixant les règles relatives à l'organisation et à la gestion du portefeuille de l'Etat.

Cette réforme avait notamment pour buts de transformer en établissements publics ou services publics des établissements qualifiés à tort d'entreprises publiques sans avoir vocation lucrative, et ce, dans le but d'en régler la problématique du statut juridique.[235]

B. Appréciation mitigée de l'opportunité de cette réforme

D'une part, en ne s'en tenant *qu'à l'objet social de la CNSS* qui a un caractère principal d'un service public, il y a lieu de penser que cette réforme est à propos.

Cette position est corroborée par le fait que cet objet ne relève pas du domaine de la concurrence en RDC et qu'en sus, la situation créée par la fermeture de nombreuses entreprises suite aux différents pillages et conflits armés des années 1990, a provoqué un manque à gagner considérable des cotisations sociales avec pour conséquence directe, l'accroissement des arriérés de cotisations, la réduction du nombre d'assujettis et la difficulté de prendre correctement en charge les prestataires sociaux. Dans ces conditions, l'INSS ne pouvait verser des dividendes au trésor public comme toute entreprise publique.

D'autre part, l'on considère que pour le besoin de son fonctionnement, l'INSS devrait se livrer à des opérations de capitalisation et de placement afin de fructifier le capital lui remis par les assurés sociaux de manière à être solvable à tout moment et à améliorer l'efficacité de ses interventions dans le sens de la lutte contre la pauvreté.

En outre, une bonne gestion de l'important parc immobilier de l'INSS et le fruit de placement participeraient à une gouvernance qualitative de cette institution, auquel cas elle pourra s'apparenter aux institutions financières qui reçoivent les dépôts des clients aux fins de servir de bouclier à l'économie nationale qu'elle pourra financer par voie de conséquence.

C. Statut actuel de la CNSS

La combinaison des lois n°08/007 et 08/009 du 07 juillet 2008 portant dispositions générales respectivement relatives à la transformation des entreprises publiques et applicables aux établissements publics a donné lieu au décret n°09/12 du 24 avril 2009 établissant la liste des entreprises publiques

---

[235] Cf. Exposé des motifs de la loi n°08/007 du 7 juillet 2008 portant dispositions générales relatives à la transformation des entreprises publiques, *in Journal Officiel*, n° spécial du 12 juillet 2008, p.5.

transformées en sociétés commerciales, en établissements publics et en services publics.

Sur fond de ce décret a été pris le décret n°09/53 du 03 décembre 2009 fixant les statuts d'un établissement public dénommé Institut National de Sécurité Sociale « INSS » en sigle.

L'INSS (Institut National de Sécurité Sociale) a cessé d'exister le 14 juillet 2018, date de la signature, par le Premier ministre, du Décret portant création d'un nouvel établissement public dénommé CNSS (Caisse Nationale de Sécurité Sociale).

Ce changement de dénomination s'inscrit dans la droite ligne du processus de réforme du régime général de la sécurité sociale en République Démocratique du Congo.

Aujourd'hui, cet « Etablissement public », personne morale de droit public créée par l'Etat en vue de remplir une mission de service public,[236] est devenue, par le fait de la Loi n°16/009 du 15 juillet 2016 relative au régime général de la sécurité sociale, la Caisse Nationale de Sécurité Sociale.

A ce titre, elle est différente d'un « Service public » qui est tout simplement tout organisme ou toute activité d'intérêt général non personnifié relevant de l'Administration publique ou constituant le démembrement de l'Administration, du ministère. Il s'agit des services publics autonomes, de gestion administrative et financière sans intervention de tutelle.

En ce qui concerne sa gestion, la CNSS est chapeautée par un Conseil d'Administration composé d'un président élu pour un an par ses pairs, de 4 administrateurs dont 2 représentants de l'Etat parmi lesquels sera choisi un Directeur Général, d'un représentant des employeurs et d'un représentant des employés. Leur mandat sera de 3 ans au lieu de 5 ans.

D. Objet de la CNSS

Il ressort de l'article 4 du décret n° 09/53 du 03 décembre 2009 fixant les statuts de cet établissement public que la CNSS a pour objet, l'organisation et la gestion du régime de sécurité sociale.

Elle peut également effectuer toutes les opérations se rattachant directement ou indirectement aux activités mentionnées au paragraphe précédent.

---

[236] Cf. Article 2 *primo* de la loi n°08/009 du 7 juillet 2008 portant dispositions générales applicables aux Etablissements publics, *in Journal Officiel*, n° spécial du 12 juillet 2008, p.17.

§2. Les obligations des acteurs de la sécurité sociale

L'Etat, les employeurs, les travailleurs et leurs organisations ainsi que la Caisse de sécurité sociale sont de principaux acteurs de la sécurité sociale.

A. Obligations de la CNSS

Avec son Conseil d'Administration, la CNSS est chargée de l'administration du régime, elle identifie les assurés et les employeurs, affilie les entreprises, immatricule tous les travailleurs, délivre à chacun d'eux une carte d'immatriculation dont le même numéro ne doit être attribué qu'une fois et définitivement pour un même travailleur.

Elle collecte, enregistre et recouvre des cotisations ; traite, alloue, verse des prestations et gère les fonds. Dans le cadre de son management, elle doit maximiser les recettes de cotisation de sécurité sociale par l'affiliation maximale des entreprises et l'immatriculation correspondante de leurs travailleurs, en luttant contre les différentes formes de fraude en la matière touchant notamment la minoration des effectifs, des déclarations, des cotisations et des versements.

Elle calcule les majorations de retard pour défaut de versement des cotisations dans le délai imparti sauf en cas de bonne foi de l'employeur établissant que le retard de crédit du compte de la CNSS est dû à des circonstances qui lui sont étrangères.

Avant la procédure de mise en recouvrement, la CNSS doit établir la défaillance de l'employeur à travers un relevé de compte réclamant le paiement des sommes lui dues, relevé certifié et signé par le directeur compétent tenant lieu de mise en demeure.

Au terme de huit jours de la réception du relevé de compte valant mise en demeure resté sans effet, la CNSS établit un relevé des sommes dues valant titre authentique certifié et rendu exécutoire par le Ministre de l'Emploi, Travail et Prévoyance Sociale ou son délégué. Ce titre authentique permet les saisies prévues par les articles 106 et suivants du Code de procédure civile.

B. Obligations des employeurs et leurs Organisations

Les employeurs ont généralement l'obligation juridique de *s'affilier à* la CNSS *dans les huit jours* qui suivent le premier embauchage ou le début de l'apprentissage, de l'enseignement, de la garde ou de stage d'un ou de plusieurs travailleurs assimilés.

Ils ont également le devoir de faire immatriculer leurs travailleurs, de récolter par retenue à la source, de déclarer et de verser des cotisations de sécurité sociale pour le compte de leurs salariés et de fournir des informations personnalisées à leur sujet.[237]

A ces titres et en vertu des articles 2, 3 et 4 du Décret n° 18/041 du 24/11/2018 fixant les taux de cotisations sociales dues à la Caisse Nationale de Sécurité Sociale, les employeurs sont assujettis à l'obligation de déclarer et payer mensuellement pour chaque travailleur à partir du 1er janvier 2019, 18% de cotisations dues à la CNSS répartis comme suit :

- Pour la Branche des Prestations aux Familles : 6,5% à charge exclusive de l'Employeur ;
- Pour la Branche des pensions : 10% dont 5% à charge de l'employeur et 5% à charge du travailleur ;
- Pour la Branche des Risques Professionnels : 1,5% à charge exclusive de l'Employeur.

Les employeurs peuvent engager leur responsabilité en cas de leur non affiliation, de la non immatriculation des salariés, de l'absence de déclaration et de versement des cotisations, de la minoration des effectifs de salariés, de déclaration et cotisation ou de toute autre forme de fraude.

L'article 19 alinéa 3-5 de la Loi n°16/009 du 15 juillet 2016 fixant les règles relatives au Régime Général de la sécurité sociale précise que l'employeur assume seul la responsabilité des prélèvements qu'il a omis d'effectuer et qu'il ne peut en aucun cas les récupérer auprès du travailleur.

La cotisation de l'employeur reste exclusivement et définitivement à sa charge, toute convention contraire étant nulle de plein droit.

Pour les mêmes dispositions, si un travailleur est successivement occupé au service de deux ou plusieurs employeurs, chacun des employeurs est responsable de la déclaration et du versement de la part des cotisations calculées proportionnellement à la rémunération qu'il paie à l'intéressé.

La déclaration des cotisations est mensuelle et indique pour chaque travailleur le montant total des rémunérations perçues ainsi que la durée du travail effectué. (Art.20 al 2)

Les Organisations des employeurs comprennent plusieurs corporations telles que la Fédération des Entreprises du Congo (FEC), l'Association Nationale des Entreprises du Portefeuille (ANEP), la Confédération des Petites et Moyennes Entreprises du Congo (COPEMECO).

---

[237] Articles 5 et 6 de l'ARRÊTÉ DÉPARTEMENTAL 0021 du 10 avril 1978 relatif à l'affiliation des employeurs, à l'immatriculation des travailleurs ainsi qu'aux modalités et conditions de versement des cotisations de la sécurité sociale in *J.O de la République du Zaïre*, n° 8 du 15 avril 1978.

C. Les travailleurs et leurs syndicats

1. Les travailleurs

Tous les travailleurs et assimilés soumis au régime général selon la lettre et l'esprit des articles 3 et 4 de la Loi n°16/009 du 15 juillet 2016 fixant les règles relatives au Régime Général de la sécurité sociale sont tenus d'adhérer à un régime, d'acquitter des cotisations et de suivre les règles relatives au maintien de leurs droits lorsqu'ils perçoivent des prestations.

La Loi limite les cotisations des travailleurs à la branche des pensions à concurrence de 5 de 10% que l'employeur doit déclarer et payer mensuellement.

2. La part de responsabilité des Organisations de travailleurs

Les organisations professionnelles des travailleurs doivent en tant qu'acteurs de la gouvernance de la sécurité sociale, veiller à l'exécution intégrale des obligations des employeurs en la matière vis-à-vis de la CNSS pour ne pas porter préjudices aux intérêts des travailleurs, leurs protégés. Elles doivent, à titre exemplaire, obtenir des employeurs, la mise à disposition de la preuve du versement des sommes dues à la CNSS qui doit les informer de tout non-versement des sommes qui lui sont dues.[238]

A ce titre, elles ont notamment l'obligation d'informer la CNSS de tout mouvement d'embauchage ou de débauchage d'un travailleur, de prise en charge ou de fin de prise en charge d'un travailleur assimilé.[239]

---

[238] Article 31, de l'Arrêté départementall 0021 op.cit,.

[239] Article 11, *Idem.*

Chapitre trois :

Les branches et les prestations de la sécurité sociale

Le présent chapitre est subdivisé en trois sections. La première s'intéresse au rôle de la convention OIT 102, la deuxième établit l'état de lieux de l'internalisation en droit congolais de ladite Convention et la troisième fait le point sur les prestations de sécurité sociale en droit congolais.

Section I : Rôles de la Convention OIT 102[240]

§1. Contenu de la Convention

La Convention 102 fixe un ensemble d'objectifs ou de normes basé sur des principes retenus en commun, qui représentent un minimum socialement acceptable pour tous les États-membres et leur laisse le soin de déterminer chacun comment assurer au mieux la garantie des moyens d'existence, au regard de ses valeurs sociales et culturelles, de son histoire, de ses institutions et du niveau de son développement économique.

§2. Impact de cette Convention

Cette Convention contient la *clause de flexibilité qui* autorise les membres l'ayant ratifiée à accepter comme minimum trois parmi les neuf branches de la sécurité sociale, avec au moins l'une des branches suivantes couvrant un risque à long terme, en l'occurrence : chômage, accident de travail, vieillesse, invalidité ou décès du soutien de famille.[241]

Sur le plan pratique, la Convention 102 a exercé un impact sur les pays ayant atteint un certain niveau de développement et a influencé le développement de systèmes formels de sécurité sociale dans des pays moins développés comme en RDC.

En outre, l'expérience internationale montre que les conventions de l'OIT relatives à la sécurité sociale, et en particulier la Convention 102, sont un moyen d'éviter, partout dans le monde, le nivellement par le bas des systèmes de sécurité sociale, car elles servent de repères pour évaluer le respect de leurs prescriptions et contribuent à l'établissement de conditions égales pour tous en matière sociale.[242]

---

[240] OIT a, et Annexe XII sur le texte de la Convention 102.
[241] Article 2 de la Convention 102 OIT, *Idem.*
[242] CIT a, *op.cit,* p. 164.

Section II : Etat de lieux de l'internalisation en droit congolais de la Convention 102 OIT

§1. Éventualités couvertes et exigences minimales prévues par la Convention 102 OIT

La convention 102 est la seule convention internationale à définir les *neuf branches classiques de la sécurité sociale* pour lesquelles elle fixe les normes minimums. Ces branches sont regroupées ci-dessous.

A. Branches relevant de la prévoyance sociale couvrant les risques personnels

1. Soins médicaux :

Ils couvrent tout état morbide quelle qu'en soit la cause ainsi que les soins médicaux requis par voie de conséquence, ceux requis en cas de grossesse, d'accouchement et de leurs conséquences, ainsi que ceux de nature préventive.

2. Maladie :

Elles comprennent l'incapacité de travail résultant d'un état morbide et entraînant la suspension du gain.

3. Prestations aux familles :

Elles assurent la charge d'enfants, avant l'âge limite de la scolarité obligatoire ou avant 15 ans.

4. Prestations de maternité :

Elles se rapportent aux soins médicaux nécessités par la grossesse, l'accouchement et leurs conséquences, ainsi que la suspension concomitante des gains.

B. Branches relevant de la sécurité sociale couvrant les risques réels

1. Prestations de chômage :

Elles comprennent la suspension ou la perte de revenu due à l'incapacité d'obtenir un emploi convenable.

2. Prestations de vieillesse :

Elles couvrent la survivance au-delà d'un âge prescrit (65 ans).

3. Prestations en cas d'accidents du travail et de maladies professionnelles :

Les éventualités couvertes incluent l'état morbide, l'incapacité de travail, l'invalidité ou la perte de l'intégrité physique résultant d'un accident du travail ou d'une maladie professionnelle prescrite.

4. Prestations d'invalidité :

Elles couvrent l'inaptitude à exercer une activité professionnelle quelle qu'elle soit, dès lors qu'il est probable que cette inaptitude sera permanente ou lorsqu'elle subsiste après la période durant laquelle le bénéficiaire était prestataire au titre de l'incapacité temporaire.

5. Prestations de survivants :

Elles assurent la perte de moyens d'existence affectant la veuve ou les enfants à la suite du décès du soutien de famille.

§2. Degré d'internalisation de ces éventualités en droit congolais

A. Au regard du fondement juridique

Le régime général congolais est d'abord régi par les conventions internationales régulièrement ratifiées telles que vues *supra* et plus particulièrement par la Convention 102, cela conformément aux dispositions de l'article 215 de la Constitution qui dispose : « les traités et accords internationaux régulièrement conclus ont, dès leur publication, une autorité supérieure à celle des lois, sous réserve pour chaque traité ou accord, de son application par l'autre partie. »

Sur le plan interne, ce régime est principalement régi par la Loi n°16/009 du 15 juillet 2016 fixant les règles relatives au Régime Général de la sécurité sociale, puis par une panoplie des textes réglementaires pertinents.

B. Du point de vue branches ou éventualités couvertes

La mise en application de la clause de flexibilité de la convention 102 a conduit la RDC à n'en ratifier que les *parties V, VII, IX et X* couvrant le service des prestations en cas d'accident du travail et de maladies professionnelles (branche des risques professionnels), d'invalidité, de vieillesse et de décès (branche des pensions) ainsi que de prestations aux familles.

Il en appert que seules six de neuf éventualités prévues par la Convention 102 reçoivent application en RDC et ont chacune un régime juridique propre qu'il sied d'analyser. . Ne sont pas intégrés, les soins médicaux, les maladies et le chômage.

1. Branche des risques professionnels

Elle comprend deux sous-branches que sont ***: les accidents du travail et les maladies professionnelles, en ce compris les maladies d'origine professionnelle.***

Il convient de faire observer au seuil de cette partie d'analyse que la législation en matière de maladies professionnelles a été mise sur pied sous l'impulsion de la convention qui a été conclue en 1925 lors de la septième

Conférence Internationale du Travail de Genève, au cours de laquelle les pays membres de l'OIT se sont engagés à assimiler les maladies professionnelles aux accidents du travail et à indemniser ceux qui en sont victimes selon la législation nationale en vigueur.

C'est dans cet esprit que le législateur congolais applique aux maladies professionnelles les dispositions relatives aux accidents du travail, la date de la première constatation médicale de la maladie étant assimilée à celle de l'accident.

Il sied d'analyser succinctement les deux sous-branches des risques professionnels :

1.1. Maladies professionnelles

a) Notion

Le concept de « maladie professionnelle » recouvre une double *acception médico-légale*; il n'est pas toujours juridiquement aisé d'en donner une définition universelle au motif qu'il est directement tributaire du contenu que lui confère la législation de chaque pays selon qu'il est lié à tel ou tel autre système de référence.

Le Droit congolais ne définit pas la maladie professionnelle, il se contente tout simplement, à travers l'A.M. n°8/61 du 21/10/1961 relatif au règlement général d'assurance tel que modifié à ce jour et Décret n° 22/35 du 17/10/2022 déterminant la liste des maladies professionnelles et qui en prévoit 287, d'en réglementer les conditions. Cela est d'autant plus vrai que l'article 59 de la loi dispose : *« Est considérée comme maladie professionnelle, toute maladie désignée dans le tableau des maladies professionnelles et contractée dans les conditions y mentionnées. »*[243]

Pour l'OIT, à travers la Convention n°155 du protocole d'accord de 2002 sur la sécurité et la santé des travailleurs, l'expression « maladie professionnelle » désigne toute maladie contractée à la suite d'une exposition à des facteurs de risque résultant d'une activité professionnelle.[244]

Par ailleurs, lorsqu'elle se réfère au paragraphe 6 de la recommandation n° 121 sur les prestations en cas d'accidents du travail et de maladies professionnelles, l'OIT définit les maladies professionnelles comme « les maladies dont il est connu qu'elles résultent de l'exposition, dans des procédés,

---

[243] Article 59 de la Loi n°16/009 du 15 juillet 2016 fixant les règles relatives au Régime Général de la sécurité sociale, *in Journal officiel de la RDC*, numéro spécial du 28 juillet 2016.

[244] OIT, *Identification et reconnaissance des maladies professionnelles : critères pour incorporer des maladies dans la liste des maladies professionnelles de l'OIT*, Réunion d'experts sur la révision de la liste des maladies professionnelles (recommandation n°194), BIT, Genève, 27-30 octobre 2009, p.1.

activités ou occupations, à des substances ou à des dangers inhérents à ces procédés, activités et occupations. »

b) Contenus de la maladie professionnelle

Deux éléments importants sont contenus dans la définition d'une maladie professionnelle :

- la relation de cause à effet entre l'exposition dans un milieu de travail ou une activité professionnelle et une maladie et,

- le fait que la maladie apparaît dans un groupe de personnes exposées avec une fréquence supérieure à la morbidité moyenne du reste de la population.

Une constance se dégage de toutes ces notions, celle de voir en la maladie professionnelle, la maladie dont il convient de chercher la cause dans l'exercice de la profession.

Il existe aujourd'hui en RDC une nouvelle liste des maladies professionnelles fixée par l'annexe au Décret n° 22/35 du 17/10/2022 déterminant la liste des maladies professionnelles[245], laquelle, avec ses 287 nouvelles maladies, est venu remplacer la liste fixée par l'ancienne annexe à l'ordonnance n° 66-370 du 30 juin 1966 relative aux maladies professionnelles qui limitait à seize, les affections assorties des travaux, procédés et professions comportant la manipulation et l'emploi des agents nocifs ou s'effectuant dans des conditions particulières d'exposition des travailleurs de façon habituelle aux risques concernés.[246]

Ce nouveau décret pris dans le sillage de l'article 59 de la Loi n°16/009 du 15 juillet 2016 fixant les règles relatives au Régime Général de la sécurité sociale, prévoit un tableau de la liste des maladies professionnelles, avec, en regard, l'énumération des travaux, procédés et professions comportant manipulation et emploi des agents nocifs ou s'effectuant dans des conditions particulières exposant le travailleur de façon habituelle au risque de contracter ces maladies.

Il prévoit également une mise à jour périodique du tableau des maladies professionnelles selon la procédure visée à l'alinéa 2 de l'article 59 en tenant compte de nouvelles techniques de production et des progrès scientifiques.

Tandis que la maladie apparaît comme la suite d'une série d'événements à évolution lente, la notion de soudaineté permet de la distinguer de l'accident auquel elle confère une origine précise et une date certaine.

---

245 In https://pro.leganews.cd/category/social-rh/relations-de-travail/sante-et-securite-au-travail/ ou https://clrdc.larcier.com/homedir/index.php, visités le 02/02/2023.

246 Annexe à l'Ordonnance n° 66-370 du 30/06/1966 relative aux maladies professionnelles, portant liste des maladies professionnelles, in Recueil d'actes légaux et index, 1ére édition, éd. Acosys, Kinshasa, 1993.

c) **Catégories de maladies professionnelles : 3 catégories**

- Celles qui se manifestent par des intoxications aigues ou chroniques sous l'action de certains produits. Elles impliquent que l'individu ait été exposé habituellement à des agents nocifs mentionnés dans le tableau. (Maladies causées par les agents chimiques et biologiques ou les affections respiratoires).

- Les affections microbiennes qui supposent également une occupation habituelle, à des travaux susceptibles de provoquer la maladie. (Maladies causées par les agents infectieux et parasitaires, les affections cutanées, les dermatoses).

- Les affections résultant de l'ambiance ou d'attitudes particulières au travail (environnement du travail, chaleurs, hypoacousie, trouble visuel, affections lombaires, musculo-squelettiques, kystes, hématomes).

d) **Critères des maladies professionnelles en droit congolais**

Pour être reconnue professionnelle et générer en faveur de la victime le bénéfice du régime correspondant de la sécurité sociale, la maladie doit répondre aux caractéristiques suivantes :

- Être prévue dans la liste limitative ;
- Être la conséquence de l'exposition habituelle du travailleur au risque avéré prévu dans la même liste ;
- Être de nature à provoquer une incapacité permanente ou temporaire totale ou partielle.

De son côté, la victime devra, pour prétendre à l'indemnisation, prouver qu'elle :

- tombe dans le champ d'application du règlement des maladies professionnelles ;
- est victime d'une maladie consécutive à l'exercice habituel de la profession telle que reprise dans la liste des maladies professionnelles ;
- a été exposée par son travail habituel au risque professionnel connu et non accidentel ou fortuit de cette maladie durant toute la période ou une partie de la période où elle tombe sous le coup de l'application du règlement.

1.2. Maladie d'origine professionnelle

Est présumée d'origine professionnelle, toute maladie caractérisée non désignée dans le tableau des maladies professionnelles, lorsqu'il est établi qu'elle est essentiellement et directement causée par le travail habituel de la victime et qu'elle entraîne son incapacité permanente ou son décès. (Art.60)

Dans ce cas, il est requis, avant toute prise en charge l'avis motivé d'un Comité de santé créé par les ministres ayant dans leurs attributions respectives la sécurité sociale et la santé et constitué du médecin de l'établissement public, du médecin traitant de la victime et d'un expert désigné par le ministre ayant la santé dans ses attributions.[247]

1.3. Accident du travail proprement dit

Aux termes de l'article 58 de la Loi n°16/009 du 15 juillet 2016 fixant les règles relatives au Régime Général de la sécurité sociale, l'accident du travail est, quelle qu'en soit la cause, l'accident survenu à un travailleur par le fait ou à l'occasion du travail, qu'il y ait ou non faute de sa part.

Est également considéré comme accident du travail : **l'accident de trajet.**

On entend par cette expression :

1. l'accident survenu à un travailleur pendant le trajet d'aller et de retour, entre sa résidence ou le lieu où il prend ordinairement ses repas et le lieu où il effectue son travail ou perçoit sa rémunération, dans la mesure où le parcours n'a pas été interrompu ou détourné par un motif dicté par l'intérêt personnel ou indépendant de l'emploi.

2. l'accident survenu pendant les voyages dont les frais sont supportés par l'employeur en vertu des textes en vigueur ou supportés par un tiers avec l'accord de l'employeur.

Il va de soi que cet accident doit provoquer une lésion corporelle pour être pris en compte.

En principe, le trajet protégé est le plus court, le chemin le plus direct. Le salarié ne doit pas s'être arrêté en cours de route.

Les détours et les interruptions motivés par un intérêt personnel ou indépendant de l'emploi font perdre à l'intéressé le bénéfice de la protection. C'est ainsi qu'il n'y a pas d'accident de trajet lorsque l'accident survient à l'occasion d'un détour pour acheter de la nourriture pour la famille.

2. Branche des prestations aux familles

La branche des prestations aux familles comprend trois sous branches à l'occurrence, *les allocations prénatales ; les allocations de maternité et les allocations familiales.*[248]

Le droit aux prestations aux familles est subordonné à la justification par l'assuré d'une activité professionnelle exercée pendant une durée minimale de

---

[247] Article 60 de la Loi n°16/009 du 15 juillet 2016 fixant les règles relatives au Régime Général de la sécurité sociale, *in Journal officiel de la RDC*, numéro spécial du 28 juillet 2016.
[248] Article 34, Idem.

trois mois consécutifs chez un ou plusieurs employeurs, justification faite au moyen des comptes individuels de l'assuré ou de tout autre document régulièrement délivré par l'employeur.

Est compté comme mois d'activité, le mois au cours duquel l'assuré a travaillé pendant au moins quinze jours ou cent vingt heures.

2.1. Modalités particulières régissant les prestations aux familles[249]

1. Les prestations aux familles ne sont pas cumulables avec les pensions de vieillesse ou d'invalidité.

Toutefois, en cas de décès d'un bénéficiaire de prestations aux familles non titulaire d'une pension de vieillesse ou d'invalidité, le conjoint survivant peut, en attendant la liquidation de ses droits, continuer à bénéficier de ces prestations pour les enfants qui étaient à charge du défunt, à condition qu'il en assure la garde et l'entretien.

2. Les prestations aux familles sont éteintes dès la liquidation des pensions de survivants et les montants déjà perçus sont déduits des arrérages de ces derniers.

2.2. Allocations prénatales (Articles 39-42)

a) Finalités

Les allocations prénatales visent la surveillance médicale des grossesses et les meilleures conditions d'hygiène et de santé à la mère et à l'enfant.

b) Bénéficiaire

Ne peut prétendre au droit aux allocations prénatales que toute femme assurée ou toute conjointe d'un travailleur assuré. Ce droit court à compter du jour de la déclaration de la grossesse à l'établissement public qui délivre à l'intéressée un carnet de grossesse et de maternité destiné à recevoir les renseignements permettant de vérifier son état de santé, son état civil et l'accomplissement des prescriptions médicales.

c) Paiement

Le paiement des allocations prénatales est subordonné à la production des certificats médicaux attestant que le bénéficiaire a subi, aux troisième, sixième et huitième mois de grossesse, les examens médicaux obligatoires effectués par le personnel habilité de la santé.

Le montant, les modalités de paiement des allocations prénatales, la périodicité et les conditions dans lesquelles les paiements peuvent être suspendus sont

---

[249] Articles 37-38 de la Loi n°16/009 du 15 juillet 2016 fixant les règles relatives au Régime Général de la sécurité sociale, *op.cit.*

déterminés par arrêté du ministre ayant la sécurité sociale dans ses attributions, après avis du Conseil national du travail et de la sécurité sociale.

2.3. Allocations de maternité (Art. 43-48)

a) Bénéficiaire

Le droit à l'allocation de maternité est ouvert à toute femme assurée ou à la conjointe d'un travailleur assuré qui donne naissance à un enfant de sorte qu'en cas de naissance multiple, chaque naissance est considérée comme une maternité distincte.

Outre les allocations prénatales et de maternité, la femme assurée perçoit une indemnité journalière à l'occasion du congé de maternité.

Cette indemnité est accordée pendant une période de quatorze semaines, dont six semaines avant la date présumée de l'accouchement et huit semaines après, à condition que l'assurée cesse toute activité salariée pendant la période de congé de maternité.

Toutefois, dans le cas d'un repos supplémentaire justifié par une maladie résultant de la grossesse ou des couches et attesté par un certificat médical, l'indemnité journalière peut être payée jusqu'à concurrence d'une période supplémentaire de trois semaines.

L'erreur dans l'estimation de la date de l'accouchement ne peut empêcher la femme de recevoir l'indemnité à laquelle elle a droit.

b) Paiement

Le paiement de l'allocation de maternité est subordonné à la production d'un certificat attestant que l'accouchement s'est déroulé sous contrôle médical.

Le montant de l'allocation de maternité est au moins égal à deux fois celui de l'allocation familiale. Cette allocation est payable une seule fois à la mère et en cas de décès de celle-ci, à la personne qui a la charge effective de l'enfant.

Le droit à l'indemnité journalière de maternité est subordonné à la condition que la femme salariée ait été immatriculée à l'établissement public douze mois avant la date présumée de l'accouchement.

L'indemnité journalière est égale à l'intégralité de la rémunération journalière moyenne soumise à cotisation pour les trois derniers mois.

2.4. Allocations familiales (Art. 49-56)

a. Bénéficiaire

Les allocations familiales assurent la charge d'enfants, célibataires, non-salariés et âgés de moins de 18 ans. Cet âge est prorogé jusqu'à 25 ans s'ils étudient dans un établissement de plein exercice. La limite d'âge est supprimée en faveur des enfants incapables d'exercer une activité lucrative en raison de leur état physique ou mentale et que le travailleur entretient.

Le droit aux allocations familiales n'est reconnu qu'à une seule personne pour un même enfant de sorte que l'un de deux conjoints travailleurs en est exclu au nom du principe d'interdiction de cumul des avantages sociaux.

Lorsque le père et la mère d'un enfant relèvent de régimes différents, les pr estations familiales sont attribuées au titre du régime le plus avantageux.

Les enfants des assurées salariées célibataires, ouvrent droit aux allocations familiales, s'ils ne sont déjà pas pris en charge au titre de leur père.

Dans tous les cas, les allocations familiales ne peuvent être payées à la fois au père et à la mère au profit du même enfant. Aucun cumul n'est admis.

En cas d'interruption d'activité professionnelle ou de décès du conjoint, la conjointe assurée lui sera subrogée, à condition que l'enfant ne soit pas bénéficiaire d'une pension d'orphelin.[250]

Tout assuré assujetti au régime général de sécurité sociale bénéficie des allocations familiales pour chacun des enfants à charge s'il remplit les conditions fixées à l'article 53 de la loi en vigueur.

Aux termes de l'article 53 sus-évoqué, le droit aux allocations familiales est subordonné :

1. pour les enfants bénéficiaires n'ayant pas atteint l'âge de 6 ans, â la production annuelle d'un certificat médical ou d'un certificat de vie, lorsqu'il n'existe pas localement une formation sanitaire agréée par l'établissement public ;

2. pour les enfants en âge de scolarité, à l'assistance régulière aux cours des Etablissements scolaires ou de formation professionnelle publique ou privée agréée et attestée par la production annuelle d'un certificat de scolarité ;

3. pour les enfants de plus de 16 ans, â la justification de l'apprentissage par un certificat annuel de fréquentation, â la justification de l'impossibilité de se livrer à un travail salarié par la production annuelle d'un certificat médical ou d'un certificat administratif de vie et charge ;

4. pour les enfants de plus de 16 ans fréquentant l'enseignement supérieur ou universitaire, à la justification par une attestation annuelle de fréquentation et d'assiduité, étant entendu que le droit est limité à l'âge de 25 ans.

---

[250] Article 2 de l'Arrêté ministériel n°137/CAB/MINETAT/MTEPS/01/2018 du 08 novembre 2018 déterminant le montant, les modalités de paiement des allocations familiales et les conditions de suspension *in Journal officiel de la RDC*, numéro spécial du 05 décembre 2018.

b. Paiement

Les allocations familiales sont liquidées le premier jour de chaque mois civil. Elles sont dues dès la naissance de l'enfant et ne peuvent, en aucun cas, être cumulées avec les allocations prénatales.

Elles sont payées à terme échu et à des intervalles réguliers ne dépassant pas trois mois, le mois au cours duquel survient le décès éventuel de l'enfant étant compté dans son entièreté.

Les allocations familiales sont servies directement par l'établissement public. Celui-ci peut confier ce service à l'employeur, selon les conditions et les modalités déterminées par arrêté du ministre ayant la sécurité sociale dans ses attributions.

Les paiements effectués par l'employeur dans ce cas ne le libèrent pas de l'obligation de déclarer et de verser à l'établissement public les cotisations dont il est redevable conformément aux dispositions de la loi.

Les allocations familiales étant payées à l'assuré au profit des enfants, s'il est établi, après enquête, qu'elles ne sont pas utilisées à cette fin, l'établissement public peut saisir le tribunal de paix aux fins d'obtenir la désignation d'une personne appelée attributaire ou d'une institution auprès de laquelle ces allocations familiales peuvent être liquidées.

Les montants, les modalités de paiement des prestations et les conditions dans lesquelles les paiements peuvent être suspendus, sont déterminés par arrêté du ministre ayant la sécurité sociale dans ses attributions.

c. Extinction du droit et modalités particulières

Les allocations familiales cessent d'être payées en cas d'interruption de l'activité professionnelle de l'assuré. Toutefois, elles sont dues pendant la période de suspension du contrat de travail pour cause de maladie de l'assuré.

L'assuré atteint d'une incapacité de travail couverte par le régime de réparation des accidents du travail et des maladies professionnelles continue à bénéficier des allocations familiales pendant toute la période d'incapacité temporaire et celle d'incapacité permanente égale ou supérieure à soixante-six pour cent.

Toutefois, si la victime de l'accident ou de la maladie reprend une activité salariée donnant droit aux allocations familiales, seules sont dues, dans ce cas, les prestations dont le montant est le plus élevé.

Le droit au bénéfice des allocations familiales est interrompu, pour chaque enfant, dans les cas suivants :

1. arrêt de la fréquentation de l'école ;

2. fin d'études avant d'avoir accompli l'âge de 25 ans ;
3. dépassement de l'âge de 25 ans sauf pour les enfants invalides ;
4. mariage ;
5. décès.

Le droit peut être également interrompu lorsque l'enfant ne réside plus sur le te rritoire national.[251]

3. Branche des pensions

Cette branche comprend trois sous branches ayant chacune un régime juridique propre :

1. la pension d'invalidité
2. la pension de retraite et l'allocation de vieillesse ;
3. la pension des survivants et l'allocation de survivants.

3.1. *Pension d'invalidité*

a. Notions

La pension d'invalidité couvre l'inaptitude à exercer une activité professionnelle quelle qu'elle soit, dès lors qu'il est probable que cette inaptitude sera permanente ou lorsqu'elle subsiste après la période durant laquelle le bénéficiaire était prestataire au titre de l'incapacité temporaire.

Aux termes de l'article 89 de la Loi n°16/009 du 15 juillet 2016 fixant les règles relatives au Régime Général de la sécurité sociale, ''est considéré comme invalide, le travailleur qui, par suite de maladie ou d'accident d'origine non professionnelle, subit une diminution permanente de ses capacités physiques ou mentales le rendant inapte à gagner un tiers de la rémunération qu'un travailleur ayant la même formation peut se procurer par son travail''. Le travailleur doit donc subir la réduction des deux tiers au moins de sa capacité de gain.

Il y a là une conception *mixte de l'invalidité* qui se réfère, dans une relation causale de principe ou de résultat, tant *au critère de l'incapacité physique* qu'à celui de *l'incapacité professionnelle.* Cette relation causale est dite de résultat en ce que l'incapacité physique cause ou engendre l'incapacité professionnelle.

L'état d'invalidité doit être apprécié en tenant compte de la capacité générale du travailleur et de profession exercée par celui-ci. C'est ainsi que si, par

[251] Article 8 de l'Arrêté ministériel n°137/CAB/MINETAT/MTEPS/01/2018 du 08 novembre 2018 déterminant le montant, les modalités de paiement des allocations familiales et les conditions de suspension *op.cit.*

exemple, la perte d'un doigt serait constitutive d'invalidité totale pour le pianiste, elle ne serait, par contre, d'aucune invalidité pour le chauffeur.

En outre, étant donné que l'invalidité trouve son origine dans une maladie ou un accident non professionnel, c'est-à-dire un accident ou une maladie de droit commun, il n'est donc pas *exigé une relation causale d'origine* entre l'invalidité et l'exercice de la profession.

La maladie peut être contractée et l'accident peut subvenir en dehors de prestations accomplies au service de l'employeur. Tel serait le cas d'un travailleur qui perdrait sa jambe un dimanche à la suite d'un accident de circulation, alors qu'il allait rendre visite à un ami.

b. Conditions de bénéfice

L'assuré ne doit pas avoir atteint l'âge d'admission au bénéfice d'une pension de retraite, c'est-à-dire 65 ans au maximum car à cet âge, l'assurance invalidité laisse place à l'assurance vieillesse : la pension d'invalidité est remplacée par une pension de retraite de même montant (Article 90 *in fine*).

Mais, l'assuré devrait avant tout justifier d'au moins trente-six mois (3 ans) d'assurance ou de périodes assimilées au cours de vingt derniers trimestres civils (5 ans) précédant immédiatement celui au cours duquel il est devenu invalide. (Article 88).

c. Prise d'effets et suppression (Article 90).

La pension d'invalidité prend effet, soit à la date de la consolidation de la lésion ou de la stabilité de l'état de l'assuré, soit à l'expiration d'une période de six mois consécutifs d'incapacité si, d'après 'avis du médecin désigné ou agréé par l'établissement public, l'incapacité dure six autres mois au moins. La pension d'invalidité est supprimée à la date à laquelle l'intéressé n'est plus considéré comme invalide au sens de l'article 88 de la loi.

3.2. *Pension de retraite et Allocation de vieillesse* (Article 82-87)

a) But

La pension de retraite et l'allocation de vieillesse ont été conçues pour libérer les postes de travail afin d'assurer la mobilité de la Main d'œuvre, pour éviter que les personnes trop âgées pour continuer à travailler ne sombrent pas dans la pauvreté,[252] et pour fournir un revenu de substitution.

b) Conditions d'octroi de la pension ordinaire (quatre) :

- *l'assuré doit atteindre au moins l'âge de* 60 ans ou un maximum de 65 ans quel que soit son sexe ;

[252] CIT a, *op.cit,* p.21.

- *il doit cesser toute activité salariée ou prendre l'engagement formel à y mettre fin dans les douze mois* à partir de l'introduction de la demande de la pension d'autant plus qu'il est interdit au retraité de cumuler la pension avec l'activité salariée afin de libérer les emplois disponibles, dans un pays où le chômage est structuré.

- *la résidence sur le territoire national*, (Art.113 al.1)

- et il doit avoir accompli au moins *180 mois (15ans) d'assurance* précédent la période au cours de laquelle l'âge d'admission à la pension est atteint.

C'est donc lorsque toutes ces conditions sont réunies que l'on parle de la ***''pension ordinaire''.***

Il convient de faire observer que la mise à la retraite à partir de 60 ans ne peut intervenir qu'à la demande expresse du travailleur, mais elle l'est d'office lorsque l'assuré a atteint soixante-cinq ans qui est l'âge limite pour être mis à la retraite.

c) Cas spécifiques

Mécanisme de rachat pour le bénéfice de la pension ordinaire et Allocation unique

Lorsque l'assuré compte moins de mois d'assurance ou de périodes assimilées, il doit, pour bénéficier de la pension de retraite ordinaire, racheter les années de cotisations manquantes, sans que ce rachat ne dépasse cinq années de cotisations tenant compte de la dernière rémunération mensuelle de l'intéressé à la date de la demande.

Si, par contre, à la date de la demande, les années de cotisations manquantes dépassent cinq exercices depuis la dernière rémunération mensuelle de l'intéressé, il bénéficiera d'une allocation unique, auquel cas l'on parle de la ***''pension forfaitaire''.*** (Articles 83-84)

Pension anticipée (Articles 86-87)

Sans préjudice des dispositions de l'article 83, l'assuré qui atteint au moins cinquante-cinq ans d'âge peut, à sa demande, bénéficier d'une pension anticipée mais avec rabattement sur le montant de la pension de cinq pour cent par année d'anticipation.

Cependant, l'assuré âgé d'au moins cinquante-cinq ans et atteint d'une usure prématurée de ses facultés physiques et/ou mentales le rendant inapte à exercer une activité salariée, dûment constatée par le médecin désigné ou agréé par l'établissement public peut, à sa demande ou à celle de son employeur, bénéficier d'une pension anticipée dont le montant est calculé selon les mêmes règles que celui de la pension de vieillesse.

3.3. *Pension et allocation des survivants*

a) But

La pension des survivants est due en cas du décès de (du) :

- titulaire d'une pension de vieillesse ou d'invalidité ou d'une pension anticipée ;

- l'assuré qui, à la date de son décès, remplissait les conditions requises pour bénéficier d'une pension de vieillesse ou d'invalidité

- l'assuré qui justifiait de cent quatre-vingts mois d'assurance.

Elle assure la perte de moyens d'existence affectant la veuve ou les enfants à la suite du décès du soutien de famille, titulaire d'une pension d'invalidité ou de retraite ou un assuré qui, à la date de son décès, aurait eu droit à une pension de retraite ou d'invalidité.

b) *Les survivants* (**Article 98)**

Sont considérés comme survivants :

- le conjoint en vie, à condition que le mariage ait été inscrit à l'état civil, six mois au moins avant le décès ; sauf si un enfant est né de l'union conjugale ou que la veuve se trouve en état de grossesse à la date du décès de l'assuré ;

- les enfants tels que définis par le Code de la famille ;

- les ascendants directs entretenus par l'assuré, à défaut des survivants susvisés.

c) *Allocation unique de la veuve* **(Article 99)**

Le remariage du conjoint survivant provoque l'extinction de son droit à la pension du survivant et lui ouvre le droit à une allocation unique égale à douze fois le montant mensuel de la pension.

Section III : Les prestations de sécurité sociale en droit congolais

§1. Prestations relatives à la branche des pensions

A. Prestations en espèces

1. Principes

Le montant de la pension de vieillesse ou d'invalidité, de la pension anticipée et de l'allocation de vieillesse est fixé en fonction de la rémunération mensuelle moyenne qui est définie comme la soixantième partie du total des soixante rémunérations mensuelles de l'assuré soumises à cotisations et précédent sa date de départ à la retraite. (Article 93)

RMM= (Somme de RM de 60 derniers mois de cotisations) /60

Si le nombre de mois civils écoulés depuis l'immatriculation est inférieur à soixante, la rémunération mensuelle moyenne s'obtient en divisant le total des rémunérations mensuelles depuis l'immatriculation par le nombre de mois civils compris entre celle date et celle du départ à la retraite.

2. Minimum des prestations en espèces

Le montant minimum mensuel de la pension de vieillesse, d'invalidité ou de la pension anticipée est égal à 40% de la rémunération mensuelle moyenne. Ce pourcentage est majoré de 2% pour chaque période d'assurance ou la période assimilée correspondant à douze mois si le nombre de mois d'assurance ou de mois assimilés dépasse 180 mois. (Article 94).

Exemple 1 : Si un travailleur s'est assuré pendant 30 ans, il aura 15 ans en plus. Si sa RMM est de 100$, le minimum de ses prestations sera de 40% de RMM+ (2%x15 ans) soit 40% de 100$ + 30% de RMM et donc 70% de 100$ soit 70$ mais réduits à 60$ conformément à l'article 95 *in fine* qui dispose : « ce montant est au moins égal à 50% du SMIG, sans toutefois dépasser 60% de la rémunération mensuelle moyenne. »

Exemple 2 : S'il n'a eu que 15 ans d'assurance avec la même RMM (100$), son minimum sera de 40% de 100$ soit 40$.

3. Pension des survivants

Aux termes de l'article 100 de la Loi n°16/009 du 15 juillet 2016 fixant les règles relatives au Régime Général de la sécurité sociale, les pensions des survivants sont calculées en pourcentage de la pension de retraite ou d'invalidité ou de la pension anticipée à laquelle l'assuré avait ou aurait eu droit à la date de-son décès â raison de :

- 50% au conjoint survivant ;
- 50% à partager à parts égales entre les orphelins.

L'article 102 de la loi susvisée précise que si à la date de son décès, l'assuré comptait entre 12 mois et moins de 180 mois d'assurance, les survivants bénéficient d'une allocation de survivant payable en une seule fois.

Le montant de l'allocation de survivant est égal à autant de fois la pension de vieillesse mensuelle à laquelle l'assuré aurait pu prétendre au terme de cent quatre-vingts mois d'assurance.

a) conjoint survivant

La pension destinée au conjoint survivant représente 50% de la pension de retraite ou d'invalidité ou de la pension anticipée à laquelle l'assuré avait ou aurait eu droit à la date de-son décès.

En cas de remariage, le droit du conjoint survivant à la pension s'éteint mais il lui est attribué une allocation égale à douze fois le montant mensuel de la pension. (Art. 99)

b) Orphelin

Le paiement de la pension destinée aux enfants est réservé à ceux en âge de scolarité et limité à l'âge de vingt-cinq ans pour les étudiants.

La pension destinée aux orphelins représente 50% de la pension de retraite ou d'invalidité ou de la pension anticipée à laquelle l'assuré avait ou aurait eu droit à la date de-son décès ; cette pension est partagée entre orphelins à parts égales.

Le pourcentage alloué aux orphelins est doublé, s'il n'y a pas de conjoint survivant ; mais en aucun cas, le montant de la pension des orphelins ne peut être inférieur à celui des allocations familiales. (Art.100)

c) Ascendants directs entretenus par l'assuré (Art.101)

A défaut du conjoint survivant et d'orphelins, les ascendants directs que l'assuré entretenait bénéficient de cent pour cent de la pension visée à l'article 100.

B. Prestations en nature en cas des pensions

les prestations en nature consistent ***en soins médicaux*** qui comprennent l'assistance médicale et chirurgicale, les soins dentaires y compris les examens médicaux, radiographiques, les examens de laboratoire et les analyses ; la fourniture de produits pharmaceutiques, l'entretien dans un hôpital ou une autre formation sanitaire y compris la nourriture habituelle fournie par l'établissement, les frais de transport de la victime du lieu de l'accident à la formation sanitaire et à sa résidence et vice-versa.

Ils comprennent également *la fourniture, l'entretien et le renouvellement* des appareils de prothèse et d'orthopédie nécessités par les lésions résultant de l'accident et reconnus par le médecin désigné ou agréé par l'établissement public comme indispensables ou de nature à améliorer la réadaptation ou la rééducation professionnelle.

Entrent aussi en ligne de compte, les lunettes, les soins infirmiers et les visites à domicile ; ainsi que la réadaptation fonctionnelle, le reclassement de la victime dans les conditions déterminées par un arrêté du ministre ayant la sécurité sociale dans ses attributions.

§2. Réparation des risques professionnels

La réparation des risques professionnels consiste à fournir au travailleur, victime d'accidents du travail et des maladies professionnelles ou d'origine professionnelle, des prestations en nature ou en espèce.

A. Prestations en nature en cas des risques professionnels

1. Régime de réparation

En vertu de l'article 67 de la Loi n°16/009 du 15 juillet 2016 fixant les règles relatives au Régime Général de la sécurité sociale, les prestations en nature consistent ***en soins médicaux*** qui comprennent l'assistance médicale et chirurgicale, les soins dentaires y compris les examens médicaux, radiographiques, les examens de laboratoire et les analyses ; la fourniture de produits pharmaceutiques, l'entretien dans un hôpital ou une autre formation sanitaire y compris la nourriture habituelle fournie par l'établissement, les frais de transport de la victime du lieu de l'accident à la formation sanitaire et à sa résidence et vice-versa.

Ils comprennent également *la fourniture, l'entretien et le renouvellement* des appareils de prothèse et d'orthopédie nécessités par les lésions résultant de l'accident et reconnus par le médecin désigné ou agréé par l'établissement public comme indispensables ou de nature à améliorer la réadaptation ou la rééducation professionnelle.

Entrent aussi en ligne de compte, les lunettes, les soins infirmiers et les visites à domicile ; ainsi que la réadaptation fonctionnelle, le reclassement de la victime dans les conditions déterminées par un arrêté du ministre ayant la sécurité sociale dans ses attributions.

2. Remboursement des frais médicaux

S'agissant des soins médicaux, il convient de faire observer que bien qu'ils soient fournis par l'établissement public ou par les établissements médicaux sélectionnés par lui parmi les formations publiques et privées agréées par l'autorité compétente, et rémunérés ou remboursés par l'établissement public sur la base d'un tarif forfaitaire fixé de commun accord entre parties ou, à défaut, sur la base des prix établis par la réglementation en vigueur, il est admis qu'en cas de force majeure ou d'urgence justifiée par l'état de santé de la victime, l'établissement public rembourse à l'assuré, selon les modalités susvisées, les frais exposés auprès d'un établissement médical non sélectionné. (Art.69)

Les soins à l'étranger sont autorisés par l'établissement public.

3. Effet de prise en charge (art.68)

La prise en charge par l'établissement public des soins médicaux nécessités par la lésion découlant de l'accident ou de l'affection consécutive à la maladie est immédiate et sans limitation de durée, dès le début de l'incapacité résultant de l'accident du travail ou de la maladie professionnelle, sauf cas des soins d'urgence et de ceux dispensés dans le cas de la médecine d'entreprise.

Les appareils de prothèse et d'orthopédie sont à charge de l'établissement public dès le premier jour de l'incapacité et sont entretenus ou renouvelés même après expiration du délai de révision c'est-à-dire après un délai de cinq ans suivant la date de la guérison apparente ou de la consolidation de la lésion, si l'invalidité est due à un accident, de dix ans si elle est due à une maladie et de quinze ans si elle est due à la silicose. (Article 80 *in fine*)

B. Prestations en espèces en cas des risques professionnels

L'article 71 de la Loi n°16/009 du 15 juillet 2016 fixant les règles relatives au Régime Général de la sécurité sociale, dispose :

Les prestations en espèces accordées par l'établissement public en cas d'accident du travail ou de maladie professionnelle comprennent, qu'il y ait ou non interruption du travail : *l'indemnité journalière ; la rente ou l'allocation d'incapacité ; l'allocation des frais funéraires ; les rentes de survivants et les frais de réadaptation fonctionnelle ou de reclassement de la victime.*

Dans tous les cas, le service des prestations aux familles est maintenu de plein droit au profit : *du travailleur victime d'un accident du travail ou d'une maladie professionnelle pendant la durée de son incapacité temporaire, totale ou partielle ; de l'allocataire atteint d'une incapacité permanente dont le taux est supérieur à soixante-six pour cent et du bénéficiaire des rentes de survivants.*

1. Indemnité journalière en cas d'incapacité temporaire partielle ou totale. (Art.72)

Lorsque l'accident ou la maladie a entraîné une incapacité temporaire totale ou partielle dûment constatée par l'autorité médicale compétente, la victime a droit à une indemnité journalière d'accident pour chaque jour d'incapacité, ouvrable ou non.

Cette indemnité est prise en charge par l'établissement public pendant toute la période d'incapacité de travail précédent la guérison, la consolidation de la lésion ou le décès du travailleur et donc à l'expiration du délai de six mois, pendant lequel l'employeur est tenu de verser à la victime les deux tiers de la rémunération en espèce ainsi que la totalité des allocations familiales conformément à l'article 106 du code du travail.

Ce taux est réduit de moitié pendant la durée de l'hospitalisation si la victime n'a pas de charge de famille.

La rémunération journalière moyenne (RJM) s'obtient en divisant par 90 le total des rémunérations soumises à cotisations perçues par l'intéressé au cours de trois mois civils précédant le mois au cours duquel la maladie (accident) est survenue.

RJM = (RM1+RM2+RM3)/90.

Donc si RM=93 000 FC, RJM= (93 000 +93 000+93 000)/90=**3100fc**

Mais au cas où la victime n'a pas travaillé pendant toute la durée de trois mois ou que le début du travail dans l'entreprise où la maladie (accident) est survenue remonte à moins de trois mois, *la rémunération journalière moyenne est celle qu'elle aurait reçue si elle avait travaillé dans les mêmes conditions pendant la période de référence de trois mois*. (Art.72 al4)

2. Rentes d'incapacité permanente totale (RIPT)[253]

L'incapacité permanente et totale donne lieu à une rente d'incapacité égale ***à 85%*** de la rémunération mensuelle moyenne (RMM) de la victime, laquelle est égale à 30 fois la rémunération journalière moyenne.

RMM=RJMx30

Partant du même exemple, la RMM serait égale à 3 100 fcx30= **93 000fc**

Avec cette RMM de 93 000fc la RIPT= (93 000fcx85)/100=**79 050fc**

Il y a deux types de prestations de la C.N.S.S., qualifiées différemment en cas *d'incapacité permanente partielle* avec pour référence le taux de 15% :

- *On parle de rente en cas d'incapacité supérieure ou égale à 15%.*
- *Il y a allocations lorsque l'incapacité désignée est inférieure à 15%.*

3. Rentes pour incapacité permanente partielle(RIPP) supérieure ou égale à 15%

Le montant de la rente d'incapacité permanente est fixé à partir de deux coordonnées : *le taux de l'incapacité au travail et la rémunération mensuelle moyenne de la victime.*

Le taux de l'incapacité permanente est déterminé d'après la nature de l'infirmité, l'état général, l'âge, les facultés physiques et/ou mentales, ainsi que d'après les aptitudes et les qualifications professionnelles de la victime sur la base d'un barème indicatif d'invalidité établi par un Arrêté Interministériel de sécurité sociale et de la santé.

Une fois le taux d'incapacité de travail et la rémunération mensuelle moyenne connus, on détermine le montant de la rente en multipliant cette rémunération par le taux de l'incapacité.

Si le taux d'incapacité est de 50% la RIPP= RMM x Taux soit (93 000fcx50)/100= **46 500fc**

---

[253] Art 73 de la Loi n°16/009 du 15 juillet 2016 fixant les règles relatives au Régime Général de la sécurité sociale, *in Journal officiel de la RDC*, numéro spécial du 28 juillet 2016.

Ainsi, l'incapacité permanente partielle dont le degré est supérieur ou égal à 15%, donne lieu à une rente dont le montant sera, selon le degré d'incapacité, proportionnel à celui de la rente à laquelle la victime aurait eu droit en cas d'incapacité permanente totale.

4. Allocations d'incapacité permanente partielle inférieure à 15%

Lorsque la victime d'une maladie professionnelle (d'un accident du travail) est atteinte d'une incapacité permanente partielle dont le degré est inférieur à 15%, l'article 75 alinéa 3 de la Loi n°16/009 du 15 juillet 2016 fixant les règles relatives au Régime Général de la sécurité sociale lui reconnaît le droit à une *allocation d'incapacité versée en une seule fois* et dont *le montant est égal à* ***trois fois le montant annuel de la rente*** *correspondant au degré d'incapacité* de la victime.

Exemple une incapacité permanente partielle au taux de 10%.

RIPP = (RMM x Taux) /100 soit (93 000 x 10) /100= 9300 FC

RA (Rente Annuelle) = Montant annuel de cette rente mensuelle de 9 300 FC = 9 300 x 12= 111 600 FC

Allocation unique d'incapacité = (RA x3) soit 111 600 x 3= 334 800 FC

Ce régime peut être affecté de certaines modifications inhérentes aux modalités spécifiques.

5. Modifications ultérieures

L'article 80 pose le principe que les rentes de l'incapacité sont toujours concédées à titre temporaire. C'est à ce titre qu'il consacre le principe de révision de ces rentes aux conditions suivantes :

- si, après leur liquidation, une aggravation ou une atténuation de l'incapacité ou d'invalidité est dûment constatée par le médecin agréé ou désigné par l'Etablissement public, la révision interviendra soit sur l'initiative de celui-ci, soit à la demande de la victime ou de ses ayants-droit.

- D'une manière générale, la demande de révision pour aggravation de l'état de la victime émane de celle-ci tandis que la décision de diminution de la rente pour atténuation de l'incapacité de la victime émane de la CNSS, à la suite de divers examens médicaux qu'il requiert.

a) Modifications inhérentes à l'accroissement de l'incapacité du fait des accidents successifs (Art. 79)

Au cas où le **bénéficiaire d'une rente d'incapacité permanente partielle est à nouveau victime d'une maladie professionnelle** (accident du travail), la nouvelle rente est fixée en tenant compte de l'ensemble des lésions subies et de la rémunération prise comme base de calcul de la rente précédente. Toutefois, si à l'époque de la dernière maladie (dernier accident) la rémunération moyenne de la victime est supérieure à celle qui a été prise comme base de calcul de rente, la nouvelle rente est calculée d'après la rémunération la plus élevée.

Lorsque le bénéficiaire d'une allocation d'incapacité est encore victime d'une maladie professionnelle (accident du travail) et se trouve atteint d'une incapacité de travail supérieure à 15%, la rente est calculée en tenant compte de l'ensemble des lésions subies et de la rémunération prise comme base de calcul de l'allocation d'incapacité.

Si à l'époque du dernier accident, la rémunération de la victime est supérieure à celle qui a été prise comme base de calcul de l'allocation, la rente est calculée d'après la rémunération la plus élevée ; mais son montant sera réduit pour chacune des trois premières années suivant la liquidation de la rente, du tiers du montant de l'allocation d'incapacité allouée à l'intéressé (article 79 al 4).

b) Révision des rentes pour aggravation ou atténuation de l'incapacité dument constatée par le médecin agréé ou désigné par la CNSS

Au cours de deux premières années suivant la date de la guérison apparente ou de la consolidation de la lésion, une nouvelle fixation du montant de la rente peut intervenir tous les six mois. Mais après l'expiration de ce délai, la révision ne peut intervenir qu'à des intervalles d'au moins un an. (Art.80 al 2)

Limitations : Dans tous les cas, aucune révision ne peut plus intervenir après un délai de cinq ans suivant la date de la guérison apparente ou de la consolidation de la lésion, si l'incapacité est due à un accident, de dix ans si elle est due à une maladie et de quinze ans si elle est due à la silicose (Art.80 al 3).

c) Modification inhérente au recours par l'invalide à l'aide d'une tierce personne

Une majoration de 50% de la rente est accordée à la victime dans le cas où elle a besoin de façon constante de l'aide et des soins d'une tierce personne pour accomplir les actes de la vie courante c'est-à-dire le fait *de s'habiller, de se nourrir ou de se déplacer* (Article 108).

6. Rente des survivants en cas de décès du travailleur

La rente des survivants ne se conçoit que dans l'hypothèse de décès du travailleur de suite d'un risque professionnel. (Art. 76)

L'article 98 de la Loi n°16/009 du 15 juillet 2016 fixant les règles relatives au Régime Général de la sécurité sociale précise que les survivants sont :

- le conjoint en vie, à condition que le mariage ait été inscrit à l'état civil, six mois au moins avant le décès ; sauf si un enfant est né de l'union conjugale ou que la veuve se trouve en état de grossesse à la date du décès de l'assuré
- les enfants tels que définis par le Code de la famille ;
- les ascendants directs entretenus par l'assuré, à défaut des survivants susvisés.

Aux termes de l'article 78 de la Loi n°16/009 du 15 juillet 2016 fixant les règles relatives au Régime Général de la sécurité sociale, les rentes de survivants sont fixées en pourcentage de la rémunération servant au calcul de la rente permanente et sont allouées â raison de 50% au conjoint survivant et 50% aux orphelins à parts.

7. Frais funéraires(Art.77)

S'agissant de frais funéraires, l'Etablissement public verse une allocation à la personne qui a pris à charge les frais d'enterrement, dans les limites précisées par l'article 77 de la Loi n°16/009 du 15 juillet 2016 fixant les règles relatives au Régime Général de la sécurité sociale, lorsque la maladie professionnelle (accident du travail) a entraîné le décès de la victime.

§3. Prestations relatives aux charges de famille

Les allocations familiales sont calculées sur base de montants journaliers. Ces montants sont déterminés par Ordonnance du Président de la République, en fonction des salaires payés en espèce et le plus souvent de manière simultanée avec la promulgation du SMIG.

Le montant des allocations familiales est fixé à 8 100 francs congolais pour chaque enfant bénéficiaire.[254]

§3. La procédure préalable à la réparation des risques professionnels

Le droit aux prestations de la sécurité sociale dans le cas de maladie professionnelle ne peut être dû qu'après l'accomplissement de certaines formalités qui s'articulent en obligations de la victime d'abord, de l'employeur ensuite et de la CNSS enfin.

A. La déclaration de l'accident

La loi impose qu'une déclaration de l'accident soit faite rapidement par différents débiteurs de cette obligation :

---

[254] Article 3 de de l'Arrêté ministériel n°137/CAB/MINETAT/MTEPS/01/2018 du 08 novembre 2018 déterminant le montant, les modalités de paiement des allocations familiales et les conditions de suspension *op.cit.*

1. Obligations de la victime

La victime d'un accident du travail ou d'une maladie professionnelle doit en informer ou en faire informer l'employeur ou l'un de ses préposés.

Cette obligation qui n'est pas expressément prévue par le règlement général de l'assurance établi par l'arrêté n° 8 /61 du 26 octobre 1961, découle de la nécessité de porter à la connaissance de l'employeur la survenance de l'accident ou de la maladie professionnelle. La victime de l'accident est tenue par ailleurs de se faire soigner immédiatement et de répondre à toute convocation pour enquête administrative et contrôle médical éventuels[255].

2. Obligations de l'employeur

L'employeur est tenu de déclarer à l'établissement public, dans un délai de 60 jours, tout accident du travail suivant le modèle A1 et dans celui de 120 jours, toute maladie professionnelle dont est victime le salarié occupé dans l'entreprise suivant le modèle M1 et d'en réserver copie à l'inspection du travail et de la sécurité sociale du ressort et à la victime. (Article 77)[256]

En cas de carence ou d'impossibilité dans le chef de l'employeur, la déclaration modèle A1 ou M1 peut être faite par la victime ou par ses représentants ou encore par ses ayants droit, jusqu'à l'expiration d'un délai de deux ans suivant la date de l'accident ou de la première constatation médicale de la maladie professionnelle. (Article 65)

Les maladies qui se déclarent après la date à laquelle le travailleur a cessé d'être exposé au risque ouvrent le droit aux prestations si leurs délais d'apparition sont conformes à ceux prévus par la liste des maladies professionnelles. (Article 66)

Cette déclaration modèle M1 doit contenir certaines mentions permettant d'identifier l'employeur, la victime, ses ayants-droit et de calculer la perte de gain de la victime. En cas de carence de l'employeur, l'administration locale compétente, sur requête de la victime ou de ses ayants-droit, accomplit les formalités mises à charge de l'employeur.[257]

3. Obligations de la C.N.S.S.

La C.N.S.S. est appelé à adresser à l'Inspection du Travail un exemplaire de la déclaration de la maladie professionnelle.

---

[255] Mukadi Bonyi, *op. cit.*, p.61

[256] Article 77 de l' Arrêté ministériel n °146/CAB/MINETAT/MTEPS/01/2018 du 10 novembre 2018 fixant les modalités d'affiliation des employeurs, d'immatriculation des travailleurs, de perception des cotisations, de liquidation et du service des prestations ainsi que les obligations qui incombent aux employeurs et aux travailleurs *in Journal officiel de la RDC*, numéro spécial du 05 décembre 2018.

[257] Art. 30, Mukadi Bonyi,, *op. cit.*, p.61.

B. Notification des décisions

Les décisions accordant ou refusant les prestations sont notifiées par écrit au demandeur soit directement sous pli recommandé, soit à l'intervention de l'autorité locale compétente.

Les décisions accordant les prestations font l'objet d'un brevet qui doit être transmis au bénéficiaire. Ce brevet précise la périodicité des paiements compte tenu du lieu de résidence du bénéficiaire.

Elles doivent être motivées et mentionner les voies de recours ouvertes au demandeur en précisant les formes et délais dans lesquels ces recours doivent être introduits.

Le médecin traitant est tenu d'établir, en double exemplaire, un certificat médical descriptif indiquant l'état de la victime et les conséquences de l'accident ou les suites éventuelles, en particulier la durée probable de l'incapacité de travail. L'un des exemplaires est adressé à l'Agence, l'autre est remis à la victime.

C. Régime de cumul des prestations

En cas de cumul de deux pensions ou de deux rentes, le titulaire a droit à la prestation ou à la rente la plus élevée et à la moitié de l'autre. (Article 110)

Lorsqu'à la suite d'un accident du travail ou d'une maladie professionnelle, la victime a droit simultanément à une rente d'incapacité permanente et à une pension d'invalidité, seul le service de la rente d'incapacité permanente est assuré. Toutefois, dans le cas où le montant de la pension d'invalidité est plus élevé que celui de la rente d'incapacité permanente, il bénéficiera en sus de la différence entre les deux montants. (Article 111)

Si à la suite du décès d'un assuré résultant d'un accident du travail ou d'une maladie professionnelle, les survivants ont droit simultanément à une rente et à une pension des survivants, seul le service de la rente de survivants est assuré. Toutefois, dans le cas où le montant de la pension de survivants est plus élevé que celui de la rente de survivants, ils bénéficieront en sus de la différence entre les deux montants. (Article 112)

Section IV : Les voies d'action en matière de maladies professionnelles

§1. Base de l'action

L'indemnisation des maladies professionnelles ne trouve pas sa source dans la responsabilité civile, mais dans la sécurité sociale.

En effet, dans le système congolais, la réparation des maladies professionnelles est du ressort de la Caisse Nationale de Sécurité Sociale qui est chargée de payer ces indemnités sur base des fonds nécessaires que l'employeur est obligé, par la loi, à lui verser en sa qualité de son assureur social obligatoire.

La problématique que soulève cette gestion de réparation des risques professionnels est telle que le système de la sécurité sociale connaît des seuils plus bas, conduisant aux indemnisations forfaitaires et sans couverture de tous les postes du dommage ; soulevant la difficulté pour la victime d'intenter une action civile à l'encontre de l'employeur en réclamation du droit extracontractuel indemnisant le restant de son dommage, en apportant la preuve d'une faute, du dommage et du lien de causalité.

Si cela est possible, cette action viendrait en sus du paiement reçu sur base du règlement des maladies professionnelles. Mais quel est l'état de la législation congolaise en la matière ?

§2. De l'inopportunité de l'action civile

A. Principes de droit

La spécialité du droit de la sécurité sociale régi par le principe « *specialia generalibus derogant* » par rapport au droit civil commun, n'autorise pas le recours à l'action civile contre un employeur en cas de maladie professionnelle.

Cela ressort beaucoup plus du principe de *"l'immunité civile"* de l'employeur et de ses subalternes qui ne peuvent être cités en justice pour le restant du dommage qui n'est pas couvert par le versement forfaitaire sur base du règlement des maladies professionnelles.

L'argument en faveur de cette immunité civile protégeant l'employeur est assis sur le fait qu'elle est la contrepartie de l'obligation de chaque employeur de contribuer au Fonds des Maladies Professionnelles.

De plus, sur le plan personnel, cette immunité civile affecte également *les victimes ayant souffert du dommage* causé par la maladie professionnelle à un membre de leurs familles ou donc des victimes indirectes de la maladie professionnelle.

C'est à cet effet que la jurisprudence de la Cour de Cassation précise que sur le plan objectif ou matériel, cette immunité s'étend également *aux dommages non couverts* par le règlement des maladies professionnelles comme *le dommage moral*, et ne peut être invoquée ni envers des tiers qui ont droit à une indemnisation sur base du règlement des maladies professionnelles (l'épouse et les enfants) ni envers les victimes qui n'ont pas droit à une indemnisation sur base de la loi (telles que le partenaire cohabitant, l'épouse et les enfants en cas de survie de la victime).

B. Fondement juridique de l'action en responsabilité civile contre l'employeur en matière des maladies professionnelles : exception au principe de l'immunité civile

A l'immunité civile de l'employeur et de ses subalternes, une exception est prévue, lorsque ceux-ci auraient provoqué intentionnellement la maladie professionnelle, auraient violé l'obligation de sécurité-résultat, violation conduisant à une faute inexcusable du fait de la négligence, du défaut de prévoyance ou de précaution.

C'est le cas lorsque l'employeur ne respecte pas ses obligations en matière de sécurité et d'hygiène du travail après avoir été mis en demeure par écrit par l'inspection sociale.

Cette exception trouve son fondement légal dans l'article 115 de la Loi n°16/009 du 15 juillet 2016 fixant les règles relatives au Régime Général de la sécurité sociale qui prévoit que l'employeur, ses mandataires et ses préposés ne sont considérés comme *tiers* que s'ils ont provoqué intentionnellement l'accident ou la maladie.

Bien avant la disposition qui précède, ce même article soutient que lorsque l'événement ouvrant droit à une prestation prévue dans la branche des risques professionnels est dû à la faute *d'un tiers,* l'Etablissement public doit verser à l'assuré ou à ses ayants droit les prestations prévues.

L'assuré ou ses ayants droit conservent contre *le tiers responsable* le droit de réclamer, conformément *au droit commun, la réparation du préjudice subi.* L'Etablissement public est subrogé de plein droit à l'assuré et à ses ayants droit pour le montant des prestations octroyées ou des capitaux constitutifs correspondants.

Le règlement amiable intervenu entre le tiers responsable et l'assuré ou ses ayants droit ne peut être opposé à l'Etablissement public que s'il avait été partie.

§3. Régimes des saisies et d'exonération

Les prestations de sécurité sociale ne sont cessibles et saisissables que pour les dettes contractées envers l'établissement public pour l'acquisition de la construction d'habitation ou pour cause d'obligation alimentaire prévue par la loi. Elles ne sont saisissables qu'à concurrence d'un cinquième dans le premier cas et d'un tiers dans le second cas.

Les prestations aux familles sont insaisissables et incessibles.

Dans tous les cas, l'insaisissabilité et l'incessibilité des prestations ne peuvent être invoquées contre l'établissement public pour faire obstacle à la récupération des paiements indument obtenus par le bénéficiaire. (Article 106)

L'établissement public est exempté de tous impôts, droits et taxes en ce compris, les droits proportionnels et il bénéficie de la franchise. (Article 122)

Les prestations prévues par la loi sont exonérées de tous impôts. Les pièces de toute nature requises pour l'obtention de ces prestations exonérées de tous droits, sont établies et délivrées gratuitement et sans frais.

§4. De la prescription en matière de sécurité sociale

Le droit à l'indemnité journalière d'accident du travail, aux indemnités journalières de maternité, aux prestations aux familles et aux allocations funéraires est prescrit par **un an** à dater de l'éventualité donnant naissance au droit.

Le droit à la pension, à la rente et à l'allocation de vieillesse, d'invalidité ou de survivants est prescrit par **dix ans** à dater de l'éventualité donnant naissance au droit.

Toutefois, les arrérages des rentes ou des pensions ne sont pas versés pour une période antérieure excédant six mois à partir de l'introduction de la demande auprès de l'établissement public.

Est interruptive du délai de prescription, toute demande ou réclamation introduite par l'assuré auprès de l'établissement public. La preuve de l'introduction de la demande ou de la réclamation incombe à l'assuré. (Article 106)

Les droits liquidés et non perçus sont prescrits par : (Article 107)

1. *un an* pour les prestations à court terme notamment les prestations aux familles, les indemnités journalières pour femmes en couches, les indemnités journalières pour incapacité temporaire, les frais funéraires, les frais médicaux et pharmaceutiques ;

2. *trois ans* pour les prestations à long terme notamment les pensions et les rentes.

Section V : Les dispositions finales

§1. De la sécurisation de la sécurité sociale par le droit pénal spécial

La loi prévoit les dispositions pénales suivantes en vue de sécuriser les matières de sécurité sociale et assurer la pérennité du régime en faveur des prestataires sociaux. Elle dispose :

« Est puni d'une amende de 500 000 à 5 000 000 de francs congolais, l'employeur qui :

1. omet de déclarer le début de ses activités, de transmettre les déclarations obligatoires, de solliciter l'immatriculation d'un travailleur dès l'embauche ou de demander sa propre affiliation ;

2. communique des renseignements inexacts ou incomplets sur la rémunération, les cotisations sociales et les avantages sociaux servant de base de calcul de ces cotisations ;

3. ne respecte pas toutes les autres mesures ou obligations prescrites par la présente loi. (Article 128) »

Outre le droit reconnu à l'établissement public de la sécurité sociale de recourir à la taxation d'office, à la majoration de retard, au recouvrement forcé des cotisations et aux saisies, lorsque le manquement visé au point 3 ci-dessus consiste en l'omission par l'employeur de précompter les cotisations des travailleurs ou de verser les cotisations globales, il est puni d'une peine d'emprisonnement d'un à trois mois et d'une amende de 1 000 000 à 10 000 000 de francs congolais ou de l'une de ces peines seulement. (Article 129)

Toute personne qui fait intentionnellement des déclarations inexactes dans le but de bénéficier ou de faire bénéficier à autrui des prestations ou un quelconque avantage est punie d'une peine d'emprisonnement de trois à douze mois ou d'une amende de 100 000 à 1 000 000 de francs congolais.

Les cotisations indûment versées sur la base de ces déclarations restent acquises à l'établissement public. (Article 130)

En cas de récidive, les peines prévues aux articles 128, 129 et 130 sont portées au double.

En outre, l'atteinte à l'intégrité physique, l'altération de la santé et à travers elle celle de la capacité du travail sont réprimées par le code pénal.

Les articles 52, 53 et 54 de la Loi portant Code Pénal congolais livre I sanctionnent celui qui, par défaut de prévoyance ou de précaution, a causé involontairement un dommage corporel ; la peine varie selon la gravité de ce dommage : décès ou blessures.

La Loi portant Code du Travail a par ailleurs créé un droit pénal spécial axé sur la prévention des accidents du travail et des maladies professionnelles. A ce titre, il sanctionne le danger créé ou entretenu sur les lieux de travail par la violation des règles d'hygiène et de sécurité.

Ainsi, en vertu des articles 321 de ce Code, les infractions à ces règles sont punies d'une amende qui ne dépassera pas vingt mille francs congolais.

Cette amende est encourue autant de fois qu'il y a d'infractions sans que, cependant, le montant total des amendes infligées ne puisse excéder cinquante fois le taux maximum ci-dessus.

§2. Les aspects novateurs de la Loi n°16/009 du 15 juillet 2016 relative au régime général de la sécurité sociale

- Innovations importantes tant en ce qui concerne la couverture sociale que les prestations et leurs conditions d'octroi.
- Branche de prestations aux familles couvre tout le territoire national et intègre le principe édicté par la Conférence internationale de la prévoyance sociale (CIPRES) et la Convention 102 du 20 juin 1952 sur la norme minimum de la sécurité sociale.
- Elle intègre le droit aux allocations prénatales et de maternité et le droit aux indemnités journalières pour la femme travailleuse pendant le congé de maternité pour compenser la perte de ses revenus.
- Branche des pensions, prise en compte des principes d'égalité entre l'homme et la femme. L'âge de départ d'office à la retraite est fixé à 65 ans tant pour l'homme que pour la femme. Le droit de rachat de la carrière pour tout assuré âgé de 60 ans au moins qui ne totalise pas 180 mois d'assurance, est aussi pris en considération dans cette loi.
- Il en est de même de l'allocation de vieillesse pour l'assuré ayant moins de 15 ans d'assurance et la pension d'orphelins et de survivant aux ayants-droit d'un assuré.
- Branche des risques professionnels, notamment la prise en charge, en plus des accidents du travail et des maladies professionnelles, des maladies d'origine professionnelle.
- Allongement à 60 jours du délai de déclaration de l'accident de travail et à 120 jours du délai de déclaration de la maladie professionnelle.
- Extension de la couverture sociale à plusieurs autres catégories : mandataires de l'Etat, personnels de l'Etat, employés locaux des missions diplomatiques accrédités et établis en RDC, associés actifs des sociétés, assurés volontaires et détenus exécutant un travail périlleux victimes d'un accident survenu à l'occasion de ce travail.
- Extension de la sécurité sociale en tant qu'outil pour réduire la pauvreté et les inégalités et contribuer à la croissance économique et au développement.
- Suppression des restrictions et discriminations observées dans l'application du décret-loi organique du 29 juin 1961 pour réduire les disparités et améliorer l'accès de tous à une protection sociale pour tous.

ANNEXES I

I. CONVENTIONS INTERNATIONALES DU TRAVAIL

Liste des ratifications des conventions internationales du travail tarifiées par la République démocratique du Congo, Membre depuis 1960.

33 conventions en vigueur sur les 37 ratifiées.

Fondamentales			
Convention	**Date**	**État actuel**	Note
C029 - Convention (n° 29) sur le travail forcé, 1930	**20.9. 1960**	**En vigueur**	
C087 - Convention (n° 87) sur la liberté syndicale et la protection du droit syndical, 1948	**20.6.2001**	**En vigueur**	
C098 - Convention (n° 98) sur le droit d'organisation et de négociation collective, 1949	**16.6.1969**	**En vigueur**	
C100 - Convention (n° 100) sur l'égalité de rémunération, 1951	**16.6. 1969**	**En vigueur**	
C105 - Convention (n° 105) sur l'abolition du travail forcé, 1957	**20.6.2001**	**En vigueur**	
C111 - Convention (n° 111) concernant la discrimination (emploi et profession), 1958	**20.6. 2001**	**En vigueur**	
C138 - Convention (n° 138) sur l'âge minimum, 1973Age minimum spécifié : 14 ans	**20.6.2001**	**En vigueur**	
C182 - Convention (n° 182) sur les pires formes de travail des enfants, 1999	**20.6.2001**	**En vigueur**	

De gouvernances (prioritaires)

Convention	Date	État actuel	Note
C081 - Convention (n° 81) sur l'inspection du travail, 1947	**19.4.1968**	**En vigueur**	
C144 - Convention (n° 144) sur les consultations tripartites relatives aux normes internationales du travail, 1976	**20.6.2001**	**En vigueur**	

Techniques			
Convention	Date	État actuel	Note
C004 - Convention (n° 4) sur le travail de nuit (femmes), 1919	**20.9.1960**	**Pas en vigueur**	Abrogée par la CIT à sa 106e session (2017)
C011 - Convention (n° 11) sur le droit d'association (agriculture), 1921	**20.9.1960**	**En vigueur**	
C012 - Convention (n° 12) sur la réparation des accidents du travail (agriculture), 1921	**20.9.1960**	**En vigueur**	
C014 - Convention (n° 14) sur le repos hebdomadaire (industrie), 1921	**20.9.1960**	**En vigueur**	
C017 - Convention (n° 17) sur la réparation des accidents du travail, 1925	**20.9.1960**	**En vigueur**	
C018 - Convention (n° 18) sur les maladies professionnelles, 1925	**20.9.1960**	**En vigueur**	
C019 - Convention (n° 19) sur l'égalité de traitement (accidents du travail), 1925	**20.9.1960**	**En vigueur**	
C026 - Convention (n° 26) sur les méthodes de fixation des salaires minima, 1928	**20.9.1960**	**En vigueur**	

C027 - Convention (n° 27) sur l'indication du poids sur les colis transportés par bateau, 1929	**20.9. 1960**	**En vigueur**	
C042 - Convention (n° 42) (révisée) des maladies professionnelles, 1934	**20.9. 1960**	**Pas en vigueur**	Dénoncée le 04.9. 1968 par C121
C050 - Convention (n° 50) sur le recrutement des travailleurs indigènes, 1936	**20.9. 1960**	**Pas en vigueur**	Abrogée - Par la CIT à sa 107e session (2018)
C062 - Convention (n° 62) concernant les prescriptions de sécurité (bâtiment), 1937	**20.9. 1960**	**En vigueur**	
C064 - Convention (n° 64) sur les contrats de travail (travailleurs indigènes), 1939	**20.9. 1960**	**Pas en vigueur**	Abrogée – Par la CIT à sa 107e session (2018)
C088 - Convention (n° 88) sur le service de l'emploi, 1948	**25370**	**En vigueur**	
C089 - Convention (n° 89) sur le travail de nuit (femmes) (révisée), 1948	**20.9.1960**	**En vigueur**	
C094 - Convention (n° 94) sur les clauses de travail (contrats publics), 1949	**20.9.1960**	**En vigueur**	
C095 - Convention (n° 95) sur la protection du salaire, 1949	**16.6.1969**	**En vigueur**	
C102 - Convention (n° 102) concernant la sécurité sociale (norme minimum), 1952A accepté les parties V, VII, IX et X.	**03.4.1987**	**En vigueur**	
C116 - Convention (n° 116) portant révision des articles finals, 1961	**05.9.1967**	**En vigueur**	

C117 - Convention (n° 117) sur la politique sociale (objectifs et normes de base), 1962	**05.9.1967**	**En vigueur**	
C118 - Convention (n° 118) sur l'égalité de traitement (sécurité sociale), 1962A accepté les branches d), e) et g)	**01.11. 1967**	**En vigueur**	
C119 - Convention (n° 119) sur la protection des machines, 1963	**05.9.1967**	**En vigueur**	
C120 - Convention (n° 120) sur l'hygiène (commerce et bureaux), 1964	**05.9.1967**	**En vigueur**	
C121 - Convention (n° 121) sur les prestations en cas d'accidents du travail et de maladies professionnelles, 1964 [tableau I modifié en 1980]	**05.9. 1967**	**En vigueur**	
C135 - Convention (n° 135) concernant les représentants des travailleurs, 1971	**20.6.2001**	**En vigueur**	
C150 - Convention (n° 150) sur l'administration du travail, 1978	**03.4. 1987**	**En vigueur**	
C158 - Convention (n° 158) sur le licenciement, 1982	**03.4. 1987**	**En vigueur**	

ANNEXES II

I. RECOMMANDATIONS INTERNATIONALES DU TRAVAIL

- R001 - Recommandation sur le chômage, 1919
- R002 - Recommandation sur la réciprocité de traitement, 1919
- R005 - Recommandation sur l'inspection du travail (services d'hygiène), 1919
- R007 - Recommandation sur la durée du travail (pêche), 1920
- R008 - Recommandation sur la durée du travail (navigation intérieure), 1920
- R013 - Recommandation sur le travail de nuit des femmes (agriculture), 1921
- R014 - Recommandation sur le travail de nuit des enfants et des jeunes gens (agriculture), 1921
- R020 - Recommandation sur l'inspection du travail, 1923
- R023 - Recommandation sur la réparation des accidents du travail (juridiction), 1925
- R024 - Recommandation sur les maladies professionnelles, 1925
- R025 - Recommandation sur l'égalité de traitement (accidents du travail), 1925
- R026 - Recommandation sur la protection des émigrantes à bord des navires, 1926
- R030 - Recommandation sur les méthodes de fixation des salaires minima, 1928
- R031 - Recommandation sur la prévention des accidents du travail, 1929
- R032 - Recommandation sur les dispositifs de sécurité des machines, 1929
- R037 - Recommandation sur la durée du travail (hôtels, etc.), 1930
- R038 - Recommandation sur la durée du travail (spectacles, etc.), 1930
- R039 - Recommandation sur la durée du travail (hôpitaux, etc.), 1930
- R040 - Recommandation sur la protection des dockers contre les accidents (réciprocité), 1932

- R112 - Recommandation sur les services de médecine du travail, 1959
- R151 - Recommandation sur les travailleurs migrants, 1975
- R152 - Recommandation sur les consultations tripartites relatives aux activités de l'Organisation internationale du Travail, 1976
- R153 - Recommandation sur la protection des jeunes marins, 1976
- R154 - Recommandation sur la continuité de l'emploi (gens de mer), 1976
- R198 - Recommandation sur la relation de travail, 2006
- R199 - Recommandation sur le travail dans la pêche, 2007
- R200 - Recommandation sur le VIH et le sida, 2010
- R201 - Recommandation sur les travailleuses et travailleurs domestiques, 2011
- R202 – Recommandation sur les socles de la protection sociale, 2012

ANNEXES III

ANNEXE AU DECRET N°22/35 DU 1er/07/2022 DETERMINANT LA LISTE DES MALADIES PROFESSIONNELLES EN REPUBLIQUE DEMOCRATIQUES DU CONGO

I. Maladies professionnelles causées par l'exposition à des agents d'activités professionnelles

I.I. Maladies causées par des agents chimiques

A. Métaux- metalloïdes et dérivés (Principaux corps inorganiques et organométalliques)

1. Arsenic (As) et ses composés

2. Antimoine (Sb) et ses composés

3. Plomb (Pb) et ses composés

4. Manganèse (Mn) et ses composés

5. Mercure (Hg) et ses composés

6. Phosphore (P) et ses composés comme : **e de phosphore, sesquisulfure de phosphore**

7. Etain (Sn) et ses composés

Tableau n°1 : Arsenic (As) et ses composés		
Désignation des maladies	**Délai de prise en charge**	**Liste indicative des principaux Susceptibles de provoquer ces maladies**

A. Affections professionnelles provoquées par l'arsenic et ses composés minéraux 1. <u>Intoxication aigué :</u> - Insuffisance circulatoire, trouble de rythme, arrêt circulatoire ; - Vomissement, diarrhée, syndrome de cytolyse hépatique ; - Encéphalopathie ; - Troubles de l'hémostase ; Dyspnée aigue. 2. <u>Effets cal stiques</u> : - Dermite de contact orthoergique, plaies arsenicale ; - Stomatite, rhinite, ulcération ou perforation de la cloison nasale ; - Conjonctivite, kératite, blépharite. 3. <u>Intoxication subaiguë :</u> - Polynévrites ; - Mélanodermie ; - Dyskératose palmo-plantaires. 4. <u>Affection cancéreuses :</u>	7 jours 7 jours 90 jours 40 ans	Tous travaux exposant à la manipulation ou à l'inhalation de l'arsenic ou de ses composés minéraux, notamment : - Traitement pyro-métallurgique de minerais arsenicaux ; - Traitement pyro-métallurgique de métaux non ferreux arsenicaux ; - Fabrication ou emploi de pesticides arsenicaux ; Emploi de composés minéraux arsenicaux dans le travail du cuir, en verrerie, en électronique

- Dyskératoses lenticulaire en disque (maladie de Bowen) - Epithélioma cutané primitif ; - Angiosarcome du foie. **B. Cancer bronchique provoqué par l'inhalation de poussières et de vapeurs arsenicales** Cancer bronchique primitif.	40 ans	**Liste limitative :** Travaux de pyro-métallurgie exposant à l'inhalation poussières ou vapeurs arsenicales. Travaux de fabrication et de conditionnement de l'anhydrique arsénieux. Fabrication de pesticides arsenicaux à partir de composés. Ino. Ues pulvérulents de l'arsenic.

Tableau n°2 : Antimoine (SI) et ses composés		
Désignation des maladies	**Délai de prise en charge**	**Liste indicative des principaux Susceptibles de provoquer ces maladies**
Stibiose : Pneumopathie caractérisée par des signes radiographiques spécifiques accompagnés ou non de troubles tels que toux, expectoration, dyspnée. Lésions eczématiformes récidivantes en cas de nouvelle exposition au risque.	5 ans 15 jours	Liste indicative : Travaux exposant à l'inhalation de poussières, fumées ou vapeur d'antimoine, notamment : - Travaux de forage, d'abattage, d'extraction des minerais renfermant de l'antimoine ; - Concassage, broyage, tamisage, manipulation de minerais renfermant de l'antimoine ; - Travaux de purification, grillage, réduction thermique et oxydation de minerais ou de substances renfermant l'antimoine ; - Brassage et ensachage d'oxyde d'antimoine.

Tableau n°3 : Plomb (Pb) et ses composés		
Désignation des maladies	**Délai de prise en charge**	**Liste indicative des principaux Susceptibles de provoquer ces maladies**
A – Manifestations aiguës et subaiguës : Anémie (hémoglobine sanguine inférieur à 13g/100ml chez l'homme et 12g/ 100ml chez la femme). Syndrome douloureux abdominal paroxystique apyrétique avec état subocclusif (coliques de plomb habituellement accompagné d'une crise hypertensive). Encéphalopathie aiguë : Pour toutes les manifestations aiguës et subaiguës, l'exposition au plomb doit etre caractérisée par une plombémie supérieure à 40 ug par 100 ml de sang et le cliniques associés à un taux d'acide delta aminolévulinique urinaire supérieur à 15 mg/g de créatinine ou à un taux de protoporphyrine érythrocytaire sanguine supérieure à 20 mg d'hémoglobine et pour l'anémie à un taux de ferritine normal ou élevé.	3 mois 30 jours 30 jours	Liste indicative : Extraction, traitement, préparation, emploi, manipulation du plomb, de ses minerais, de ses alliages, de ses combinaisons et de tout produit en renferment. Récupération du vieux plomb. Grattage, brulage, découpage au chalumeau de matières recouvertes de peintures plombifères

B- Manifestation chroniques : Neuropathies périphériques et/ou syndrome de sclérose latérale amyotrophique ne s'aggravant pas après l'arrêt de l'exposition. Troubles neurologiques organiques à type d'altération des fonctions cognitives, dont l'organicité est confirmée, après exclusion des manifestations chroniques de la maladie alcoolique, par des méthodes objectives. Neuropathies périphériques : Paralysie des extenseurs des doigts ou des petits muscles de la main.	3 ans 1 an	

Tableau n°4 : **Manganèse (Mn) et ses composés**

Désignation des maladies	Délai de prise en charge	Liste indicative des principaux Susceptibles de provoquer ces maladies
Syndrome neurologique de type parkinsonien.	1 an	Extraction, concassage,broyage, tamisage, ensachage et mélange à l'état sec du bioxyde de manganèse, notamment dans la fabrication des piles électriques. Emploi du bioxyde de manganèse pour le vieillissement des tuiles. Emploi du bioxyde de manganèse pour la fabrication du verre. Broyage et ensachage des scories Thomas renfermant du bioxyde de manganèse.

Tableau n°5 : **Mercure (Hg) et ses composés**

Désignation des maladies	Délai de prise en charge	Liste indicative des principaux Susceptibles de provoquer ces maladies

Encéphalique aiguë	10 jours	Extraction, traitement, préparation, emp 101, manipulation du mercure, de ses amalgames, de ses combinaisons et de tout produit en renfermant, notamment : distillation du mercure et récupération du mercure par distillation de résidus industriels ; Fabrication et réparation de thermomètres, baromètres, manomètre, pompes ou trompes à mercure. Emploi du mercure ou de ses composés dan la construction électrique, notamment : emploi des pompes ou trompes à mercure dans la fabrication des lampes à incandescence, lampes radiophoniques ; Fabrication et réparation de redresseurs de courant ou de lampes à vapeurs de mercure ;
Coliques et diarrhées	15 jours	
Lésions eczématiformes récidivant en cas de nouvelle exposition ou confirmées par un test épi cutané.	15 jours	
Stomatite	30 jours	
Tremblement intentionnel	1 an	
Ataxie cérébelleuse	1 an	
Néphrite azotémiques ou néphrite hypertensive et leurs complications.	1 an	Emploi du mercure comme conducteur dans l'appareillage électrique ; Préparation du zinc amalgamé pour les piles électriques ; Fabrication et réparation d'accumulateurs électrique au mercure. Emploi du mercure et de ses composés dans l'industrie chimique, notamment : Emploi du mercure ou de ses composés comme agents catalytique ;

		Electrolyse avec de mercure au chlorure de sodium ou autres sels. Fabrication des composés du mercure, Préparation, conditionnement et application de spécialités pharmaceutiques ou phytopharmaceutique contenant du mercure ou des composés du mercure. Travail des peaux au moyen de sel de mercure, notamment : - Sécrétés, naturalisation d'animaux au moyen de sels de mercure. - Dorure, argenture, étamage, bronzage, damasquinage à l'aide de mercure ou de sels de mercure. Fabrication et emploi d'amorces au fulminate de mercure. Extraction, concassage, broyage tamisage, ensachage et mélange à l'état sec du bioxyde de manganèse, notamment dans la fabrication des piles électriques. Emploi du bioxyde de manganèse pour le vieillissement des tuiles. Emploi du bioxyde de manganèse pour la fabrication du verre.

		Broyage et ensachage des scories Thomas renfermant du bioxyde de manganèse.

Tableau n°6 : Phosphore (P) et ses composés		
Désignation des maladies	**Délai de prise en charge**	**Liste indicative des principaux Susceptibles de provoquer ces maladies**
1. Dermite aiguë irritative ou eczématiforme récidivant au contact du séqui-sulfure de phosphate (phosphorides) 2. Dermite chronique irritative ou eczématiforme récidivant au contact séqui-sulfure phosphate. 3. Ostéomalacie ou nécrose du maxillaire inférieur	30 jours 90 jours 1 an	Préparation, emploi, manipulation du phosphore et du séqui-sulfure de phosphore ; Fabrication de certains dérivés du phosphore, notamment des phosphures ; Les usines fabricant ce produit et dans les manufactures d'allumettes.

Tableau n°7 : Etain (Sn) et ses composés

Désignation des maladies	Délai de prise en charge	Liste indicative des principaux Susceptibles de provoquer ces maladies
A. Dérivés inorganiques : Stannose, pneumoconiose bénigne, confirmée par les signes radiographiques avec de petites opacités très denses, superposables à celles de la « barylose ». tests de fonction pulmonaire peuvent rester tout à fait normaux. B. Dérivées organiques dermite toxique ou dermite d'irritation (contact).	30 jours	Des dérivés organiques de l'étain s'emploient comme stabilisants dans l'industrie de matières plastiques et comme pesticides. - Anthelminthiques pour la volaille fongicides et poisons cumulatifs (agriculture et travailleurs de plantation, élevage et entreprises agricoles) - Miticides.

B.Solvants et matières organiques/Hydrocarbures
8. Benzène (C6 1-16) et ses composés
9. Les amines aromatiques et leurs dérivés hydroxylés, nitré et sulfonés
10. Goudron et Brai de Houille/Huiles anthracéniques ou leurs composés

Tableau n°8 : Benzène et ses composés (le toluène, le xylène et tous les produits en renfermant)		
Désignation des maladies	**Délai de prise en charge**	**Liste indicative des principaux Susceptibles de provoquer ces maladies**
A- Affections hématologiques c Isolées ou associées, de type hypoplasique, aplasique ou dysplasique- anémie ; - Leuconeutropéniques - Thrombopénie Hypercytoses d'origine myélodysplasique. Syndrome myéloprolifératif Leucémies (sous réserve d'une durée d'exposition d'un an) B- Affections gastro-intestinales provoquées par le benzène, toluène, xylène et les produits en refermant Troubles gastro-intestinaux apyrétiques accompagnés de vomissements à répétition. C- Accidents aigus (coma, convulsions)	3 ans 3 ans 15 ans 15 ans 7 jours	Opérations de production, transport et utilisation du benzène, notamment : - Production, extraction, rectification du benzène et des produits en renfermant ; - Emploi du benzène et des produits enrenfermant pour la production de leurs dérivés, notamment en organosynthèse ; - Préparation des carburants renfermant du benzène, transvasement, manipulation de ces carburants, travaux en citerne ; - Emplois divers du benzène comme des résines naturelles ou synthétiques ; - Production et emploi de vernis, peintures, émaux, mastics, encre, colles, produits d'entretien renfermant du benzène ;

En dehors des cas considérés comme accidents du travail.	7 jours	- Fabrication de similicuir ; - Production, manipulation et emploi des dissolutions de caoutchouc naturel ou synthétique, ou des solvants d'avivage contenant du benzène ; - Autres emplois du benzène ou des produits en renfermant comme agent d'extraction, d'élution d'imprégnation, d'agglomération ou de nettoyage et comme décapant, dissolvant ou diluant ; - Operations de séchage de tous les produits, articles, préparation, substances où le benzène(ou les produits en renfermant) est intervenu comme agent d'extraction, d'élution, ce séparation, d'imprégnation, d'agglomération, de nettoyage, de concentration, et comme décapant, dissolvant, diluant ; - Emploi du benzène comme déshydratant des alcools et autres substances liquides ou solides ; - Emploi du benzène comme dénaturant ou réactif de laboratoire.

Tableau n°9 : **Les amines aromatiques leurs sels et leurs dérivés hydroxylés halogénés, nitré et sulfonés**		
Désignation des maladies	**Délai de prise en charge**	**Liste indicative des principaux Susceptibles de provoquer ces maladies**
A- Affections de mécanisme allergique et lésions prolifératives de la vessie : Dermites eczématiformes récidivantes après nouvelle exposition au risque ou confirmées par un test positif au produit manipulé. Asthme ou hyper réactivité bronchique confirmés par test ou par épreuves fonctionnelles respiratoires, récidivant après nouvelle exposition. Lésions primitives de épithélium vésical confirmées par examen histo-pathologique ou cyto-pathologique. - Lésions malignes - Tumeurs bénignes. B- Lésions prolifératives de la vessie Lésions primitives de l'épithélium vésical	15 jours 90 jours 30 ans (sous réserve durée d'exposition de 5ans) 30 ans (sous réserve durée	Utilisation des amines aromatiques, de leurs sels, de leurs dérivés et des produits qui en contiennent à l'état libre, tels que matières colorantes, produits pharmaceutiques, agents de conservation (caoutchouc, élastomères, plastomères), catalyseurs de polymérisation, graisses et huiles minérales. Fabrication, emploi manipulation exposant à des produits comportant l(apparition à l'état libre des substances limitativement énumérées ci-après : - Aninobiphényle et sels (xénylamine) ; - Diaminobiphényle et sels (benzidine) ; - Naphylamine et sels ; - Méthylène bis (2 chloroaniline) et sels (MBOCA dite MOCA) Fabrication, emploi manipulation exposant à des produits comportant l'apparition à l'état libre des substances limitativement énumérées ci-après –

confirmées par examen histo-pathologique ou cyto-pathologique. – Lésions malignes ; - Tumeurs bénignes. C- Autres affections professionnelles : Troubles neurologiques à type somnolence, narcose, coma. Anémie avec cyanose et subictère. Hémoglobinurie lorsque ces maladies comportent une hémolyse et une méthémoglobinémie (en dehors des cas considérés comme accidents du travail). Dermites irritatives	d'exposition de 10 ans) 03 jours 90 jours 90 jours 07 jours	diméthoxybenzine et sels (o.dianisidine)-diméthylbenzine et sels (o.tolidine) ; - Méthyl aniline et sels (o.toluidine) ; - méthylène dis (2-méthylaniline) et ses sels (ditolybase) Para chloro ortho toluidine et sels ; Auramide (qualité technique) ; Colorants dérivés de la benzine : direct black 38, direct blue 6, direct Brown 95 ; N. Nitroso- dibutylamine et ses sels Préparation, emploi, manipulation des amines aromatiques, de leurs sels, de leurs dérivés notamment hydroxylés, halogénés, nitrosés, nitrés et sulfonés.

<u>Tableau n°10</u> : Goudron et Brai de Houille/Huiles anthracéniques ou leurs composés (Affections professionnelles provoquées par les goudrons de houille, les houiles de houille, comprenant les fractions de distillation dites « phénoliques « naphtaléniques « acénaphténiques « anthracé niques et « chryséniques les brais de houille et les suies de combustion du charbon.)		
Désignation des maladies	Délai de prise en charge	Liste indicative des principaux Susceptibles de provoquer ces maladies

A- Affections cutanés ou affections des muqueuses bénignes. - Dermites eczématiformes récidivant après nouvelle exposition au risque. - Dermites photo-toxiques. - Conjonctivites photo-toxiques B- Affections cutanées malignes Epithéliomas primitifs de la peau C- Cancer broncho-pulmonaire primitif D- Tumeurs bénignes ou malignes de la vessie	7 jours 10 ans 30 ans (sous réserve d'une durée d'exposition de 10 ans) 30 ans (sous réserve d'une durée d'exposition de 10 ans)	Préparation, emploi et manipulation des goudrons, huiles et brais de houille et des produits en contenant, notamment dans : Les cokeries ; Les installations de distillations de goudrons de houille ; La fabrication d'agglomérés de houille ; La fabrication et l'utilisation de pates et revêtements carbonés notamment lors de la fabrication de l'aluminium selon le procédé à anode continue ; La fabrication d'électrodes de carbone et de graphite La fabrication de carbure et siliciure de calcium La sidérurgie, lors de l'utilisation des masses de bouchage ; Les fonderies, lors des travaux de moulage et de noyautage, de coulée et de décochage ; - les travaux de

		ramonage et d'entretien de chaudières et de cheminées ; - les travaux routiers ; Le bâtiment, lors des travaux d'étanchéité, de revêtement de toitures ou terrasses et d'application de peintures au brai ou au goudron. L'imprégnation de briques réfractaires. Travaux comportant la manipulation et emploi des goudrons, huiles et brais de houille : Travaux de ramonage et d'entretien de chaudières et de cheminées exposant aux suies de combustion du charbon. Travaux du personnel de cokerie directement affecté à la marche et à l'entretien de fours. Travaux exposant habituellement à l'inhalation ou à la manipulation des produits précités :

		dans les usines à gaz ; Lors de la fabrication de l'aluminium par électrolyse selon le procédé à anode continue procédé sodetberg.

C. **Autres**

11. cuivre (Cu) et ses composés

12. Zinc (Zn) et ses composés

13. Aluminium (Al) et ses composés

		Travaux de coulée en fonderie de fonte ou d'acier mettant en œuvre des « sables au noir » incorporant des brais ou des « noirs minéraux ». Travaux de ramonage. Travaux comportant l'emploi et la manipulation des produits précités lors de la fabrication de l'aluminium par électrolyse selon le procédé à anode continue (procédé sodetberg).

14. cobalt (Co) et ses composés
15. Magnésium (Mg) et ses composés
16. Nickel (Ni) et ses composés y compris du nickel carbonyle
17. Ammoniac (NH_3) et ses composés
18. Soufre et ses dérivés comme l'Acide sulfurique(H_2SO_4) ; l'Hydrogène sulfuré
19. Fluor (F_2) et ses dérivés comme l'Acide Fluorhydrique (HF)
20. Chlore (C12) et ses dérivés comme l'Acide Chlorhydrique (HCI)
21. Acide Nitrique (HN O3)
22. Formol (formaldéhyde) : HCHO
23. Acide acétique : C H3COOH
24. Iode :(12)
25. Ozone (O3)

26. Oxydes d'Azote
27. Oxyde de Carbone : CO (encore appelé monoxyde de carbone)
28. Acide Cyanhydrique HCN et ses Composés cyanés Volatils
29. les Hydrocarbures aliphatiques
30. Lubrifiants ou huiles lubrifiantes **gine minérale**
Et huiles de copie coupe d'ongine minérale

Tableau n°11 : Cuivre (Cu) et ses composés

Désignation des maladies	Délai de prise en charge	Liste indicative des principaux Susceptibles de provoquer ces maladies
A- Toxicité aigue - Contamination par mains sales(ingestion) : Signes gastro-intestinaux : nausées, vomissements, diarrhée/ingestion du Cuivre - Inhalation des fumées de Cuivre. - Syndrome de fièvre de fondeurs de laiton et une irritation des voies respiratoires supérieures (fumées ZnO) - Nausées, gout métallique en bouche, une coloration de la peau+cheveux **B- Toxicité Chronique** - Coloration verdâtre des téguments, des phanères et des dents - Dermite ou « gale de Cuivre » et des	30 jours 30 jours 15 jours	Travaux effectués dans : - Industries de la construction : conduite de gaz. - Préparation de couleurs dites de bronze composées de cuivre et de zinc. - Sels de cuivre sont utilisés comme pesticides (stérilisation des grains et protection d'aliments). Opération de soudage.

troubles trophiques de la muqueuse nasale.- Cataracte : pénétration particules de cuivre pulmonaire (pneumopathie) avec infiltration micro nodulaire ou réticulonodulaire marqué surtout aux champs pulmonaires inferieurs et confirmé par l'image radiologique – Forme pseudo-tumorale (rencontrée aussi dans l'anthracosillcose…)	30 jours 6 mois 10 ans 1 an 2 ans	

<u>Tableau n°12</u> : Zinc (Zn) et ses composés (Le chrome, l'acide chronique, les chromiques, chromate de zinc et bichromates alcalins)		
Désignation des maladies	**Délai de prise en charge**	**Liste indicative des principaux Susceptibles de provoquer ces maladies**

Asthme et rhinite confirmés par test ou par épreuves fonctionnelles, récidivant, après nouvelle exposition. Ulcérations nasales Ulcérations cutanées chroniques ou récidivantes Lésions eczématiformes récidivantes Cancer broncho-pulmonaire primitif Cancer des cavités nasales	7 jours 30 jours 30 jours 15 jours 30 ans 30 ans	Chromage électrolytique des métaux ; Utilisation de chromates et bichromates alcalins. Préparation, utilisation et manipulation notamment : - Fabrication de l'acide chromique, des chromates et bicarbonates alcalins ; - Utilisation des chromates ou bichromates alcalins comme mordants de teinture ; - Tannage au chrome ; - Utilisation des procédés photomécaniques, de clichés pour impression ; Fabrication de chromate de zinc. Travaux de mise au bain dans les unités de chromage électrolytique dur.

Tableau n°13 : Aluminium et ses composés		
Désignation des maladies	**Délai de prise en charge**	**Liste indicative des principaux Susceptibles de provoquer ces maladies**
L'atteinte par inhalation (fumées A12 03 et A1) : - Une affection aiguë du type broncho-pneumopathie irritation d'origine chimique : toux sèche dyspnée, perte d'appétit (anorexie) – une fibrose pulmonaire diffuse de type non nodulaire dont l'étiologie est partagée (56p. cent alumines, 32p.cent SiO2) caractérisée radiologiquement par de fines opacités linéaires. Complication : emphysème et pneumothorax.	30 jours 1 an 5 ans	Préparation, emploi et manipulation de sulfate d'aluminium (A12 (SO4))3 dans l'industrie textile. Emploi des silicates d'aluminium : - Dans les Industries céramiques ; - Pour l'épuration des eaux dures ;

Tableau n°14 : Cobalt (Co) et ses composés		
Désignation des maladies	**Délai de prise en charge**	**Liste indicative des principaux Susceptibles de provoquer ces maladies**

Lésions eczématiformes récidivantes en cas de nouvelle exposition au risque ou confirmée par un test épi cutané positif spécifique. Rhinite récidivante en cas de nouvelle exposition au risque ou confirmée par test spécifique. Asthme ou dyspnée astmatiforme objectivé(e) par explorations fonctionnelles respiratoires récidivant en nouvelle exposition au risque ou confirmé par test spécifique. Insuffisance respiratoire chronique obstructive secondaire à la maladie asthmatique. Syndrome respiratoire irritatif à type de toux et de dyspnée récidivant après nouvelle exposition au risque. Broncho-alvéolite aigue ou subaigüe avec signes généraux. Fibrose pulmonaire diffuse avec signes radiologiques et troubles fonctionnels confirmés par l'exploration fonctionnelle respiratoire et ses complications :- Infection pulmonaire.	15 jours 7 jours 7 jours	Préparation, emploi et manipulation du cobalt et de ses composés. LISTE LIMITATIVE DES TRAVAUX - Fabrication et transformation des carbures métalliques frittés ; - Affutage d'outils ou pièces en carbure métalliques frittés ; - Fabrication et transformations des super alliages à base de cobalt ; - Rechargement et affutage d'outils et pièces en superalliage à base de cobalt ; - Technique de soudage et de métallisation utilisant des superalliages à base de cobalt ; - Travaux exposant à l'inhalation associée de poussières de cobalt des carbure de tungstène dans la fabrication des carbures métalliques à

- Insuffisance ventriculaire droite Cancer broncho-pulmonaire primitif.		un stade avant frittage (mélange de poudres, compression, rectification et usinage du préfritté).

Tableau n°15 : Magnésium (Mg) et ses composés

Désignation des maladies	**Délai de prise en charge**	**Liste indicative des principaux Susceptibles de provoquer ces maladies**
a) La « fièvre des fondeurs » ou « métal fume Fever (produite par le Mg O dont la symptomatologie est celle décrite pour l'ZnO).	30 jours	Fabrication des briques réfractaires, de papier glacé..
b) Une gangrène gazeuse : le Mg induit une gangrène lorsqu'il est introduit sous la peau ou au contact d'une plaie cutanée (vu sa propriété de libérer de l'hydrogène à partir des liquides intracellulaires).	5 ans	Travaux où on utilise le magnésium avec le béryllium dans les réacteurs atomiques. Industrie pharmaceutique.
c) Conjonctivite et un catarrhe nasal par l'irritation de l'exposition des muqueuses.	15 jours	

Tableau n°16 : Nickel (Ni) et ses composés (affectations professionnelles causés par les oxydes et les sels de nickel)		
Désignation des maladies	**Délai de prise en charge**	**Liste indicative des principaux Susceptibles de provoquer ces maladies**
Rhinite et Asthme confirmés par test ou épreuves fonctionnelles récidivant après nouvelle exposition Dermites eczématiformes récidivant en cas de nouvelle exposition ou confirmées par test. Cancer provoqués par les opérations de grillage des mates de Nickel : Cancer primitif de l'éthmoïde et de sinus de la face. -Cancer bronchique primitif	7 jours 15 jours 40 ans 40 ans	Nickelage électrolytique des métaux Operations de grillage des mattes

Tableau n°17 : Ammoniac (NH3) et ses composés		
Désignation des maladies	**Délai de prise en charge**	Liste indicative des principaux Susceptibles de provoquer ces maladies
Maladies induites par l'exposition à l'NH3 : a) Intoxication aigue : • Irritation avec sensation de		Diverses industries chimiques : - Fabrication des produits d'entretien, de pesticides, de carbonate de soude,

brulure laryngée, oculaire • Pneumonie chimique+OAP b) Intoxication chronique (exposition prolongée ou répétée). • Broncho-pneumopathie • Cancer du foie.	7 jours 30 jours 6 mois 5 ans	de matières plastiques ; - Fabrication d'engrais ammoniacaux ; - Synthèse de divers dérivés organiques=nitriles ; Les peintres emploient des solutions aqueuses d'ammoniac ; Personnel d'entretien salle des machines NH3(mécanicien, électricien ou de garde/ surveillance : brigadier) de l'industrie brassicole notamment.

Tableau n°18 : Soufre et ses dérivés comme l'Acide Sulfurique(H2SO4) ; l'Hydrogène sulfuré

Désignation des maladies	Délai de prise en charge	Liste indicative des principaux Susceptibles de provoquer ces maladies
Maladies induites par PH2SO4 : Irritation des voies respiratoires supéneures, peau, yeux. Erosion dentaire (exposition prolongée). Bronchite chronique (exposition à un aérosol H2SO4).	7 jours 3 mois 30 jours	Travaux de la fabrication de la soie artificielle par le procédé viscose ; Travaux des raffineries de pétrole ; Travaux de la fabrication du gaz d'éclairage et du coke ; Industrie du caoutchouc ; Fabrication de la pate à papier ;

Tableau n°19 : Fluor (F2) et ses dérivés comme P Acide Fluorhydrique (HF)		
Désignation des maladies	**Délai de prise en charge**	**Liste indicative des principaux Susceptibles de provoquer ces maladies**
A. Manifestations locales aiguës - Dermites ; - Brulures chimique ; - Conjonctivites ; - Manifestations irritatives des voies aériennes supérieures ; Broncho-pneumopathies aiguës, œdèmc aigu du poumon ; B. Manifestations chroniques Syndrome ostéoligamentaire douloureux ou non, comportant nécessairement une ostéocondensation diffuse et associé à des calcifications des ligaments sacro sciatiques ou des membranes interosseuses, radio cubitale ou obturatrice.	5 jours 10 ans sous réserve d'une durée d'exposition de 8ans	Tous travaux mettant en contact avec le fluor, l'acide fluorhydrique et ses sels minéraux, notamment :- Fabrication et manipulation des fluorures inorganiques ; - Electrométallurgie de l'aluminium - Fabrication des fluorocarbures ; - Fabrication des superphosphates.

Tableau n°20 : Chlore (C12) et ses dérivés		
Désignation des maladies	**Délai de prise en charge**	**Liste indicative des principaux Susceptibles de provoquer ces maladies**
A-Tétrachlorure de Carbone : Néphrite aiguë ou subaiguë avec albuminurie, cylindrurie et azotémie progressive. Hépatonéphrite initialement apyrétique, ictérigène ou non. Ictère par hépatite, initialement apyrétique Dermites chroniques ou récidivantes. Troubles neurologiques aigus en dehors des cas considérés comme accidents du travail. **B-Chlorpromazine** Lésions eczématiformes récidivantes en cas de nouvelle exposition ou confirmées par tests épicutanés. Conjonctivite aiguë bilatérale confirmée par tests épicutanés. **C-Tétrachloréthane**	30 jours 30 jours 30 jours 7 jours 3 jours 7 jours 7 jours	Préparation, emploi, manipulation du tétrachlorure de carbone ou des produits en renfermant, notamment : Emploi du tétrachlorure de carbone comme dissolvant, en particulier pour l'extraction des matières grasses et pour la teinture dégraissage. Remplissage et utilisation des extincteurs au tétrachlorure du carbone Travaux comportant la manipulation ou l'emploi de la chlorpromazine, notamment : Travaux de conditionnement de la chlorpromazine ; Application des traitements à la chlorpromazine.

Névrite ou polynévrite		Préparation, emploi, manipulation du des produits en renfermant, notamment :
Ictère par hépatite, initialement apyrétique.	30 jours	Utilisation comme matière première dans l'industrie chimique, en particulier pour la fabrication du trichloréthylène ;
Hépatonéphrite initialement apyrétique, ictérigène ou non.	30 jours 30 jours	
Dermites chroniques ou récidivantes.		Emploi comme dissolvant, en particulier de l'acétate de cellulose.
Troubles neurologiques aigus en dehors des cas considérés comme accidents du travail	7 jours 3 jours	
D-<u>Chlorure de méthyle</u> Troubles neurologique aigus Vertiges, Amnésie, Amblyopie, Ataxie	7 jours	Préparation, emploi et manipulation du chlorure de méthyle, notamment : Réparation des appareils frigorifiques
E- <u>Chlorure de vinyle</u> Troubles angioneurotiques des doigts et des orteils	5 ans	Travaux exposant à l'action du chlorure de vinyle monomère, notamment les travaux exécutés dans les ateliers de polymérisation.
Ostéolyse des phalanges unguéale des mains confirmée radiologiquement.	3 ans	
Angiosarcome. Syndrome d'hypertension portale spécifique : Soit avec varices œsophagiennes, splénomégalie, soit avec fibrose ou dysplasie des cellules endothéliales	30 ans 30 ans	

Tableau n°21 : **Acide Nitrique(HNO3) et ses composés**		
Désignation des maladies	**Délai de prise en charge**	**Liste indicative des principaux Susceptibles de provoquer ces maladies**
A- **Les nitrés des glycols et du glycérol** Douleurs précordiales à type d'angine de poitrine ; ischémie myocardique aigue, infarctus du myocarde survenant au cours d'une période de quatre jours suivant un arrêt de l'exposition à l'agent toxique. **B. La nitroglycérine et les autres esters de l'acide nitrique** Intoxication aiguë : Phénomènes nerveux, nausées, excitation générale et sexuelle, insomnies paralysies, troubles cardiovasculaires ; - Céphalées graves associées à l'un des troubles précédents. Intoxication Chronique : - Ulcérations des extrémités digitales ;- peau sèche avec formation de crevasses, troubles digestifs, tremblements, névralgies associées	4 jours 6 mois 1 an 3 mois	Fabrication et conditionnement de la nitroglycérine et du nitroglycérol dans l'industrie des explosifs. Tous travaux comportant l'exposition à l'action des glycols, de la nitroglycénne ou leurs dérivés ; et notamment : - Fabrication de la nitroglycérine, du fulminate de mercure ; - Fabrication d'explosifs. Préparation, emploi, manipulation des dérivés

à l'un des troubles précédents.		nitrés du phénol (dinitrophénols, dinitro
C-<u>Affections provoquées par les dérivés nitrés du phénol</u>		
1- Intoxication suraiguë avec hyperthermie, œdème pulmonaire, éventuellement atteinte hépatique, rénale et myocardique. 2- Intoxication aiguë ou subaiguë avec asthénie, amaigrissement rapide, hypersudation suivie d'hyperthermie avec gêne respiratoire. 3- Manifestation digestive (douleurs abdominales, vomissements, diarrhées) associées à la présence du toxique ou de ses métabolites dans le sang ou les urines. 4- Irritation des voies aériennes supérieures et conjonctivites. 5- Dermites irritatives 6- Syndrome biologique caractérisé par la Neutropénie franche(moins de 1 000 polynucléaires neutrophiles par mm^3) liée à des préparations associant du	3 jours 7 jours 7 jours 7 jours 90 jours	Ortho crésol, dinosèbe, leurs homologues et leurs sels), notamment : - Fabrication des produits précités ; - Fabrication de matières colorantes au moyen des produits précités ; - Préparation et manipulation d'explosifs renfermant l'un ou l'autre des produits précités. Préparation, emploi, manipulation des dérivés halogénés de l'hydroxybenzonitrile, notamment : - Fabrication des produits précités ; - Fabrication et conditionnement des pesticides en contenant. Préparation, manipulation, emploi du pentachlorophénol, des pentachlorophénates ainsi que les produits renfermant, notamment au cours des travaux ci-après : - Trempage du bois ; - Empilage du bois fraichement trempé ;

pentachlorophénol, ses homologues ses sels à du lindane.		pulvérisation du produits ; Préparations associant du pentachlorophénol, ses homologues et ses sels, à du lindane.

Tableau n°22 : Formol(formaldéhyde) :HCHO et ses composés ou l'Aldéhyde formique et ses polymères

Désignation des maladies	**Délai de prise en charge**	**Liste indicative des principaux Susceptibles de provoquer ces maladies**
Ulcération cutanées Lésions eczématiformes récidivantes en cas de nouvelle exposition au risque ou confirmées par un test épicutanés. Rhinite récidivante en cas de nouvelle exposition au risque ou confirmée par test. Asthme ou dyspnée astmatiforme objectivé par explorations fonctionnelles respiratoires récidivant en cas de nouvelle exposition au risque confirmé par test.	15 jours 15 jours 07 jours 07 jours	Préparation, emploi et manipulation de l'aldéhyde formique de ses solutions (formol) et de ses polymères, notamment : - Fabrication de substances chimiques à partir de l'aldéhyde formique ; - Fabrication de matières plastiques à base de formol- Travaux de collage exécutés avec des matières plastiques renfermant un excès de formol. - Opération de désinfection - Apprêtage de peaux ou de tissus.

Tableau n°23 : Acide acétique : CH_3COOH et ses composés		
Désignation des maladies	**Délai de prise en charge**	**Liste indicative des principaux Susceptibles de provoquer ces maladies**
Pathologie avec une exposition prolongée ou répétée : - Irritation cutanée (dermite toxique), oculaire et des muqueuses respiratoires ;- érosion dentaire.	7 jours 3 mois	Industrie de la soie artificielle, du caoutchouc et des colorants ; Industrie pharmaceutique et photographique, Acétylation de la cellulose pour la production d'acétate de cellulose ; (procédé acétate)/ Textile. Production de résine « alkydes » et de résines polyvinyles.

Tableau n°24 : Iode : (12) et ses composés		
Désignation des maladies	**Délai de prise en charge**	**Liste indicative des principaux Susceptibles de provoquer ces maladies**
Pathologie/toxique (exposition prolongée ou répétée) - Dermite d'irritation - Irritation des voies Respiratoires supérieures y compris les bronches (bronchopneumonie).	7 jours 30 jours	Fabrication des iodures dans : - L'industrie chimique ; - Industrie pharmaceutique - Industrie photographique.

Tableau n°25 : Ozone : (O3) et ses composés		
Désignation des maladies	**Délai de prise en charge**	**Liste indicative des principaux Susceptibles de provoquer ces maladies**

a) Toxicité aiguë - Irritation du nez et de la gorge diminution de l'acuité visuelle(AV) b) Toxicité chronique (exposition prolongée ou répétée) Céphalées, fatigues - Troubles respiratoires et troubles fonctionnel pulmonaires avec diminution du VEMS : volume ou débit expiré maximum par seconde.	7 jours 7 jours 7 jours 1 an	Fabrication, emploie et manipulation des : - Agent désodorisant - Agent de blanchissement - Appareil à rayon X, spectrographes, lampes à rayons U.V.

<u>Tableau n°26</u> : Oxydes d'Azote et ses composés

Désignation des maladies	Délai de prise en charge	Liste indicative des principaux Susceptibles de provoquer ces maladies

a) Intoxication aiguë - Toux légère, irritation laryngée et oculaire. - Œdème aigue de Poumon(AOP) confirmé par l'image radiologique traduisant de petits nodules d'aspect miliaire aux 2 champs pulmonaires. b) Intoxication chronique (l'exposition prolongée ou répétée) - Emphysème pulmonaire - Bronchopneumonie	7 jours 15 jours 1 an 6 mois	Fabrication et manipulation de l'acide nitrique et décapage des métaux à l'acide ; Réduction de l'acide nitrique par le cuivre ; Emploi, manipulation et la production de nombreux corps chimiques : explosifs, colorants, laques celluloïde, nitrocellulose, acide sulfurique ; Dégagement au cours de la détonation d'explosifs (mines, construction de tunnels) surtout en cas de combustion incomplète et de la combustion de nitrocellulose (films cinématographiques et radiographiques).

Tableau n°27 : Oxydes de Carbone : CO(encore appelé monoxyde de carbone		
Désignation des maladies	**Délai de prise en charge**	**Liste indicative des principaux Susceptibles de provoquer ces maladies**

Syndrome associant céphalées, asthénie, vertiges, nausées, confirmé par la présence dans le sang d'un taux d'oxyde de carbone supérieur à 1.5millilitre pour 100 millilitre de sang.	30 jours	Travaux exposant aux émanations d'oxyde de carbone provenant d'origines diverses, notamment industriels, de gazogènes, d'appareils de chauffage ou de moteurs à allumage commandé. Sont exclus les travaux effectués dans les locaux comportant des installations de ventilation telles que la teneur en oxyde de carbone vérifiée à hauteur des voies respiratoires est de façon habituelle, inférieure à 50 cm^3 par mètre cube, lorsque ces installations sont maintenues en état de bon fonctionnement et contrôlées au moins une fois par an par un organisme agrée.

Tableau n°28 : Acide Cyanhydrique HCN et ses composés cyanés Volatils (Cas des Iso cyanates organiques)

Désignation des maladies	**Délai de prise en charge**	**Liste indicative des principaux Susceptibles de provoquer ces maladies**

Blépharo- conjonctivite récidivante Rhinite récidivante en cas de nouvelle exposition au risque confirmée par test Syndrome bronchite récidivant Asthme objectivé par explorations fonctionnelles respiratoires récidivant en cas de nouvelle exposition au risque confirmé par test. Lésions eczématiforme récidivantes en cas de nouvelle exposition au risque ou confirmées par un test épicutané.	3 jours 7 jours 7 jours 7 jours 15 jours	Travaux exposant à l'inhalation ou à la manipulation d'isocyanates organiques, notamment : - Fabrication et application de vernis et laques de polyuréthanes, fabrication de fibres synthétiques - Préparation de mousses polyuréthanes et application de ces mousses à l'état liquide - Fabrication et utilisation des colles à base de polyuréthanes - Fabrication et manipulation de peintures contenant des isocyanates organiques.

<u>Tableau n°29</u> : les hydrocarbures aliphatiques et ses composés(Affections professionnelles provoquées par les dérivés halogénés suivants des hydrocarbures aliphatiques : Dichlorométhane (chlorure de méthylène), trichlorométhane (chloroformr), tribromométhane (bromoforme), Dichloro-1-2 éthane, trichloro-1-1-1-éthane (méthylchoroforme), dichloro-1-1-éthylène (dichloréthylène asymétrique), dichloro 1-2éthylène (dichlorétylène symétrique), trichloréthyléne, tétrachlororéthylène, perchloréthlène, dichloro 1-2-propane, chloropropylène (chlorure d'allyle), chloro-2butadiène-1-3(chloroprène)).		
Désignation des maladies	**Délai de prise en charge**	**Liste indicative des principaux Susceptibles de provoquer ces maladies**

A. Troubles neurologiques aigus : - Syndrome ébrieux pouvant aller jusqu'à des manifestations psychiques délirantes ; - Syndrome narcotique pouvant aller jusqu'au coma avec ou sans convulsions ; - Névrite optique ; - Névrite trigéminale. B. Trouble neurologiques chroniques : Syndrome associant troubles de l'équilibre, de la vigilance, de la mémoire. C. Troubles cutanéo-muqueux aigus : Dermo-épi dermiteaiguë irritative ou eczématiforme récidivant après nouvelle exposition au risque ; conjonctivite aiguë D. Troubles cutanéo-	7 jours 90 jours 7 jours 15 jours	Préparation, emploi, manipulation des produits précités (ou des préparations en contenant), notamment comme solvants ou matières premières dans l'industrie chimique, ainsi que dans les travaux ci-après. - Extration des substances naturelles, décapage, dégralssage des pièces métallique, des os, peaux et cuirs et nettoyage des vetements et tissus. - Préparation et application des peintures et vernis, des dissolutions et enduits de caoutchouc ; - Fabrication de polymère de synthèse [chloro-2-butadiène-1-3,dichoro-1-1 éthylène(dichloréthylène asymétrique)). Préparation et emploi du dibromo-1-2 éthane, en particulier dans la préparation des carburants.

muqueux chroniques : - Dermo-épi dermite chronique irritative après nouvelle exposition au risque ; Conjonctivite chronique E. Troubles hépatorénaux _ Hépatite cytolytique, ictérique ou non, initialement apyrétique ; Insuffisance Rénale aiguë F. Troubles cardio-respiratoires - Œdème pulmonaire - Troubles du rythme ventriculaire avec possibilité de collapsus cardio-vasculaire. G. Troubles digestifs Syndrome cholériforme apyrétique.	7 jours 7 jours 7 jours	
<u>Tableau n°30</u> : Lubrifiants ou huiles lubrifiantes et huiles de coupe d'origine minérale.		
Désignation des maladies	**Délai de prise en charge**	**Liste indicative des principaux Susceptibles de provoquer ces maladies**

Papulo-pustules multiples et leurs complications furonculeuses (les lésions sont habituellement localisées à la face dorsale des mains et bras, et à la partie antérieure des fémurs (cuisses) et sont parfois étendues aux régions en contact direct avec les parties des vêtements de travail imprégnées de lubrifiants).	7 jours	Tournage, décolletage, fraisage, perçage, filetage, taraudage, alésage, sciage, rectification et une façon générale travaux d'usinage mécanique de métaux comportant l'emploi de lubrifiants et des fluides de refroidissement. Travaux du bâtiment et des travaux publics comportant l'emploi des huiles de décoffrage. Manipulation et emploi de lubrifiants par tout sujet employé de façon habituelle à l'entretien de machines agricoles et par les préposés aux traitements phytosanitaires. Travaux comportant la pulvérisation d'huiles minérales. Travaux de paraffinage exposant à l'inhalation de brouillards d'huile minérale.
Dermite de contact allergique ou dermite eczématiforme récidivant après nouvelle exposition au risque ou confirmé par un produit manipulé (Batterie standard/tests épicutanés).	15 jours	
Granulome cutané avec réaction giganto folliculaire	1 mois	
Insuffisance respiratoire liée à un granulome pulmonaire confirmé médicalement ou à une pneumopathie dont la relation avec l'huile minérale ou la paraffine est confirmé par la présence au sein des macrophages alvéolaires de vacuoles intra cytoplasmiques prenant	6 mois	

les colorations usuelles des lipides.		

1.2. Maladies causées par des agents physiques

31. Rayonnements ionisants

32. Bruit

33. Atmosphère/Hyperbare

34. Températures extrêmes (Chaleur intense, froid intense)

35. Vibrations

Tableau n°31 : Rayonnements ionisants

Désignation des maladies	**Délai de prise en charge**	**Liste indicative des principaux Susceptibles de provoquer ces maladies**
Anémie, leucopénie, thrombopénie ou syndrome hémorragique consécutifs à une irradiation aiguë. Anémie, leucopénie, thrombopénie ou syndrome hémorragique consécutifs a une irradiation chronique. Blépharite. Kératite Cataracte. Radiodermites aiguë Radiodermites chronique Radio-épithélite aiguë des muqueuses.	30 jours 1 an 7 jours 1 an 10 ans 60 jours	Tous travaux exposant à l'action des rayons X ou des substances radioactives naturelles ou artificielles, ou à toute autre source d'émission corpusculaire, notamment : - Extraction et traitement des minerais radioactifs ; - Préparation des substances radioactive ; - Préparation et application de produits luminescents radifères ; - Recherches ou mesures sur les substances radioactives et les rayons X dans les laboratoires ; - Fabrication d'appareils pour radiothérapie et d'appareils à rayons X ; - Travaux exposant les travailleurs au

Radiolésions chronique des muqueuses. Radionécrose osseuse. Leucémies. Cancer broncho-pulmonaire primitif par inhalation. Lymphomes.	10 ans 60 jours 5 ans 30 ans 30 ans 30 ans 30 ans	rayonnement dans les hôpitaux, les sanatoriums, les cliniques, les dispensaires, les cabinets médicaux, les cabinets dentaires et radiologiques, dans les maisons de santé et les centres anticancéreux ; - Travaux dans toutes les industries ou commerces utilisant les rayons X, les substances radioactives, les substances ou dispositifs émettant les rayonnements indiqués ci-dessus.

Tableau n°32 : Le Bruit		
Désignation des maladies	**Délai de prise en charge**	**Liste indicative des principaux Susceptibles de provoquer ces maladies**

Hypoacousie de perception par lésion cochléaire irréversible ou non d'acouphènes. Cette hypoacousie est caractérisée par un déficit audiométrique bilatéral par lésion cochléaire irréversible, le plus souvent symétrique et affectant préférentiellement les fréquences élevées. Ce déficit est évalué par une audiométrie effectuée de trois semaines à un an après cessation de l'exposition aux bruits lésionnels, en cabine insonorisée avec un audiomètre calibré. Le diagnostic de cette hypoacousie est établi par une audiométrie tonale liminaire et une audiométrie vocales qui doivent être concordantes en cas de non concordance : par une impédancémetrie et recherche du réflexe sapédien ou, à défaut, par l'étude du suivi audiométrique professionnel. Cette audimétrie doit être tonale liminaire et vocale et faire apparaitre au minimum sur la meilleure oreille	1 an (sous réserve d'une durée d'exposition d'un an réduite à 30 jours en ce qui concerne la mise au point des propulseurs, réacteurs et moteurs thermiques).	Travaux exposant aux bruits lésionnels provoqués par : a) Les travaux sur létaux par percussion, abrasion ou projection tels que : - Le décolletage, l'emboutissage, l'estampage, le broyage, le fraisage, le martelage, le burinage, le rivetage, le laminage, l'étirage, le tréfilage, le découpage, le sciage, le cisaillage, le tronçonnage, l'ébarbage, le meulage, le polissage, le grugeage par procédé atc-air, la métallisation ; b) Le câblage, le toronnage et le bobinage de fils d'acier ; c) L'utilisation de marteaux et perforateurs pneumatiques ; d) La manutention mécanisée de récipients métalliques e) Les travaux de verrerie à proximité des fours, machines de fabrication, broyeurs et concasseurs, l'embouteillage ; f) Le tissage sur métiers ou machines à tisser, les travaux sur peigneuses, machines à filer incluant le

un déficit moyen de 35 décibels, calculé en faisant la moyenne des déficits sur les fréquences 500,1.000, 2.000 et 4.000hertz. Aucune aggravation de cette surdité professionnelle ne peut etre prise en compte sauf en cas de nouvelle exposition au bruit lésionnel.		passage sur bancs à broches retordeuses, moulineuses, bobineuse de fibres textiles ; g) La mise au point, les essais et l'utilisation des propulseurs, réacteurs, moteurs thermiques, groupes électrogènes, groupes hydrauliques, installations de compression ou de détente fonctionnant à des pressions différentes de la pression atmosphériques, ainsi que des moteurs électriques de puissances comprise entre 11KW et 55KW s'ils fonctionnent à plus de 2360 tours par minute et de ceux dont la puissance est comprise entre 55 kw et 220 kw s'ils fonctionnent à plus de 1320 tours par minute et de ceux dont la puissance dépasse 220KW ; h) L'emploi ou la destruction de munitions ou explosifs ; i) L'utilisation de pistolets de scellement ; j) Le broyage, le concassage, le criblage, le sciage et

		l'usinage de pierres et produits minéraux ; k) Les procèdes Industriels de séchage de matières organiques par ventilation ; l) L'abattage, le tronçonnage et l'ébranchage mécaniques des arbres ; m) L'emploi des machines à bois en atelier : scies circulaires des tous types, scies à ruban, dégauchisseuses, raboteuses, toupies, machines à fraiser, tenonneuses, mortaiseuses, moulurières, plaqueuses de chants intégrant des fonctions d'usinage, défonceuses, ponceuses, cloueuses, n) L'utilisation d'engins de chantier : bouteurs, décapeurs, chargeuses, chariots de manutention tous terrains ; o) Le broyage, l'injection et l'usinage des matières plastiques et de caoutchouc ; p) Le travail sur les rotatives dans l'industrie graphique ; q) La fabrication et le conditionnement mécanisé du papier et du carton ;

		r) L'emploi de matériel vibrant pour l'élaboration de produits en béton ; s) Les essais et la réparation en milieu industriel des appareils de sonorisation ; t) Les travaux de moulage sur machines à secousses et de décochage sur grilles vibrantes ; u) La fusion en four industriel par arcs électrique ; v) Les travaux sur ou à proximité des aéronefs dont les moteurs sont en fonctionnement dans l'enceinte d'aérodromes et d'aéroports ; w) L'exposition à la composante audible dans les travaux de soudage par ultrasons de matières plastiques. x) Standardiste.

Tableau n°33 : Hyperbare

Désignation des maladies	**Délai de prise en charge**	**Liste indicative des principaux Susceptibles de provoquer ces maladies**
Ostéonécrose avec ou sans atteinte articulaire intéressant l'épaule, la hanche et le genou,	20 ans	Travaux effectués par les tubistes Travaux effectués par les scaphandriers.

confirmée par l'aspect radiologique des lésions. Syndrome vertigineux confirmé par épreuve labyrinthique. Otite moyenne subaiguë ou chronique. Hypoacousie par lésion cochléaire irréversible, s'accompagnant ou non de troubles labyrinthiques et ne s'aggravant pas après arrêt d'exposition au risque. Le diagnostic sera confirmé par une audiométrie tonale et vocale effectuée de six mois à un an après la première constatation.	3 mois 3 mois 1 an	Travaux effectués par les plongeurs munis ou non d'appareils respiratoires individuels. Interventions en milieu hyperbare.

<u>Tableau n°34</u> : Températures extrêmes (Chaleur intense, froid intense)		
Désignation des maladies	**Délai de prise en charge**	**Liste indicative des principaux Susceptibles de provoquer ces maladies**
Affections professionnelles provoquées par le travail à haute température Crampes musculaires avec sueurs profuses, oligurie et chlorure urinaire égal ou inférieur à 5g/l Affections professionnelles provoquées par le travail à froid extrême.	3 jours	Tous travaux effectués dans les mines de potasse exposant à une température résultante égale ou supérieure à 28° Un certain nombre de professions travaillent au froid de façon plus ou moins permanente notamment : Métiers de l'alimentation et de la restauration : entrepôts

Le froid n'a pas de définition réglementaire. Toutefois on peut parler de travail en ambiance froide pour des températures<5°C et de travail au froid excessif pour des températures<-25°C. L'affection est en général aigue et est prise en compte dans le cadre d'Accident du travail.		frigorifiques, chambres froides Métiers du froid (installation, entretien, réparation)

Tableau n°35 : Vibrations

Désignation des maladies	Délai de prise en charge	Liste indicative des principaux Susceptibles de provoquer ces maladies
1. Affection professionnelles provoquées par l'emploi de marteaux pneumatiques et par les chocs itératifs du talon de la main sur des éléments fixes. Affections ostéo-articulaires confirmés par des examens radiographiques : - Arthrose du coude comportant des signes radiologiques d'ostéophytoses ;	5 ans 1 an 1 an	Travaux exposant habituellement aux vibrations transmises par : a) Les machines-outils tenues à la main, notamment : Les machines percutantes, telles que les marteaux piqueurs, les burineurs, les bouchardeuses et les fouloirs. Les machines de roto percutantes, telles que les marteaux perforateurs, les perceuses à percussion et les clés a choc ; les machines rotatives, telles que les polisseuses, les

- Ostéonécrose du semi-lunaire (maladie de kienbock) - Ostéonécrose du scaphoïde carpien (maladie de Köhler). Troubles angioneurotiques de la main, prédominant à l'index et au médius, pouvant s'accompagner de crampes de la main et de troubles prolongés de la sensibilité et par des épreuves fonctionnelles objectivant le phénomène de Raynaud. Atteinte vasculaire cubito-palmaire en règle unilatérale (syndrome du marteau hypothénar) entrainant un phénomène de Raynaud ou des manifestations ischémiques des doigts confirmés par l'artériographie objectivant un anévrisme ou une thrombose de l'artère cubitale ou de l'arcade palmaire superficielle. II. Affections du rachis lombaire provoquées par des vibrations de basses et moyennes fréquences transmises au corps entier.	1 an 1 an (sous réserve d'une durée d'exposition de 5 ans) 6 mois	meuleuses, les scies à chaine, les tronçonneuses et les débroussailleuses ; - Les machines alternatives, telles que les ponceuses et les scies sauteuses. b) Les outils tenus à la main associés à certaines machines précitées, notamment dans des travaux de burinage ; c) Les objets tenus à la main en cours de façonnage, notamment dans les travaux de meulage et de polissage et les travaux sur machine à rétreindre. Travaux exposant habituellement aux chocs provoqués par l'utilisation manuelle d'outils percutants : - Travaux de martelage, tels que travaux de forge, tôlerie, chaudronnerie et travails du cuir ; - Travaux de terrassement et de démolition ; utilisation de pistolets de scellements ;

Sciatique par hernie discale IA et L5 ou ESI avec atteinte radiculaire de topographie concordante Sciatique crurula par hernie discale 12-13, 13-14, L4-L5 avec atteinte radiculaire de topographie concordante.		- Utilisation de cloueuses et riveteuses. Travaux exposant habituellement à l'utilisation du talon de la main en percussion directe itérative sur un plan fixe ou aux chocs transmis à l'éminence hypothénar par un outil percuté ou percutant. Travaux exposant habituellement aux vibrations de basses et moyennes fréquences transmises au corps entier : Utilisation et conduite des engeins et véhicules tout entier : chargeuses, pelleteuse, chargeuse pelleteuse, niveleuse, rouleau vibrant, camion tombereau, décapeuse, chariot élévateur, chargeuse sur pneus ou chenilleuse, bouteur, tracteur agricole. Utilisation ou conduite des engins et matériels industriels : chariot automoteur à conducteur porté, portique, pont roulant, grue de chantier, crible, concasseur, broyeur. Conduite de tracteur router et de camion monobloc.

1.3. Maladies causées par des agents biologiques (bactéries, virus et parasites)

36. Tétanos
37. Tuberculose
38. Lèpre
39. Hépatites virales
40. Fièvre hémorragique à virus ebola
41. Rage

Tableau n°36 : Tétanos professionnel

Désignation des maladies	**Délai de prise en charge**	**Liste indicative des principaux Susceptibles de provoquer ces maladies**
Tétanos en dehors des cas consécutifs à un accident du travail	30 jours	Travaux effectués dans les égouts ; Travaux agricoles exposant au bacille tétanique ainsi que tous travaux comportant un contact avec les animaux domestiques, les dépouilles ou leurs déjections ; Travaux industriels exposant au bacille tétanique Autres travaux exposant au bacille tétanique.

Tableau n°37 : Tuberculose professionnelle
(Affections professionnelles dues aux bacilles tuberculeux)

Désignation des maladies	**Délai de prise en charge**	**Liste indicative des principaux Susceptibles de provoquer ces maladies**

Tuberculose cutané ou sous-cutanée. Tuberculose ganglionnaire. Synovite. Ostéo-arthrite. (A défaut de preuve bactériologique, le diagnostic devra s'appuyer sur des examens anatomopathologiques ou d'imagerie, ou à défaut, par traitement d'épreuve spécifique) Tuberculose pleurale. Tuberculose pulmonaire (A défaut de preuve bactériologique, le diagnostic devra s'appuyer sur des examens anatomopathologiques ou d'imagerie, ou à défaut, par traitement d'épreuve spécifique)	6 mois 6 mois 1an 1 an 6 mois 6 mois	Travaux susceptibles de mettre en contact avec des animaux porteurs de bacilles tuberculeux ou exécutés dans des installations où ont séjourné de tels animaux. Travaux exécutés dans les abattoirs, les boucheries, les charcuteries, les triperies ou boyauderies, les entreprises d'équarrissage. Manipulation ou traitement du sang, des glandes, des os, des cornes, des cuirs verts. Soins vétérinaires. Travaux de laboratoire de bactériologie. Tous travaux effectués par le personnel de soins et assimilé, de laboratoire, d'entretien, de service ou des services sociaux mettant le personnel au contact de produits contaminés ou de malade dont les examens bactériologiques ont été positifs.

Tableau n°38 : La lèpre professionnelle		
Désignation des maladies	**Délai de prise en charge**	**Liste indicative des principaux Susceptibles de provoquer ces maladies**
A. Infirmités primaires conséquences directes des atteintes nerveuses pouvant conduit à des invalidités. 1) Sécheresse de la peau consécutive à l'atteinte des fibres du système autonome avec trouble de sudation. 2) Anesthésie - Un œil sec sujet à des infections et à des ulcérations - Les mains : perte de la sensibilité de la paume de la main et des orteils - Perte de la sensibilité au niveau de la plante des pieds et orteils 3) Faiblesse musculaire : survient lors d'une atteinte des fibres motrices avec : - Face : paralysie faciale avec déviation de bouche du côté sain - Yeux : faiblesse de la force musculaires	 3 mois 3 mois 3 mois 3 mois	Professionnels de santé : Médecins, personnel soignant, personnel de laboratoire de biologie ou bactériologie ou autre personnel occupé à tout autre tâche aux locaux servant de traitement d'hébergement ou de suivi des malades attends de la lèpre.

des paupières, Ectropion (renversement des paupières en dehors) et Entropion (renversement des paupières à l'intérieur)	3 mois	
- Mains : diminution de la force du pouce, de l'auriculaire et du poignet		
- Pieds : diminution de la force des muscles releveurs des pieds et des orteils	3 mois	
B. Infirmités secondaires (complications) 1. Yeux :	3 mois	
- Lagophtalmie - Ifidocyclite - Opacité cornéenne.		
- Baisse de l'acuité visuelle (A.V.), le malade ne peut compter les 5 doigts à une distance de 6 mètres.	3 mois	
2. Mains : - Ulcère		
- Griffe, fonte musculaire, amputation et résorption.	6 mois 6 mois	
3. Pieds : - Crevasse	6 mois	
- Mal perforant plantaire, orteils en griffe, résorption et amputation		
- ulcère	1 an	

	6 mois 1 an 6 mois 1 an 6 mois	

Tableau n°39 : Hépatites virales professionnelle (Infections d'origine professionnelle par les virus des hépatites A, B, C, D et E)		
Désignation des maladies	**Délai de prise en charge**	**Liste indicative des principaux Susceptibles de provoquer ces maladies**
Hépatites virales transmises par voie orale ; a) Hépatites à virus A : - Hépatite fulminante. - Hépatite aiguë ou subaiguë. - Formes à rechutes. Ces pathologies et leur étiologie doivent être confirmées par des examens biochimiques et par une sérologie traduisant une	40 jours 60 jours 60 jours	Travaux comportant des actes de soins, d'hygiène, d'entretien, d'analyses de biologie médicale, susceptible d'exposer aux produits biologiques d'origines humaine et aux contaminés par eux. Travaux comportant des actes de soins et d'hygiènes corporelles, de soutien dans

infection en cours par le virus A.		des crèches, garderies, institutions sociales et médico-sociales recevant des enfants et des adultes handicapés.
b) Hépatites à virus E : - Hépatite fulminante. - Hépatite aiguë ou subaiguë. Ces pathologies et leur étiologie doivent être confirmées par des examens et par la détection du virus E traduisant une infection en cours.	40 jours 60 jours	Travaux exposant au contact d'eaux usées lors de l'installation, l'exploitation et l'entretien des réseaux d'assainissement, de stations d'épuration. Travaux exposant au contact d'eaux usées dans les établissements de bains, de douches, dans les piscines, dans les établissements thermaux.
Hépatites virales transmises par le sang, ses dérivés et tout autre liquide biologique ou tissu humains. a) Hépatites à virus B (en dehors des cas qui auraient été pris en charge au titre d'un accident du travail) - Hépatite fulminante - Hépatite aiguë avec ou sans manifestations ictériques. - Manifestations extra hépatiques dues à l'infection aiguë par le virus B : urticaire, érythème noueux, acrodermatite papuleuse, syndrome de Raynaud, vascularités, polyarthrite, néphropathie glomérulaire, anémie hémolytique. - Hépatite chronique active ou non.	40 180 40 jours 180 jours 180 jours	Travaux exposant au contact d'eaux usées dans les cuisines de restauration collective. Travaux exposant aux produits biologiques d'origine humaine et aux objets contaminés par eux, Travaux exposant aux produits biologiques d'origine humaine et aux objets contaminés par eux, effectués dans les : - Etablissements généraux ou spécialisés de soins, d'hospitalisation, d'hébergement, de

Ces pathologies et leur étiologie doivent être confirmées par des examens biochimiques et par la présence de marqueurs du virus B témoignant d'une affection en cours. - Manifestations extra hépatiques dues à l'infection chronique par le virus B. Vascularité dont périartérite noueuse, néphropathie glomérulaire membranoproliférative. - Cirrhose - Carcinome hépatocellulaire. L'étiologie de ces pathologies : manifestations extra-hépatiques, cirrhose et carcinome hépatocellulaire, doit être confirmée par la présence de marqueurs du virus témoignant d'une infection chronique à virus B ou d'un examen du tissu hépatique montrant les traces de ce virus. b) Co-infection d'une hépatite B par le virus 1) : - Hépatite fulminante. - Hépatite aiguë. - Hépatite chronique active. L'étiologie doit être confirmée par la présence de marqueurs traduisant une infection en cours par le virus D. c) Hépatites à virus C (en dehors des cas qui auraient été pris en	2 ans 10 ans 20 ans 40 ans	cure, de prévention, d'hygiène ; - Laboratoires d'analyses de biologie médicale, d'anatomie et de cytologie pathologiques ; - Etablissements de transfusions sanguines. - Services de prélèvements d'organes, de greffons ; - Services médicaux d'urgence et d'aide médicale urgente ; - Services de secours et de sécurité : pompiers, secouristes, sauveteurs, ambulanciers, policiers, personnel pénitentiaire ; - Services de ramassage, traitement, récupération de déchets médicaux, d'ordures ménagères ; - Services de soins funéraires et morgues.

charge au titre d'un accident du travail) : - Hépatite aiguë avec ou sans manifestations cliniques. - Hépatite chronique active ou non. Ces pathologies et leur étiologie doivent être confirmées par des examens biochimiques et par la présence de marqueurs du virus témoignant d'une infection en cours.	40 jours 180 jours	
Manifestions extra-hépatiques dues à l'infection chronique par le virus C : • Associées à une cryoglobulinémie mixte essentielle : purpura, vascularités, neuropathies périphériques, syndrome sec, polyarthrite, néphropathie, membranoprolifféntive. • Hors de la présence d'une cryoglobulinémie : Porphyrie cutanée tardive, lichen plan, urticaire. – Cirrhose • Carcinome hépatocellulaire. L'étiologie de ces pathologies : Manifestations extra-hépatiques, cirrhose, carcinome hépatocellulaire, doit être confirmée par une sérologie traduisant une hépatite chronique à virus C ou un	2 ans 20 ans 20 ans 20 ans	

examen du tissu hépatique montrant les traces de ce virus.		

Tableau n°40 : Fièvre hémorragiques professionnelle		
Désignation des maladies	**Délai de prise en charge**	**Liste indicative des principaux Susceptibles de provoquer ces maladies**
1- Fièvres hémorragiques (lassa, Ebola, Marburg-Congo Crimée). Confirmées par la mise en évidence du virus et/ ou la présence d'anticorps spécifiques à taux significatif.	21 jours	Tous travaux effectués par le personnel de soins et assimilé, de laboratoire, de service d'hospitalisation et le personnel de laboratoire de virologie mettant au contact des virus.

Tableau n°41 : La Rage professionnelle		
Désignation des maladies	**Délai de prise en charge**	**Liste indicative des principaux Susceptibles de provoquer ces maladies**
Toutes les manifestations de la rage Affection imputables à la séto ou vaccinologie antirabique	6 mois 2 mois	Travaux susceptibles de mettre en contact avec des animaux atteints ou suspects de rage ou avec leurs dépouilles. Travaux de laboratoire de diagnostic de la rage.

II. Tableau des maladies professionnelles affectant des fonctions et organes cibles.

1.1.1. Maladies de l'appareil respiratoire

42. Les Pneumoconioses a réparation spéciale (R.S) : Silicose, Anthraco-silicose ; Asbestose ; Sidérose ; sideo-Silicose ;
43. Pneumoconioses à réparation non spéciale (non R.S) : Bérylliose : (non R.S.)
44. Broncho- pneumopathies et Asthmes professionnels (Allergies Respiratoires) : poumon de l'ouvrier textile ou Byssinose ; poumon de fermier ; Bagassose ; Mushroomworkerlung ; Poussières ; Tabac ; Bois ; Poumon du boulanger ou farinose ; Poussières aviaires.

Désignation des maladies	Délai de prise en charge	Liste indicative des principaux Susceptibles de provoquer ces maladies
Pneumoconiose consécutives à l'inhalation de poussières minérales renfermant de la silice libre Silicose aigue, schistose provoquées par ces poussières, ces affections par des signes radiographiques spécifiques, qu'ils s'accompagnent ou non de troubles fonctionnels. Silicose chronique Complications de ces affections : a) Complications cardiaques insuffisance ventriculaire droite caractérisée ; b) Complications pleuro pulmonaire : tuberculose ou autre mycobactériose	6 mois 35 ans 15 ans	Travaux exposant à l'inhalation des poussières renfermant de la silice libre, notamment ; Travaux de forage, d'abattage, d'extraction et de transport de minerais ou de roches renfermant de la silice libre : Concassage, broyage, tamisage et manipulation effectués à sec, de minerais ou de roches renfermant de la silice libre ; Taille et polissage de roches renfermant de la silice libre : Fabrication et manutention de produits abrasifs, de poudres à nettoyer ou autres produits renfermant de la silice libre : Travaux dans les mines houille ;

surajoutée et caractérisée : Nécrose cavitaire aseptique ; aspergillose intra cavitaire confirmée par la sérologie ; c) Complication non spécifiques, pneumothorax spontané ; suppuration broncho-pulmonaire subaiguë ou chronique : d) Insuffisance respiratoire aiguë nécessitant des soins intensifs en milieu spécialisé ; e) Ou toutes autres manifestations pathologique d'origine professionnelle causées par le silice libre Pneumoconiose consécutives à l'inhalation de poussières d'amiante 1. Asbestose : - Fibrose pulmonaire diagnostiquée sur des signes radiologiques spécifiques, qu'il y ait ou non des modifications des explorations. - Complications : insuffisance	15 ans	Extraction, refonte, taillage, lissage et polissage de l'ardoise ; Extraction, broyage, conditionnement du talc ; Utilisation de poudre d'ardoise (schiste en poudre) comme charge en caoutchouterie ou dans la préparation de mastic ou aggloméré ; Utilisation du talc comme lubrifiant ou comme charge dans l'apprêt du papier, dans certaines peintures, dans la préparation de poudre cosmétique, dans les mélanges de caoutchouterie ; fabrication du carborundum, du verre, de la porcelaine de la faïence et autres produits céramiques, des produits réfractaires : Travaux de fonderie exposant aux poussières de sables, décochage, écharpe et dessablage : Travaux de meulage, polissage, alguisage effectués à sec, au moyen de meules renfermant de la silice libre ; Travaux de décapage ou de polissage au jet de sable ; Travaux de construction, d'entretien et de démolition exposant à l'inhalation de poussière renfermant de la silice.

respiratoire aiguë, insuffisance ventriculaire droite. 2. Lésions pleurales bénignes : avec sans modification des fonctionnelles respiratoires : - Pleurésie exsudative - Plaques pleurales plus ou moins calcifiées bilatérales, pariétales, diaphragmatiques ; - Plaques péricardiques ; - Epaississements pluraux avec ou sans irrégularités diaphragmatiques ; 3. Mésothéliome malin primitif de la plèvre du péritoine du péricarde. 4. Autres tumeurs pleurales primitives. 5. Cancers broncho-pulmonaires primitifs.	15 ans 30 ans 30 ans 30 ans	Travaux exposant à l'inhalation des poussières d'amiante, notamment : Extraction, manipulation et traitement de minerais et roche amiantifères ; Manipulation et utilisation de l'amiante brute ; Manipulation, application, destruction et élimination de produits d'amiante ou à la base d'amiante ; amiante projetée, calorifugeage au moyen de produits d'amiante, maintenance et entretien de matériels, démolition. - Déflocage.

<u>Tableau n° 43</u> : Pneumoconioses à réparation non spéciale (non R.S) : Bérylliose

Désignation des maladies	**Délai de prise en charge**	**Liste indicative des principaux travaux susceptibles de provoquer ces maladies**
Fibrose pulmonaire diffuse avec signes radiologiques, troubles fonctionnels et signes généraux (amaigrissement, fatigue),	25 ans	Travaux exposant au béryllium et à ses composés, notamment : - Broyage et traitement du minerai de Béryllium (béryl) ;

confirmée par des épreuves fonctionnelles respiratoires, y compris les complications cardiaques (insuffisance ventriculaire droite) et les complications pleuro-pulmonai.res secondaires (pneumothorax spontané)		- Fabrication et' usinage du béryllium, de ses alliages et de ses combinaisons ; - Fabrication et utilisation de poudres à base de sel de béryllium destinée au revêtement intérieur des tubes à fluorescence.

Tableau n° 44 : Broncho-pneumopathies et Asthmes professionnels (Allergies Respiratoires)

Désignation des maladies	Délai de prise en charge	Liste indicative des principaux travaux susceptibles de provoquer ces maladies
Asthme ou Rhinite objectivé par explorations fonctionnelles respiratoires récidivant en cas de nouvelle exposition au risque ou confirmé par test.	7 jours	I. Travail en présence de toute protéine en aérosol ;
Insuffisance respiratoire chronique obstructive secondaire à la maladie asthmatique.	1 an	2. Elevage et manipulation d'animaux (y compris la préparation et le conditionnement d'arthropodes et leurs larves) ;

- Fibrose pulmonaire avec signes radiographiques et troubles respiratoires confirmés paf l'explication fonctionnelle lorsqu'il y a des signes immunologiques significatifs.	1 an	3. Utilisation et conditionnement de carmin et poudres d'insectes ;
- Bronchopneumopathies subaigues ou aigues.	7 jours	4. Préparation, emploi et manipulation des fourrures et feutres naturels ;
		5. Préparation et manipulation de produits contenant de la séricine ;
		6. Emploi de plumes et duvets ;
		7. Travaux exposant aux résidus d'extraction des huiles, notamment de ricin et d'ambrette ;
		8. Broyage des grains de céréales alimentaires, ensachage ; utilisation de farines ;

		9. Préparation et manipulation de substances d'origine végétale suivante : ipéca, quinine, henné, pollens et spores, notamment de lycopode ;
-Bronchoalvéolite aigue ou subaigue avec syndrome respiratoire et/ ou signes généraux confirmés par les explorations fonctionnelles respiratoires et la présence d'anticorps précipitants contre l'agent pathogène responsable ou à défaut résultats de lavage bronchoalvéolaire.	30 jours	10.Ouverture des balles, cardage, peignage, filature et tissage de textile d'origine végétale (notamment coton, sisal, kapok, chanvre, lin)
- Fibrose pulmonaire avec signes radiologiques et troubles respiratoires confirmés par les explorations fonctionnelles respiratoires et la présence d'anticorps précipitants contre l'agent pathogène responsable ou à défaut résultats de lavage broncho-alvéolaire	15 ans	11.Travaux comportant l'emploi de gommes végétales : pulvérisées (arabique, adragante, psyllium ; karaya notamment)
		12.Préparation et manipulation du tabac
		13.Manipulation du café vert et du soja
		14.Exposition à des poussières végétales, notamment asparagées, légumineuses, papilionacés, ombellifères, labiées, solanacées, pyrèthres.
		15. Manipulation de gypsophile (gypsophila paniculata)

		16. Manipulation ou emploi des macrolides (notamment spiromycine et oléandomycine), de médicaments et de leurs précurseurs, notamment : glycols, salbutamol, pipérazine, cimétidine, hydralazine ; hydralazine de l'acide nicotinique (isoniazide), chlorure d'acide de lapipérazine, phényl glycine, tétracyclines, alphaméthyldopa.
		17.Travaux exposant aux sulfites, bisulfites ou persulfates alcalins.
		18.Préparation emploi et manipulation de chloroplatinates pentoxyde de vanadium, notamment dans la fabrication de catalyseurs.
		19.Travaux exposant à l'ihnalation d'anhydrides d'acides volatils, notamment anhydrides maleique, phtalique, trimellitique, tétrachlorophtalique, hexahydrophtalique, ue.
		20.Fabrication, manipulation et utilisation de fongicides notamment les phtalmilide et tetrachlorophtalonitrile.

		21.Travaux exposant à la colophane chauffée, notamment de la soudure en électronique
		22.Travaux exposant à des émanations de produits de pyrolyse du chlorure de polyvinyle (notamment dans la soudure thermique), fréon, polyéthylène, propylène.
		23.Travaux exposant à l'azodiacarbonamide, notamment dans l'industrie des plastiques et du caoutchouc et au styrène, isophoronediamine, aziridine polyfonctionnelle, triglycidyl isocyanurate Préparation et mise en oeuvre de colorants.
		24.Préparation et mise en oeuvre de colorants, notamment à hétérocycles, halogénés, acryloamines ou vinyl-sulfones, pipéridinyl triazine, ninhydrine.
		25.Préparation et utilisation de colles au cyanoacrylate.
		26.Travaux exposant à des émanations de glutaraldéhyde
		27.Travaux exposant à des émanations d'oxyde d'éthylène notamment lors de la stérilisation

		28.Travaux de désinfection et de stérilisationexposant à des émanations de : chlorexidine, exachlorophène, benzisothiazoline-3 one et ses dérivés, organomercuriels, ammonium quatenaires et leurs dérivés, notamment le benzalkonium, et le chlorure de lauryl dimethylbenzylammonium
		29.Fabrication et utilisation de détergents, notamment l'isononanoyl, oxybenzene sulfonate de sodium.
		30.Fabrication et conditionnement deu chloramineT.
		31.Fabrication et utilisation de tétrazène
		32. Synthèse des polypeptides exposant notamment au dicyclohexyl carbodimide, 4 methyl-morpholine, dichlorobènzene sulfonate.
		33. Travaux de reprographie exposant notamment aux sels de diazonium ou à l'hydroquinone 34. Travaux exposant aux dérivés aminés des produits chlorés tels que la chloramine dans les piscmes.

11.2. Maladies de la peau

Tableau n° 45 : Les eczémas de contact allergique		
Désignation des maladies	**Délai de prise en charge**	**Liste indicative des principaux travaux susceptibles de provoquer ces maladies**
I.**Dermatoses professionnelles consécutives à l'emploi de lubrifiants et de fluides de refroidissement :**	7 jours	Tournage, décollage, fraisage, perçage, taraudage, alésage, sciage, rectification et d'une façon générale travaux d'usinage mécanique des métaux comportant l'emploi de lubrifiants et de fluide de refroidissement.
- Papulo-pustules multiples et leurs complications furonculeuses (les lésions sont habituellement localisées à la face dorsale des mains et des bras et à la partie antérieure des cuisses et sont parfois étendues aux régions en contact direct avec les parties des vêtements de travail imprégnées de lubrifiant).	7 jours	Travaux du bâtiment et des travaux publics comportant l'emploi des toiles de décoffrage.
- Dermites eczématiformes récidivant après nouvelle exposition au risque ou confirmées par un test épicutané positif au produit manipulé.	15 jours	Préparation, emploi, manipulation des agents nocifs limitativement énumérés ci-après :
2. **Lésions eczématiformes récidivantes en cas de**		- Agents chimiques Acide chloroplatinique Chloroplatinates alcalins

nouvelle exposition au risque ou confirmées par un test épicutané positif au produit manipulé.		- Cobalt et ses dérivés - Persulfates alcalins - Thioglycolate d'ammonium - Épichlorhydrine - Hypochlorites alcalins - Ammoniums quaternaires et leurs sels, notamment dans les agents détergents cationiques
		• Dodecyl-aminocethyl glycine - Insecticides organochlorés - Phénothiazines • Pipérazine • Mercapto-benzothiazole Sulfure de tétramethyl-thiurame • Acide mercapto-propionique et ses • dérivés
		N-isopropyl N'phenylpataphenylènediamine et ses dérivés Hydroquinone et ses dérivés Dithiocarbamates
		Sels de diazonium, notamment chlorure de thylaminobenzene 3-one Dérivés de la thiourée
		Acrylate et méthacrylates
		Résines dérivées du para-tertbutylphenol et du para-tertbutylcatéchol Dicyclohexylcarbodiimide
		Glutaraldehyde
		- Produits végétaux ou d'origine végétale Produits d'extraction du pin, notamment essence de térébenthine, colophane et ses dérivés Baume du Pérou

		Urushiol (laque de Chine) Plantes contenant des lactones sesquiterpéniques (notamment artichaut, arnica, chrysanthème, camomille, laurier noble, saussurea, frullania, bois de tulipier, armoise, dahlia) ; Primevère Tulipe • Alliacé (notamment ail et oignon) • Farine de céréales

11.3 Troubles musculo-squelettiques

Tableau n°46 : Les Troubles Musculo-Squelettiques (TMS) (Affection péri articulaire provoquées par certains gestes et postures de travail)		
Désignation des maladies	Délai de prise en charge	Liste indicative des principaux travaux Susceptibles de provoquer ces maladies
Epaule -Epaule douloureuse simple (tendinopathie de la coiffe des rotateurs) -Epaule enraidie succédant à une épaule douloureuse simple rebelle.	 7 jours	Travaux comportant habituellement des mouvements répétés ou forcés de l'épaule,
Coude -Epicondylite. -Epitrochléite. -Hygromas : -Hygroma aigu des bourses séreuses ou atteinte inflammatoire des tissus souscutanés des zones d'appui du coude. -Hygroma chronique des bourses séreuses. Syndrome de la gouttière épitrochléoolécranienne (compression du nerf cubital).	90 jours 7jours 7jours 7jours 90jours 90jours	Travaux comportant habituellement des mouvements répétés de préhension ou d'extension de la main sur l'avant-bras ou des mouvements de supination et pronosupination. Travaux comportant habituellement des mouvements répétés d'adduction ou de flexion et pronation de la main et du poignet ou des mouvements de supination et pronosupination. Travaux comportant habituellement un appui

-C- Poignet-Main et doigt- Tendinite. -Ténosynovite. -Syndrome du canal carpien. -Syndrome de la loge de Guyon.	 7jours 7jours 30jours 30jours	prolongé sur la face postérieure du coude. Travaux comportant de facon habituelle des mouvements répétés ou prolongés des tendons fléchisseurs ou extenseurs de la main et des doigts. Travaux comportant de façon habituelle, soit des mouvements répétés ou prolongés d'extension du poignet ou de préhension de la main, soit un appui carpien, soit une pression prolongée ou répétée sur le talon de la main.
Genou -Syndrome de compression du nerf sciatique poplité externe. -Hygroma aigu des bourses séreuses ou atteinte inflammatoire des tissus souscutanés des zones d'appui du genou. -Hygroma chronique des bourses séreuses. -Tendinite sous-quadricipitale ou rotulienne. -Tendinite de patte d'oie.	7jours 7jours 90jours 7jours 7jours 7jours	Travaux comportant de manière habituelle une position accroupie prolongée. Travaux comportant de manière habituelle un appui prolongé sur le genou. Travaux comportant de manière habituelle un appui prolongé sur le genou. Travaux comportant de manière habituelle des mouvements répétés d'extension ou de flexion prolongée du genou.
-Cheville et pied Tendinite achilléene. Rachis lombaire Sciatique par hernie discale L4-L5 ou 1.5SI avec atteinte radiculaire de topographie concordante.	6mois (sous reserve d'une durée d'exposition de 5 ans)	 Travaux comportant de manière habituelle des efforts pratiqués en station prolongée sur la pointe de pieds. Travaux comportant de manière habituelle des efforts pratiqués en station debout prolongée.

BIBLIOGRAPHIE

I. INSTRUMENTS JURIDIQUES

A. INSTRUMENTS JURIDIQUES INTERNATIONAUX ET REGIONAUX

ONU a, Déclaration universelle des droits de l'homme, adoptée par la résolution 217A(III) de l'Assemblée Générale des Nations Unies du 10 décembre 1948, *in Bulletin Officiel de la RDC,* 1949.

-------- b, Pacte international relatif aux droits économiques, sociaux et culturels, adopté par la Résolution 2200A (XXI) du 16 décembre 1966 de l'Assemblée Générale des Nations Unies, 1966 ratifié par la République Démocratique du Congo le 1er novembre 1976, *in Journal Officiel de la RDC*, numéro spécial, Avril 1999.

OIT, Convention n° 102 concernant la sécurité sociale (norme minimum), 1952, *in Codes Larcier*, Tome 4, éd. Larciers, Bruxelles, 2010.

BIT a, Les conventions fondamentales de l'OIT, Genève, 2003, disponible sur *www.ilo.org/wcmsp5/group/public*, visité le 10 Aout 2011.

--------b, DSS, Établir des normes de sécurité sociale dans une société mondialisée, Document consultatif / Genève, 2008, disponible sur *www.ilo.org/wcmsp5/group/public*, visité le 04 septembre 2011.

CIPRES, *Fiche technique : les ratios économiques et de gestion des organismes de prévoyance sociale*, 8 février 2001.

B. INSTRUMENTS JURIDIQUES INTERNES

Constitution de la République Démocratique du Congo telle que modifiée par la Loi n°11/002 du 20/01/2011 portant révision de certains articles de la Constitution de la RDC du 18/02/2006, *in Journal officiel de la RDC*, n° spécial, 2011 du 05 février 2011.

Loi n°16/010 du 15 juillet 2016 complétant et modifiant la Loi n°015/2002 du 16 octobre 2002 portant Code du Travail, *in Journal officiel de la RDC*, numéro spécial du 29 juillet 2016.

Loi n°16/009 du 15 juillet 2016 fixant les règles relatives au Régime Général de la sécurité sociale, *in Journal officiel de la RDC*, numéro spécial du 28 juillet 2016.

Loi n° 16/008 du 15 juillet 2016 modifiant et complétant la loi n° 87-010 du 1er août 1987 portant Code de la Famille, *in Journal officiel de la RDC*, n° spécial du 29 juillet 2016.

Loi n°08/007 du 7 juillet 2008 portant dispositions générales relatives à la transformation des entreprises publiques, *in Journal officiel de la RDC*, n° spécial du 12 juillet 2008.

Loi n°08/009 du 7 juillet 2008 portant dispositions générales applicables aux Établissements publics, *in Journal officiel de la RDC*, n° spécial du 12 juillet 2008.

Loi n°015/2002 du 16 octobre 2002 portant Code du Travail, *in Journal officiel de la RDC*, numéro spécial du 25 octobre 2002.

Décret-loi du 17/09/1965 relatif aux chambres de commerce

Loi adoptée par le Parlement en attente de promulgation, portant Code de sécurité sociale, abrogeant le Décret-loi du 29 juin 1961 organique de la sécurité sociale.

Décret-loi du 29 juin 1961 organique de la sécurité sociale, *in les Codes Larciers*, Tome 4, éd. Larciers, Bruxelles, 2003.

Décret du 30 juillet 1888 tel que modifié et complété à ce jour, *in KALONGO MBIKAYI, Code Civil et Commercial Congolais*, CRDJ, Kinshasa 1997.

Ordonnance n°23/049 du 28 avril 2023 portant création, organisation et fonctionnement du fonds social de la République Démocratique du Congo, «FSRDC» en sigle, inédit.

Décret n° 22/35 du 17/10/2022 déterminant la liste des maladies professionnelles

Décret n° 13/015 du 29 mai 2013 portant règlementation des installations classées, in JORDC numéro spécial du 10 mai 2014.

Décret N°09/53 du 03 Décembre 2009 fixant les Statuts d'un Établissement public dénommé Institut National de Sécurité Sociale en sigle « I.N.S.S. », *in Journal officiel de la RDC*, numéro spécial du 10 décembre 2009.

Ordonnance n°08/040 du 30 avril 2008 portant fixation du salaire minimum interprofessionnel garanti, des allocations familiales minima et de la contre-valeur du logement, *in Journal officiel de la RDC*, n° 14 du 10 mai 2008.

Décret n° 05/176 du 24 novembre 2005 portant création du programme national d'appui à la protection sociale, en sigle « PNPS », *in Journal Officiel de la République Démocratique du Congo* du 5 décembre 2005, n° 23, col. 31.

Décret n°79/2002 du 3 juillet 2002 déterminant les modalités de fixation et d'ajustement du salaire minimum interprofessionnel garanti, des allocations familiales minima et de la contre-valeur du logement, *in Journal officiel de la RDC*, n°14 du 15 juillet 2002.

Décret n°080/2002 du 3 juillet 2002 portant fixation du salaire minimum interprofessionnel garanti, des allocations familiales minima et de la contre-valeur du logement, *in Journal officiel de la RDC*, n° 14 du 15 juillet 2002.

Décret n° 009/2002 du 05 février 2002 tel que modifié et complété par celui référencé n° 05/063 du 22 juillet 2005, *in www.leganet.cd/Legislation/Droit%20Public/Etablissements*, site visité le 27 février 2015.

Arrêté ministériel n° 12/CAB.MIN/FPTPS/M.K./55/00 du 31 août 2000 portant fonctionnement, fixation et détermination des sièges et ressorts territoriaux des services de l'Inspection générale du travail.

Arrêté ministériel n°137/CAB/MINETAT/MTEPS/01/2018 du 08 novembre 2018 déterminant le montant, les modalités de paiement des allocations familiales et les conditions de suspension *in Journal officiel de la RDC*, numéro spécial du 05 décembre 2018.

Arrêté ministériel n °138/CAB/MINETAT/MTEPS/01/2018 du 08 novembre 2018 fixant les taux et modalités des pénalités en cas de retard de versement des cotisations sociales et défaut de production de déclaration dans le délai *in Journal officiel de la RDC*, numéro spécial du 05 décembre 2018.

Arrêté ministériel n °139/CAB/MINETAT/MTEPS/01/2018 du 08 novembre 2018 déterminant les modalités d'assujettissements des travailleurs assimilés à la branche des risques professionnels *in Journal officiel de la RDC*, numéro spécial du 05 décembre 2018.

Arrêté ministériel n °140/CAB/MINETAT/MTEPS/01/2018 du 08 novembre 2018 fixant les modalités de promotion des risques professionnels *in Journal officiel de la RDC*, numéro spécial du 05 décembre 2018.

Arrêté ministériel n °141/CAB/MINETAT/MTEPS/01/2018 du 08 novembre 2018 portant organisation, affectation et fonctionnement du corps des contrôleurs de la caisse nationale sécurité sociale *in Journal officiel de la RDC*, numéro spécial du 05 décembre 2018.

Arrêté ministériel n °142/CAB/MINETAT/MTEPS/01/2018 du 08 novembre 2018 déterminant les modalités d'application du mois d'assurance *in Journal officiel de la RDC*, numéro spécial du 05 décembre 2018.

Arrêté ministériel n °143/CAB/MINETAT/MTEPS/01/2018 DU 08 novembre 2018 fixant les conditions et modalités de dévolution du service de paiement des allocations familiales par l'employeur *in Journal officiel de la RDC*, numéro spécial du 05 décembre 2018.

Arrêté ministériel n °144/CAB/MINETAT/MTEPS/01/2018 du 08 novembre 2018 fixant le montant, les modalités des paiements des allocations prénatales, la périodicité et les conditions de suspension *in Journal officiel de la RDC*, numéro spécial du 05 décembre 2018.

Arrêté ministériel n °145/CAB/MINETAT/MTEPS/01/2018 du 08 novembre 2018 déterminant les conditions du bénéfice de réadaptation fonctionnelle, de rééducation professionnelle et de reclassement professionnel *in Journal officiel de la RDC*, numéro spécial du 05 décembre 2018.

Arrêté ministériel n °146/CAB/MINETAT/MTEPS/01/2018 du 10 novembre 2018 fixant les modalités d'affiliation des employeurs, d'immatriculation des travailleurs, de perception des cotisations, de liquidation et du service des prestations ainsi que les obligations qui incombent aux employeurs et aux travailleurs *in Journal officiel de la RDC*, numéro spécial du 05 décembre 2018.

Arrêté interministériel n° 20/CAB/VPM/ETPS/ WM/2015 et n° CAB/MIN/FINANCES/2015/0143 du 12 mai 2015 portant institution de la déclaration et du paiement uniques des impôts, cotisations sociales et contributions patronales sur les rémunérations *in JORDC n° spécial du 15 mai 2015.*

Arrêté ministériel n° 030/CAB/MINETAT/MTEPS/FBKJ01/2018 du 24 mars 2018 fixant la dénomination, le siège, la compétence et le ressort territorial des services de l'Inspection générale du travail in J.O.RDC du 1er octobre 2018, n° 19, col. 25.

Arrêté ministériel n° 049/CAB/MIN/ETPS/MBL/2012 relatif à l'affiliation des employeurs à l'immatriculation des travailleurs ainsi qu'aux modalités et conditions de versement des cotisations de la sécurité sociale, *in Journal officiel de la RDC*, première partie numéro spécial du 20 décembre 2012.

Arrêté ministériel n°062/CAB/PVPM/ETPS/2011du 22/07/2011 fixant la forme, la preuve et le visa du contrat de travail.

Arrête interministériel n°032 du 10 mars 1994 tel que modifié et complété par arrêté interministériel n°55 du 11 mai 1994, arrêté interministériel n°013/95 du 31/01/1995 arrêté interministériel n°00116 et n°023 du 19 avril 2010 : fixation de la taxe sur la carte du travail des étrangers.

Arrêté ministériel n°12/CAB.MIN/ITPS/112/2005 du 26/10/2005 fixant les pourcentages maxima des travailleurs étrangers au sein des entreprises, *in Journal officiel de la RDC*, n° 23 du 5 décembre 2005.

Arrêté ministériel n° 12/CAB.MIN/TPS/115/2005 du 26 octobre 2005 fixant les modalités d'exécution par l'employeur de l'obligation d'assurer le transport des travailleurs, *in Journal officiel de la RDC*, n° 23 du 5 décembre 2005.

Arrêté ministériel n° 12/CAB.MIN/TPS/113/2005 du 26 octobre 2005 fixant les droits et obligations des parties pendant la suspension du contrat de travail, *in Journal officiel de la RDC*, n°23 du 5 décembre 2005.

Arrêté ministériel n° 12/CAB.MIN/TPS/116/2005 du 26 octobre 2005 fixant les modalités licenciement des travailleurs, *in Journal officiel de la RDC*, n°23 du 5 décembre 2005.

Arrêté ministériel n° 12/CAB.MIN/TPS/116/2005 du 26 octobre 2005 fixant la durée et les conditions de préavis, *in Journal officiel de la RDC*, n°23 du 5 décembre 2005.

Arrêté ministériel n°12/CAB.MIN/TPS/ar/NK/054 du 12 octobre 2004 fixant les modalités de la représentation et de recours électoral des travailleurs dans les entreprises ou les établissements de toute nature.

Arrêté ministériel n° 036/95 du 21/06/1995 régit le recours judiciaire contre la décision de l'Inspecteur du travail en cas de licenciement ou de mutation d'un délégué titulaire ou suppléant.

Arrêté ministériel 8/61 du 21 octobre 1961 sur le règlement général de l'assurance *In Moniteur Congolais,* 1962 n° 1.

Arrêté départemental 0021 du 10 avril 1978 relatif à l'affiliation des employeurs, à l'immatriculation des travailleurs ainsi qu'aux modalités et conditions de versement des cotisations de la sécurité sociale, *in Journal officiel du Zaïre*, n° 8 du15 avril 1978.

Arrêté Ministériel n°70/0015 du 11 août 1970 *in Codes Larciers,* Tome IV.

Arrêté Ministériel n°68/11 du 17 mai 1968 relatif à la rémunération à la rémunération des heures supplémentaires, *in les Codes Larciers*, Tome IV.

Arrêté Ministériel n°68/14 du 17 mai 1968 relatif à la rémunération de travail de nuit, *in Codes Larciers* Tome IV.

Annexe à l'Ordonnance n° 66-370 du 30/06/1966 relative aux maladies professionnelles, portant liste des maladies professionnelles, *in Recueil d'actes légaux et index*, 1ére édition, éd. Acosys, Kinshasa, 1993.

Convention collective interprofessionnelle nationale du travail du 20 janvier 2006.

République Démocratique du Congo, *Politique Nationale de Protection Sociale*, Document de travail du 7 au 11 septembre préparatoire à la Table Ronde Nationale 2015, Kinshasa, Août 2015.

II. DOCTRINE

A. OUVRAGES

CIT, *Sécurité sociale pour la justice sociale et une mondialisation équitable*, rapport VI, 100ème session, BIT, Genève, 2011.

Christian Hemedi Bayolo, Code du travail, recueil des modalités d'application, textes officiels en vigueur, édition 2024, collection « législation sociale » série n°13, éd. Concordia 2024.

Dick J. Meertens, « La coopération internationale en matière de santé au travail, l'Association Internationale de la Sécurité Sociale », *in MAGER STELLMAN J., Encyclopédie de sécurité et de santé au travail*, 3è éd., Bureau international du travail, Genève, 2000.

Larcier, Droit Social, Ed. Larcier, Paris, 2008.

Dupeyroux J.J., Borgetto M. et Lafore R., *Droit de la sécurité sociale*, 17ème édition, Dalloz, Paris, 2011.

Guinchard, S. *et al*, *Lexique des termes juridiques 2013*, 20ème édition, Dalloz, Paris, Juin 2012.

Ilunga Kabongo V., Code du travail modifié, complété et annoté, Editions Nouveaux Elans, Kinshasa, 2019.

Loko Mantuono G. a/, *Gouvernance normative du régime général de la sécurité sociale en RDC : Bilan analytique de 1908 à 2013*, Harmattan, Paris, Novembre 2014.

.... b/, *Couverture sociale des maladies à caractère professionnel en République Démocratique du Congo. – Plaidoyer pour la réforme de la sécurité sociale* -Harmattan, Paris, Juillet 2016.

Lukombe Nghenda, *Zaïrianisation, radicalisation, rétrocession en République du Zaïre*, PUZ, 1985.

Lukoo Musubao R., *La Jurisprudence congolaise en Droit du travail et de la sécurité sociale*, éd., On s'en sortira, Kinshasa, 2006.

Luwenyema Lule, *Précis de droit du travail zaïrois*, éd. LULE, Kinshasa, 1987.

Mager Stellman J., *Encyclopédie de sécurité et de santé au travail*, 3è éd., BIT, Genève, 2000.

Mata Panzu F., *Lexique du droit du travail congolais*, éd. KAZI, Kinshasa 2010.

Mukadi Bonyi, *Droit de la sécurité sociale*, éd. Ntobo, Kinshasa, 1995.

OIT a, Convention de Vienne sur le droit des traités entre Etats et organisations internationales ou entre organisations internationales 1986, *in Documents officiels de la Conférence des Nations Unies*, vol. 2, 2005.

--------b, *Identification et reconnaissance des maladies professionnelles : critères pour incorporer des maladies dans la liste des maladies professionnelles de l'OIT*, Réunion d'experts sur la révision de la liste des maladies professionnelles (recommandation n°194), BIT, Genève, 27-30 octobre 2009.

B. ARTICLES ET REVUES

Musafiri Mulamba, « quid des avantages sociaux relatifs aux soins médicaux, hospitaliers et pharmaceutiques des travailleuses mariées au regard du code de travail congolais », *in Revue du travail, n°4*, 4ième trimestre 1989, Ed. Lule p.19, Kinshasa.

Vassiriki Toure, *Les régimes de Prévoyance dans les pays de FANAF, état des lieux et perspectives*, symposium 23ème Assemblée Générale Annuelle « FANAF », CIPRES, Lomé 16 février 1999.

Wouter van Ginneken, « La sécurité sociale face à la pauvreté », *in Revue Quart Monde*, N°195 – « Vivre en sécurité », 2005.

C. MEMOIRE DES ET THESE

Loko Mantuono G. a, *Gouvernance de la sécurité sociale et réduction de la pauvreté en République Démocratique du Congo. - Analyse de la gestion du régime général de l'INSS de 2007-2011*, thèse de Doctorat en Droit Economique et Social, FD, UNIKIS, 2012-2013.

--------b, *Maladies à caractère professionnel et sécurité sociale en République Démocratique du Congo : esquisse du droit comparé et proposition de réforme de la liste de 1966. Cas de la BRALIMA et de la SOTEXKI à Kisangani*, Mémoire de Diplôme d'Etudes Supérieures en Droit, UNIKIS, FD, 2010-2011.

D. SOURCES VIRTUELLES

Anne Le Nouvel, Le contrat de travail : définition, le Cnam.

-----------, Le Départ à la retraite : définition, le Cnam,.

-----------,, Le travail de nuit : définition, le Cnam,.

Clément MUAMBA, RDC : vers la mise en œuvre de l'assurance en faveur des militaires, policiers et leurs dépendants, https://www.addtoany.com/share#url=https%3A%2F%2Factualite.cd%2F20

23%2F11%2F12%2Frdc-vers-la-mise-en-oeuvre-de-lassurance-en-faveur-des-militaires-policiers-et leurs&title=RDC, consulté le 10 mars 2024.

Contributeurs Wikipedia, Le salariat, *in https://fr.wikipedia.org/wiki/Salariat,* site consulté le 24/08/2021.

Deskeco - 11 mar 2024 09:57, dans actualités

Droit du travail France.fr, « Avantages salariaux et obligations employeurs », *in https://www.droit-travail-france.fr/obligations-employeurs.php*, site visité le 02 juin 2021.

Ehrenberg R.E, 1990, Les avantages sociaux, *in https://www.virginpulse.com/fr/glossary/avantages-sociaux/*, site visité le 10 avril 2021.

Fiducial, Maladie professionnelle : faute inexcusable de l'employeur et conscience du danger auquel le salarié est exposé, disponible sur *www.fos.com/index.aspx?NODE_REF =Maladie-professionnelle-12092008*, visité le 06/01/011.

Gouvernement du Quebec, 2021, Les avantages sociaux, *in http://www.thesaurus.gouv.qc.ca/tag/terme.do?id=1277*, site visité le 10 avril 2021.

Juritravail, Droit Social, disponible sur *www.juritravail.com/droit-social.html*, site visité le 25 novembre 2014.

Justice.ca, Droit aux avantages sociaux pour les employés au Canada, *in https://www.cliquezjustice.ca › vos-droits › avantages-sociaux*, site visité le 12 juin 2021.

Kadige Georges, Les principes généraux en Droit Social, disponible sur *www.cedroma.usj.edu.lb/pdf/dencom/kadige.pdf*, site visité le 25 novembre 2014.

La Toupie, Toupictionnaire : le salariat, *in https://www.toupie.org/Dictionnaire/Salariat.htm*, site visité le 17/05/2021.

Leganews, Catégorie sociale, relations de travail, santé et sécurité au travail, in https://pro.leganews.cd/category/social-rh/relations-de-travail/sante-et-securite-au-travail/ouhttps://clrdc.larcier.com/homedir /index.php, visités le 02/02/2023

Le Monde du droit, Maladies professionnelles : faute inexcusable de l'employeur, disponible sur *www.lemondedudroit.fr/droit-a-particuliers/droit-du-travail/67663-maladie...*, visité le 06/01/011.

Lexinter, droit social, disponible sur *www.lexinter.net/JF/dtsocialfr.htm*, site visité le 25 novembre 2014.

L'internaute, Droit social : définition du dictionnaire l'internaute, disponible sur *www.linternaute.com/dictionnaire/fr/definition/droit-social*, site visité le 25 novembre 2014.

Ministère de l'EPST, https://minepst.gouv.cd › la-mise-en-oeuvre-de-la-gratuité de l'enseignement primaire ... site visité le 24 décembre 2023.

Net-Iris, Droit social : connaître et respecter les normes du travail, disponible sur *www.net-iris.fr/veille-juridique/droit-social*, site visité le 25 novembre 2014.

Radiookapi.net: Kinshasa : Félix Tshisekedi lance la gratuité de la maternité et des soins des nouveau-nés, site visité le 24 décembre 2023.

UNFPA RDC, Lancement de la gratuité des accouchements en RDC, https://drc.unfpa.org/fr/news/lancement-de-la-gratuit%C3%A9-des-accouchements-en-rdc, 27 septembre 2023.

TABLE DES MATIERES

Structures éditoriales du groupe L'Harmattan

L'Harmattan Italie
Via degli Artisti, 15
10124 Torino
harmattan.italia@gmail.com

L'Harmattan Hongrie
Kossuth l. u. 14-16.
1053 Budapest
harmattan@harmattan.hu

L'Harmattan Sénégal
10 VDN en face Mermoz
BP 45034 Dakar-Fann
senharmattan@gmail.com

L'Harmattan Cameroun
TSINGA/FECAFOOT
BP 11486 Yaoundé
inkoukam@gmail.com

L'Harmattan Burkina Faso
Achille Somé – tengnule@hotmail.fr

L'Harmattan Guinée
Almamya, rue KA 028 OKB Agency
BP 3470 Conakry
harmattanguinee@yahoo.fr

L'Harmattan RDC
185, avenue Nyangwe
Commune de Lingwala – Kinshasa
matangilamusadila@yahoo.fr

L'Harmattan Congo
219, avenue Nelson Mandela
BP 2874 Brazzaville
harmattan.congo@yahoo.fr

L'Harmattan Mali
ACI 2000 - Immeuble Mgr Jean Marie Cisse
Bureau 10
BP 145 Bamako-Mali
mali@harmattan.fr

L'Harmattan Togo
Djidjole – Lomé
Maison Amela
face EPP BATOME
ddamela@aol.com

L'Harmattan Côte d'Ivoire
Résidence Karl – Cité des Arts
Abidjan-Cocody
03 BP 1588 Abidjan
espace_harmattan.ci@hotmail.fr

Nos librairies en France

Librairie internationale
16, rue des Écoles
75005 Paris
librairie.internationale@harmattan.fr
01 40 46 79 11
www.librairieharmattan.com

Librairie des savoirs
21, rue des Écoles
75005 Paris
librairie.sh@harmattan.fr
01 46 34 13 71
www.librairieharmattansh.com

Librairie Le Lucernaire
53, rue Notre-Dame-des-Champs
75006 Paris
librairie@lucernaire.fr
01 42 22 67 13

www.ingramcontent.com/pod-product-compliance
Lightning Source LLC
LaVergne TN
LVHW011157061026
849535LV00003B/763